ABITUR

Prüfungsaufgaben
mit Lösungen

2013

Englisch

Grund- und Leistungskurs
Gymnasium • Gesamtschule
Hessen

2008–2012

STARK

ISBN 978-3-8490-0113-1

8. neu bearbeitete und ergänzte Auflage
www.stark-verlag.de

Inhalt

Fortsetzung siehe nächste Seite

Mit * versehene Aufgaben sind kombinierte Textaufgaben

Original-Abituraufgaben

Jeweils im Herbst erscheinen die neuen Ausgaben der Abiturprüfungsaufgaben mit Lösungen.

Autoren

Berger-Hönge, Silvia	Übungsaufgabe 7, Lösungen GK 2011 – A, LK 2011 – A, GK 2012 – C
Burwitz-Melzer, Prof. Dr. Eva	Sprachmittlungen zu den Übungsaufgaben 2, 4
Cleary, Liam	*Glossary of literary terms*, Lösungen 2008 – 2010
Jacob, Rainer	Hinweise zur Bearbeitung eines Diagramms
Kahl, Elke	Lösungen LK 2011 – B/C
Klewitz, Dr. Bernd	Lösungen LK 2012
Moritz, Hans Otto	Hinweise und Tipps zum Landesabitur
Schuller, Hans	Lösungen GK 2011 – B/C; GK 2012 – A/B

Vorwort

Liebe Schülerinnen und Schüler,

am selben Tag und zur selben Zeit schreiben Sie, gemeinsam mit allen anderen hessischen Abiturientinnen und Abiturienten, Ihre Abiturklausur im Fach Englisch. Die Aufgaben werden dabei vom hessischen Kultusministerium vorgegeben, und Ihnen stehen in der Regel 45 Minuten zur Verfügung, um aus drei Vorschlägen einen verbindlich auszuwählen. Danach haben Sie vier Stunden (Leistungskurs) bzw. drei Stunden (Grundkurs) Zeit zu dessen Bearbeitung. Diese Zeit will gut eingeteilt sein, damit auch für die letzte Aufgabe und das Korrekturlesen genügend davon bleibt! Das Zählen der Wörter erfolgt erst nach Ablauf der Bearbeitungszeit.

Als Hilfsmittel stehen Ihnen ein einsprachiges und ein zweisprachiges Wörterbuch und eine Liste der fachspezifischen Operatoren zur Verfügung.

Der vorliegende Band hat nun zum Ziel, Sie bei der **optimalen Vorbereitung auf die schriftliche Abiturprüfung** im Fach Englisch zu unterstützen, sowohl im Grund- wie im Leistungskurs. Als Grundlage für Ihre effektive Vorbereitung dienen **Übungsaufgaben im Stil des Hessischen Abiturs** sowie **die offiziellen, vom hessischen Kultusministerium gestellten Abitur-Prüfungsaufgaben der Jahre 2008 bis 2012**. Zu jeder Aufgabe sind von unseren Autoren vorgeschlagene und **vollständig auf Englisch ausformulierte Lösungen** hinzugefügt.

Damit Sie sich für die Abiturprüfung besser auf die verschiedenen Aufgabentypen einstellen können, wurden jedem Text **Bearbeitungshinweise** hinzugefügt. Dadurch wird der Lösungsweg für Sie nachvollziehbar und transparent – die methodischen Schritte können Sie natürlich auf die Bearbeitung anderer Texte und Aufgaben übertragen.

Die **ausführlichen Hinweise** am Anfang des Buches informieren **über die Anforderungen im Abitur** und geben Ihnen Hilfestellungen zur Lösung von Abiturprüfungsaufgaben. Sollten nach Erscheinen dieses Bandes noch **wichtige Änderungen** in der Abitur-Prüfung 2013 vom Kultusministerium bekannt gegeben werden, finden Sie aktuelle Informationen dazu im Internet unter:
www.stark-verlag.de/info.asp?zentrale-pruefung-aktuell

Wir wünschen Ihnen viel Erfolg bei der Abiturprüfung!

Stichwortverzeichnis

Points of Special Interest

Literature

Stylistic Devices and Composition

Hinweise und Tipps zum Landesabitur

Die Anforderungen im Abitur

1 Lehrplan, Einführungserlasse und Abiturverordnung

Für die Vorbereitung auf das hessische Landesabitur im Fach Englisch ist die Kenntnis der Grundlagen von Textauswahl und Aufgabenstellung erforderlich. Sie sind im Lehrplan für die Qualifikationsphase und in der „Verordnung über die Bildungsgänge und die Abiturprüfung in der gymnasialen Oberstufe" festgeschrieben. Die Vorgaben des Lehrplans werden durch die sogenannten Einführungserlasse („Hinweise zur Vorbereitung auf die schriftlichen Abiturprüfungen im Landesabitur") jedoch spezifiziert.[1] Diese geben eine verbindliche Auswahl an thematischen Schwerpunkten in Form von prüfungsrelevanten Stichworten vor. Einen festgelegten Lektürekanon – wie etwa im Fach Deutsch – gibt es derzeit nicht.
Der Überblick über diese spezifizierten Lehrplaninhalte ist für Sie wichtig, weil in der Abituraufgabenstellung immer die Inhaltselemente von zwei der drei prüfungsrelevanten Halbjahre miteinander verknüpft werden.

1.1 Lehrplaninhalte im Einführungserlass für 2013

Kurshalbjahr	Verbindliche Unterrichtsinhalte	Stichworte
Q1	**The Challenge of Individualism**	
	GK + LK: USA	• the American Dream • living together *(ethnic groups: Hispanics)* • political life, political issues
	GK: Science and technology	• electronic media • ecology • biotechnology
	LK: Them and us	• the one-track mind (e. g. prejudice, intolerance, ideologies) • values (human and civil rights)

1 www.kultusministerium.hessen.de

Q2	**Tradition and Change**	
	GK + LK: The United Kingdom	• social structures, social change • political life, political issues • Great Britain and the world (e. g. the British Empire, the Commonwealth)
	GK: Work and industrialization	• business, industry and the environment • trade and competition
	LK: Extreme situations	• love and happiness • initiation • the troubled mind
Q3	**The Dynamics of Change**	
	GK + LK: Promised lands: dreams and realities	• political issues • social issues • ecology *(country of reference: Canada)*
	GK: Order, vision, change	• models of the future (utopias, dystopias, 'progress' in the natural sciences)
	LK: Ideals and reality	• structural problems (violence, (in-)equality)

Der Lehrplan setzt dabei die unterrichtliche Umsetzung dieser Inhalte anhand von Sach- und Fachtexten, anhand eines Dramas (im Leistungskurs zweier Dramen, davon eines von Shakespeare), eines Romans als Ganzschrift (im Leistungskurs zweier Romane als Ganzschrift), mehrerer *short stories* sowie anhand von Hörtexten und Hör-Sehtexten (z. B. politische Reden, Fernsehdebatten, Talkshows, Filme) voraus. Im Leistungskurs kommen dazu noch ausgewählte Gedichte verschiedener Epochen.

1.2 Lehrplaninhalte nach 2013

In den Jahren nach 2013 sind veränderte Schwerpunktsetzungen möglich. Die relevanten Vorgaben werden vor Eintritt des jeweiligen Abiturjahrgangs in die Qualifikationsphase vom Kultusministerium veröffentlicht.

1.3 Aufgabenarten und Bewertung

Die Abituraufgabe muss zwei der drei prüfungsrelevanten Halbjahre inhaltlich miteinander verbinden. Es gibt zwei Aufgabenarten: die Textaufgabe und die kombinierte Aufgabe:

– Die **Textaufgabe** umfasst einen oder mehrere Texte mit drei bis vier Arbeitsanweisungen. Es kommen literarische Texte und Sachtexte infrage sowie Bilder und Grafiken.
  Der im Leistungsfach vorgelegte Text umfasst zwischen 650 und 900 Wörter, der im Grundkursfach zwischen 500 und 700 Wörter. Werden mehrere Texte vorgelegt, gilt die Wortzahl für alle Texte zusammen.

- Die **kombinierte Aufgabe** besteht aus zwei Teilen: aus einer verkürzten Textaufgabe und aus einer Sprachmittlungsaufgabe. In der kombinierten Aufgabe werden die Textaufgabe und die sprachpraktische Aufgabe im Verhältnis 3:1 gewertet.

Bei allen Aufgabenarten wird zur Bewertung zwischen **inhaltlicher** und **sprachlicher Leistung** (Ausdrucksvermögen/Stil sowie Sprachrichtigkeit/Fehler) unterschieden. Bei der Festlegung der Gesamtnote kommt der sprachlichen Leistung im Vergleich zur inhaltlichen die größere Bedeutung zu. Sie wird im Verhältnis 2:1 gewertet. Eine mit 0 Punkten bewertete inhaltliche oder sprachliche Leistung schließt eine Gesamtnote von mehr als drei Punkten einfacher Wertung aus. In der Beurteilung der kombinierten Aufgabe wird diese Regelung für beide Teile getrennt angewendet.

Kriterien für die Bewertung der inhaltlichen Leistung sind:
- Textverständnis,
- Entfaltung des Themas,
- Folgerichtigkeit der Darstellung,
- Anwendung fachspezifischer Kenntnisse und Methoden,
- Fähigkeit zur Argumentation und Stellungnahme und
- v. a. im Leistungskurs: Erkennen der Wirkung sprachlicher und formaler Textmerkmale.

Bewertung der sprachlichen Leistung:
Die sprachliche Leistung umfasst die Bereiche Sprachrichtigkeit und Ausdrucksvermögen zu gleichen Teilen.

Sprachrichtigkeit
Der Ihre Arbeit beurteilende Lehrer ist bei der sprachlichen Korrektur Ihres Textes an Regeln hinsichtlich der Fehlergewichtung gebunden und muss sich in der Notengebung an den landesweit gültigen Fehlerindex halten.

Zur Fehlergewichtung:
- halber Fehler:
  - orthografische Fehler ohne Bedeutungsveränderung (auch Bindestrich-Fehler)
  - Präpositionsfehler, wenn kein konkreter Bedeutungswandel eintritt
  - Interpunktion in eindeutigen Fällen
  - Apostroph bei Genitiv
- ganzer Fehler: alle Wortfehler, Satzfehler und praktisch alle Grammatikfehler
- anderthalb Fehler: bei sinnentstellenden Verstößen gegen elementare Regeln
- Wiederholungsfehler bei demselben Wort bzw. in einem identischen Kontext werden nicht erneut gewertet
- Flüchtigkeitsfehler werden nicht gewertet

Der Fehlerindex errechnet sich nach der Formel: $\frac{\text{Fehlerzahl x 100}}{\text{Zahl der Wörter}}$

Tabelle für Fehlerindices im Fach Englisch:

Notenpunkte	15	14	13	12	11	10	9	8
Fehlerindex Grundkurs	bis 0,9	bis 1,3	bis 1,7	bis 2,1	bis 2,5	bis 2,9	bis 3,3	bis 3,7
Fehlerindex Leistungskurs	bis 0,7	bis 1,0	bis 1,3	bis 1,6	bis 1,9	bis 2,3	bis 2,6	bis 2,9
Notenpunkte	7	6	5	4	3	2	1	0
Fehlerindex Grundkurs	bis 4,1	bis 4,5	bis 4,9	bis 5,3	bis 5,7	bis 6,1	bis 6,5	> 6,5
Fehlerindex Leistungskurs	bis 3,2	bis 3,5	bis 3,8	bis 4,1	bis 4,4	bis 4,7	bis 5,0	> 5,0

Kriterien für die Bewertung des Ausdrucksvermögens sind:
- Reichhaltigkeit und Differenziertheit des Wortschatzes im thematischen und im aufgabenspezifischen Bereich,
- Angemessenheit des Registers, d. h. des Stilniveaus,
- Ökonomie und Treffsicherheit des Ausdrucks,
- Textkohärenz und Flüssigkeit der Darstellung,
- Variation des Satzbaus und
- sprachliche Prägnanz der Gesamtleistung.

Im Folgenden finden Sie die allgemeinen Kriterien für eine „ausreichende“ bzw. „gute“ Leistung:

Eine „ausreichende“ Prüfungsleistung (5 Punkte) liegt vor, wenn

a) im sprachlichen Bereich
   - der Wortschatz ausreicht, um Sachverhalte und Meinungen im Rahmen der Aufgabenstellung weitgehend verständlich auszudrücken,
   - elementare Verknüpfungen zwischen Satzteilen, Sätzen und Satzgruppen in einer der Aufgabenstellung angemessenen Weise eingesetzt werden,
   - formalsprachliche Verstöße die Verständlichkeit nicht erheblich beeinträchtigen und
   - eine Vertrautheit mit elementaren sprachlichen Gesetzmäßigkeiten erkennbar ist.

b) im inhaltlichen Bereich
   - dem bereitgestellten Material die für die Ausführung der Arbeitsanweisungen notwendigen Informationen in Grundzügen entnommen werden,
   - alle gestellten Aufgaben im Ansatz gelöst werden bzw. auf den größeren Teil mehr als nur im Ansatz eingegangen wird und dabei Kenntnisse im Großen und Ganzen geordnet zueinander und zur Textvorlage in Beziehung gesetzt werden,
   - die für die Bearbeitung der Aufgaben erforderlichen Grundkenntnisse und Methoden nachgewiesen werden und
   - die Gedankenführung nachvollziehbar ist.

Eine „gute“ Prüfungsleistung (11 Punkte) liegt vor, wenn

a) im sprachlichen Bereich
   - durch einen differenzierten und weitgehend idiomatisch geprägten Wortschatz auch komplexe Sachverhalte und Meinungen dargestellt werden,
   - Satzteile, Sätze und Satzgruppen differenziert und nuanciert verknüpft werden,

- formalsprachliche Verstöße die Verständlichkeit nicht beeinträchtigen,
- eine Vertrautheit mit relevanten sprachlichen Gesetzmäßigkeiten erkennbar ist.

b) im inhaltlichen Bereich
   - dem bereitgestellten Material die für die Ausführung der Arbeitsanweisungen notwendigen Informationen auch im Detail entnommen werden,
   - auf alle Teile der gestellten Aufgabe(n) eingegangen wird und diese analytisch-interpretierend bzw. handlungsorientiert selbstständig bearbeitet werden,
   - die für das Bearbeiten der Aufgaben erforderlichen Kenntnisse und Methodenkompetenzen nachgewiesen werden,
   - die Ausführungen aufgabenbezogen, schlüssig und in ihrer Wertungsgrundlage reflektiert sind.

2 Anforderungsbereiche und Aufgabenstellungen

In der Regel werden Ihnen zum Abiturtext wie bei Ihren bisherigen Klausuren drei bis vier Aufgaben gestellt, die sich im Grundsatz an der Abfolge Zusammenfassung, Analyse und Stellungnahme/Kommentar/kreatives Schreiben orientieren.
Diese Abfolge ergibt sich grob aus den drei Anforderungsbereichen, die vom Lehrplan und den Abiturrichtlinien als Leitgrößen vorgegeben sind:
- Anforderungsbereich I: Textverstehen
- Anforderungsbereich II: Textanalyse
- Anforderungsbereich III: Werten und Gestalten

Abituraufgaben werden so konzipiert, dass der Schwerpunkt der geforderten Leistungen auf dem Anforderungsbereich II liegt. Grund- und Leistungskurs unterscheiden sich prinzipiell darin, dass im Grundkurs die Anforderungen aus den Bereichen I und II stärker akzentuiert sind, im Leistungskurs die Anforderungen aus den Bereichen II und III.
Die **erste Aufgabe** bezieht sich in der Regel weitgehend auf den **Anforderungsbereich I:** Textverstehen. Sie sollen unter Beweis stellen, dass Sie die Textvorlage verstanden haben und in der Lage sind, den Text zusammenzufassen oder einen Teilaspekt darzustellen.
Die **zweite Aufgabe** bezieht sich in der Regel schwerpunktmäßig auf den **Anforderungsbereich II:** Textanalyse. Die Analyse kann sich sowohl auf die Untersuchung der Gestaltungsmerkmale des Textes beziehen wie auch den Problemgehalt des angesprochenen Themas ausloten; unter anderem können Sie aufgefordert werden, den Bezug zu einem im Unterricht bearbeiteten thematischen Kernbereich herzustellen. Oft werden zu beiden Teilbereichen Fragen gestellt.
Gleichwertig als Leistungen im Bereich des **Anforderungsbereichs III** werden die Stellungnahme/der Kommentar und das kreative Schreiben (z. B. aus einer anderen Perspektive) in einer vorgegebenen Textsorte angesehen. In der Regel wird nur eine der beiden Aufgaben gestellt.

3 „Operatoren“

Um unmissverständliche Aufgabenstellungen zu ermöglichen, werden sogenannte Operatoren verwendet. Das sind als Schlüsselwörter fungierende Aufforderungsverben, die auf die erwartete Leistung (und bestimmte Anforderungsbereiche) abzielen. In der Regel werden nur die in der vom Hessischen Kultusministerium veröffentlichten Operatorenliste festgelegten, definierten und mit Beispielen versehenen Verben benutzt.[2] Sie sollten Ihnen aus dem Unterricht bereits hinlänglich vertraut sein.
Trotz der Zuordnung der Operatoren zu den jeweiligen Anforderungsebenen ist eine klare Trennung nicht immer möglich. Für den Bereich kreativer Schreibaufträge werden hier keine Operatoren aufgeführt.

Operator	Definition	Beispiel	AFB
Anforderungsbereich I			
delineate	present the central elements of a line of action or line of argument	Delineate the concept of …	I–II
describe	give a detailed account of sth.	Describe the living conditions of …	I–II
outline	give the main features, structure or general principles of a topic omitting minor details	Outline the author's views on love, marriage and divorce.	I–II
point out	identify and explain certain aspects	Point out the author's main ideas on …	I–II
summarize	give a concise account of the main points	Summarize the text (in your words).	I–II
Anforderungsbereich II			
analyse/ examine	systematically describe and explain in detail certain aspects and/or features of the text	Examine the author's use of language. Analyse the rhetorical means used. Analyse the relationship between X and Y.	II–III
characterize	describe and analyse the character(s)	Write a characterization of the heroine.	II
compare	point out and analyse similarities and differences	Compare X and Y's views on education. Compare the living conditions described in the text with the idea of the "melting pot".	II–III

2 www.kultusministerium.hessen.de

contrast/ juxtapose	describe and analyse the differences between two or more things	Contrast the author's concept of multiculturalism with concepts you have encountered in class.	II–III
explain	describe and define in detail	Explain the protagonist's obsession with money.	II
illustrate/ show	use examples to explain or make clear	Illustrate the character's narrow-mindedness.	II–I
put into the context of	an incident, statement or argument is linked to relevant historical or topical knowledge (on the basis of knowledge gained in class)	Put this speech into the context of the Hispanic experience in the U.S.	II
relate	take an aspect (aspects) of the text at hand and establish a meaningful connection to an aspect (aspects) of the text of reference	Relate the protagonist's principles to a text read in class.	II–III
Anforderungsbereich III – Bereich Interpretation/Bewertung			
comment	state clearly your opinions on the topic in question and support your views with evidence	Comment on the thesis … expressed in the text, line …	III
discuss	analyse, give reasons for and against and come to a justified conclusion	Discuss the influence of terrorism on civil liberties in the United States.	III
evaluate/ assess	form an opinion after carefully considering and presenting advantages and disadvantages	Evaluate the chances of the protagonist's plan to succeed in life. Assess the importance of ethics in scientific research.	III
interpret	analyse the text and establish its meaning in a wider context	Interpret the message the author wishes to convey.	III–II
Anforderungsbereich III – Bereich Textproduktion/Gestaltung			
write + *text type*	creative text production on a topic within the context of a specific text type	Write (e.g.) a letter to the editor / a personal letter / a dialogue / a speech …	III

Hinweise zur Lösung von Abituraufgabenstellungen

1 Textzusammenfassung/gelenkte Textzusammenfassung

Die erste Frage der Abituraufgabenstellung zielt in der Regel auf das Textverstehen, d. h., sie beinhaltet in gelenkter oder allgemeiner Form die Erstellung einer Zusammenfassung, deren Länge in aller Regel zwischen 25 und 30 % des Ausgangstextes beträgt.

Warum wird eine Zusammenfassung geschrieben?
Die Zusammenfassung hat eine Schlüsselfunktion in der Vorbereitung der Textanalyse und der Interpretation. Zunächst muss man sicher sein, dass auch wirklich erfasst worden ist, worum es in dem Text geht. Erst dann ist es möglich, den Text auf Aufbau, Argumentationsweise, Sprache und Stilmittel, d. h. in Bezug auf seine Gestaltungsmittel zu untersuchen. Erst wenn die Textaussage und die Textgestaltung klar erfasst sind, kann man sich der Textauslegung, der Interpretation und der Analyse der Bedeutung des Textes zuwenden, erst dann kann der Text auch in einem größeren inhaltlichen oder stilistischen Zusammenhang betrachtet werden.

Wie wird eine Zusammenfassung vorbereitet?
Jede inhaltliche Zusammenfassung beginnt mit einem *umbrella sentence*, der (soweit bekannt) Angaben zum Autor, zur Textsorte, zum Zeitpunkt des Entstehens und zum thematischen Schwerpunkt des Textes enthält.
Die Gliederung des Textes entwickelt sich bei Sachtexten aus folgenden Leitfragen:
- Um welches Thema/Problem geht es?
- Was will der Autor aussagen?
- Wie baut er seine Argumentation auf?
- Welche weiter gehende Stellungnahme wird in den Folgeaufgaben verlangt?

Bei literarischen Texten als Klausurvorlage steht nicht der argumentative Charakter im Vordergrund. Es handelt sich in aller Regel um Momentaufnahmen aus einem größeren Zusammenhang, welcher in dieser Situation unbekannt bleibt. Die Gliederung des Textes ergibt sich aus Leitfragen wie z. B.:
- Welche Situation treffen wir an?
- Wer sind die Protagonisten und wie verhalten sie sich?
- Welche Grundstimmung finden wir vor?
- Um welches Thema/Problem geht es?
- Wie ist der Text strukturiert?
- Für welche weiter gehende Fragestellung wird Information benötigt?

In jedem Falle ist bei diesen Leitfragen immer wieder zu entscheiden:
- Was ist zentral wichtig?
- Was ist rein ornamental, also ausschmückendes Beiwerk?
- Was könnte man erwähnen, muss es aber nicht?

Bei der Entscheidung, was man weglassen kann, helfen Überlegungen wie: „Könnte ich den Text verstehen, wenn mir diese Information nicht zur Verfügung gestellt würde?" D. h., es gilt z. B. zu fragen:

- Was ist ein ausschmückender oder illustrierender oder konkretisierender Zusatz?
- Was wird wiederholt bzw. ist redundant?

Was ist beim Schreiben zu beachten?
Aus der Beantwortung der Leitfragen ergeben sich Grundbausteine und eine Rohstruktur der Zusammenfassung. Im Einzelfall kann eine detailliertere Gliederung unerlässlich sein.
Grundsätzlich sind nur Äußerungen niederzuschreiben, die sich an der Textvorlage auch tatsächlich überprüfen lassen. Die Argumentationslogik sollte klar, unverschnörkelt und nachvollziehbar sein. Sie wird in den meisten Fällen nicht der Reihenfolge der Argumente im Text folgen. Im Gegenteil: Sehr oft wird eine am Schluss der Textvorlage zu findende These/Schlussfolgerung oder überraschende Handlungsvariante den Ausgangspunkt der Zusammenfassung bilden.

Wie wird die Zusammenfassung formal und sprachlich gestaltet?
- **Textlänge:** Der Umfang der Zusammenfassung liegt meist zwischen einem Viertel und einem Drittel der Länge der Textvorlage.
- **Tempus:** Eine Zusammenfassung wird im Präsens verfasst. Im Text vorkommende Vor- bzw. Nachzeitigkeit bleibt erhalten.
- **Bezüge:** Personen-, Zeit- und Ortsbezüge werden wie in der indirekten Rede umgeformt, also wird z. B. *I* zu *he* oder *she*; *yesterday* wird zu *the day before*; *here* wird zu *there*.
- **Tabus:** Die Zusammenfassung enthält keine direkte Rede und keine Zitate. Die Zusammenfassung enthält keine wertende persönliche Stellungnahme.

Sprachlich tendiert die Zusammenfassung zu einem leicht gehobenen Niveau und Abstraktionsgrad. Sie ist eher konzeptuell als berichtend oder ausschmückend; dies und die Textlänge unterscheiden sie von der Nacherzählung. Ein höherer Abstraktionsgrad verlangt die Verwendung von Kürzungsmitteln:
- **Allgemeinbegriffe** (wie z. B. *fruit* anstelle von „*strawberries, gooseberries and bananas*"),
- **übergreifend einschätzende Verben** (wie z. B. *to focus on, to claim, to maintain, to criticize, to report, to illustrate, ...*),
- **generalisierende Adjektive** (wie z. B. *to be worried about, to be reluctant, to be concerned with, ...*) und
- **Konjunktionen:** temporale *(before, when)*, kausale *(because, as, so)*, konditionale *(if, unless)*, konzessive *(though, although)*, kontrastive *(but, instead of)* und konsekutive *(so that, thus)* Bindewörter.

2 Analyse

Prinzipiell können sich Aufgaben zur Analyse zum einen auf die Textanalyse im engeren Sinne beziehen, zum anderen auf im Unterricht Erarbeitetes.
- Bei der **Analyse im engeren Sinne** geht es um Facetten der Textstrukturierung/Textgestaltung, die aufzuzeigen sind; es kann zusätzlich gefordert sein, das Verhältnis zwischen den Gestaltungsmitteln und dem Inhalt, der Atmosphäre oder der

Textaussage auszuloten, d. h. die Funktion der Gestaltungsmittel zu bestimmen – als Teil der Interpretation (siehe a).

- Eine andere Variante der Textanalyse besteht in der **Verknüpfung des gegebenen Textes mit im Unterricht Gelesenem und Diskutiertem** – in der Regel mit Unterrichtsinhalten, die nicht in dem Halbjahr bearbeitet wurden, auf das sich der Text vornehmlich bezieht (siehe b).

a) Auf der Basis der Zusammenfassung und dem damit gewährleisteten Textüberblick wird das erworbene Wissen um die Textkonstitution systematisch auf den Text angewendet. Wenn in der Aufgabenstellung keine die Arbeit lenkenden Hinweise gegeben werden, so ist der Text daraufhin zu *scannen,* welche Gestaltungsmittel besonders in den Vordergrund treten. Das *Scannen* kann sich beziehen auf
   - die Wortwahl (Register, Häufigkeiten),
   - den Satzbau (komplex/einfach),
   - Stilmittel (z. B. Kontrast, Parallelität, Repetitio) und
   - Sprachfiguren (z. B. Vergleich, Metapher)[3].

   Mit dem Aufzeigen von Textgestaltungsmerkmalen kann die Aufgabenstellung erfüllt sein, in vielen Fällen allerdings ist es das Fundament für eine weiterführende Betrachtung, die über die formale Analyse hinausgeht. Hier stellt sich die Frage nach dem Zusammenwirken von Form und Inhalt, d. h., die Gestaltungsmittel werden auf ihre Funktion oder Wirkung hin überprüft. Inwiefern unterstützen sie die Textaussage oder unterlaufen sie diese, z. B. in der Satire oder der Parodie?

b) Bei der Verknüpfung von bereits Gelerntem mit dem neuen Text wird in der Regel die Ausgangsfrage bereits einen Hinweis darauf enthalten, welche Anknüpfungspunkte die weitere Arbeit steuern. Sollte die Aufgabenstellung sehr allgemein gehalten sein, so müssen mögliche Anknüpfungspunkte betrachtet und kurz durchdacht werden.

   Sind die Überlegungsaspekte einmal gewählt, so ist dieser Ansatz konsequent und möglichst differenziert weiterzuverfolgen und z. B. zu klären, inwiefern sich Gelerntes und Neues im Widerspruch zueinander oder in Übereinstimmung befinden bzw. inwiefern die Informationen sich wechselseitig erhellen.

3 Persönliche Stellungnahme/Kommentar und kreatives Schreiben

Traditionellerweise erfordert die Lösung der letzten Aufgabe eine persönliche Stellungnahme, einen kritischen Kommentar oder eine analytisch orientierte Diskussion. Zuweilen tritt an die Stelle dieser Anforderung die sogenannte kreative, gestalterische Aufgabe, die im Rahmen einer Textsortenbindung bei der inhaltlichen Ausgestaltung einen größeren Spielraum für das Einbringen eigener Ideen bietet.

In einer **persönlichen Stellungnahme** oder **einem Kommentar** wird von Ihnen erwartet, dass Sie Ihre eigene Meinung zu dem gegebenen Problem äußern. Damit steht es Ihnen frei, das Problem unter Umständen auch sehr emotional und unter Bezug auf

3 vgl. *Glossary of literary terms* (S. XVIII ff.)

Ihre eigenen Erfahrungen und Wertvorstellungen sowie auf Ihre ganz persönlichen Wertsetzungen zu beleuchten.
Es wird von Ihnen erwartet, dass Sie einen oder mehrere Hauptaspekte auswählen und diese Auswahl kurz reflektieren und begründen. Diese Aspekte werden systematisch bearbeitet und Thesen dazu aufgestellt. Über eine eng gefasste persönliche Stellungnahme hinaus sollte eine Einbettung der Problemstellung und der Hauptaspekte in einen größeren Kontext vorgenommen werden.

Im Rahmen einer **Diskussion** sollten Sie möglichst viele Facetten eines Problems entfalten, analytisch durchdringen und eine Bewertung vornehmen. Die Grundlagen dieser Bewertung müssen offengelegt und reflektiert werden.
Die Diskussion ist mehr der analytischen Schärfe verpflichtet und weniger den Bedürfnissen und Emotionen des Einzelnen. Sie können also bei der Diskussion eines Problems zu anderen Ergebnissen kommen als bei einer persönlichen Stellungnahme zu demselben Problem.
Methodisch empfiehlt es sich, vor dem Schreiben eine Stichwortsammlung zu erstellen, zusammengehörige Stichworte zu bündeln und in eine sinnvolle und für den Leser nachvollziehbare Anordnung zu bringen. Immer mit Blick auf den Adressaten ist beim Schreiben zu entscheiden, an welchen Stellen Beispiele/illustrierende Passagen eingefügt werden.
Bei der Bearbeitung der Aufgabe zu ***creative writing*** liegt die besondere Schwierigkeit darin, der geforderten Textsorte (z. B. Brief, Rede, Mail) gerecht zu werden. Fragen Sie sich: Welche Anforderungen stellt die Textsorte, welche Merkmale der spezifischen Textsorte sind zu beachten?
Nach dieser formalen Vorentscheidung über die Textsorte sollten Sie
- Aussage und Ziel Ihres Textes bestimmen,
- inhaltliche Elemente sammeln und gliedern,
- den Argumentationsgang skizzieren.

Für das Schreiben Ihres Textes ist es wichtig, dass Ihre Formulierungen der Textsorte, dem Adressaten und dem Verwendungszusammenhang angemessen sind.

4 Sprachmittlungsaufgabe[4]

Kombinierte Aufgaben mit einem Sprachmittlungsteil werden meist für anspruchsvoll gehalten, da sie neben einer verkürzten Textaufgabe, der ein Text von 500 bis 650 Wörtern im Leistungskurs bzw. 400 bis 500 Wörtern im Grundkurs zugrunde liegt, auch noch die Bearbeitung des sprachpraktischen Teils erfordern, nämlich die sinngemäße, schriftliche Zusammenfassung des wesentlichen Gehaltes eines deutschen Ausgangstextes in der Fremdsprache. Die Textvorlage sollte dabei für einen Grundkurs mindestens 300 und für einen Leistungskurs mindestens 400 Wörter umfassen und sich auf einen aus dem Unterricht vertrauten Themenbereich beziehen, muss aber inhaltlich nicht mit der Textaufgabe verknüpft sein. Infrage kommen vor allem anwendungsbezogene Texte, die sich z. B. auf naturwissenschaftliche, techni-

---

4 vgl. Theis/Werkmann: Sprachmittlung. Stark Verlag (Best.-Nr. 94469)

sche oder wirtschaftliche Sachverhalte aktueller oder zeitloser Art (in Deutschland) beziehen. Stark verschlüsselte literarische Texte hingegen können nicht Gegenstand dieser Teilaufgabe sein.
Die der Mittlung vorangestellte Aufgabe versucht typischerweise, einen praktischen Kontext herzustellen und z. B. einen Adressaten anzugeben, der beim Schreiben berücksichtigt werden muss. Das könnten die Webseite einer Schule im englischsprachigen Ausland oder ein englischsprachiges Projekt sein, an dem mehrere Schulen in der EU arbeiten.
Obwohl damit zu rechnen ist, dass ungewöhnliches Fachvokabular angegeben wird, eignen sich diese Aufgaben besonders, wenn Sie ohnehin über einen breiten Wortschatz verfügen, schnell und flüssig Englisch schreiben und Ihre Zeit gut einteilen, d. h. im Grundkurs circa 45 Minuten und im Leistungskurs circa 60 Minuten für diesen Aufgabenteil einrechnen.

Sprachmittlung bedeutet <u>nicht</u>, dass Sie in der Abiturprüfung eine Übersetzung vornehmen sollen, sondern dass Sie die Kernaussagen des deutschen Ausgangstextes in der englischen Sprache wiedergeben. Somit lohnt es sich, zur Vorbereitung auf diese Aufgabe auch das Kapitel über die Textzusammenfassung (vgl. S. VIII f.) noch einmal durchzuarbeiten. Wesentlich ist folgende Vorgehensweise:

Schritt 1
Suchen Sie nach der zentralen Aussage des Textes.

Schritt 2
Integrieren Sie diese zentrale Aussage in Ihren *umbrella sentence*. Der *umbrella sentence* steht am Anfang Ihres Textes und informiert den Leser nicht nur über den argumentativen Kern des Ausgangstextes, sondern auch über den situativen Rahmen – inklusive Quellenangabe.

Schritt 3
Arrangieren Sie die wichtigsten Argumente um die in Schritt 1 bestimmte Kernaussage herum.

Schritt 4
Lassen Sie Details und rein illustrative Passagen aus. Wichtig sind die Aussage des Textes und seine innere Logik. Denken Sie daran, dass logische und zeitliche Bezüge durch die geschickte Verwendung von Konjunktionen hergestellt werden.

Hinweis zur Textlänge: Je kürzer der Ausgangstext, desto wahrscheinlicher ist es, dass die Sprachmittlungsversion im Einzelfall mehr als ein Drittel der Länge des Ausgangstextes betragen kann.

5 Ausdrucksvermögen

Die Ausdrucksweise jedes Menschen ist sehr individuell, daher sind allgemeine Aussagen zur Stilverbesserung schwierig. Allerdings haben Sie bereits gelesen, welche Kriterien der Bewertung des Ausdrucksvermögens zugrunde liegen. Bei der Vorbereitung Ihrer Prüfung ist also die Aneignung bzw. Wiederholung des themen- und

aufgabenspezifischen Fachvokabulars wichtig. Grundlage sollten Ihre im Unterricht erworbenen Kenntnisse sein. Es gibt auch zahlreiche Veröffentlichungen, in denen der Oberstufenwortschatz thematisch gegliedert dargeboten wird (z. B. Kompaktwissen Englisch Themenwortschatz Abitur, Best.-Nr. 90462, oder Abiturtraining Englisch Themenwortschatz, Best.-Nr. 82451).
Im Zusammenhang mit der geforderten Variation des Satzbaus und dem Einsatz von Verknüpfungen zwischen Satzteilen, Sätzen und Satzgruppen lohnt sich die bewusste, aber nicht übertriebene Verwendung sogenannter Konnektoren, die auch als *phrases* oder *links* bezeichnet werden. Sie sind besonders für die elegante Formulierung von Kommentaren notwendig. Die themen- und meinungsunabhängigen Konnektoren werden aber zum Teil auch bei Zusammenfassungen und Analyseaufgaben immer wieder gebraucht. In den neueren Ausgaben auch einsprachiger Wörterbücher findet man solche hilfreichen Ausdrücke im Anhang oder in der Mitte!
Hier eine kleine Auswahl zum Wiederholen und Üben:

1. **Einleitung**
   - it is undeniably true that … *(es steht außer Zweifel, dass …)*
   - for the great majority of people *(für die meisten Leute)*
   - it is sometimes forgotten that … *(es gerät manchmal in Vergessenheit, dass …)*
   - a problem that is often debated nowadays is that of … *(heutzutage wird viel über … diskutiert)*

2. **Fortführung**
   - a number of key issues arise from … *(aus … ergeben sich einige grundsätzliche Fragen)*
   - what this question boils down to is: … *(letztendlich läuft es auf Folgendes hinaus: …)*

3. **Bestätigung**
   - it should be stressed that … *(man sollte betonen, dass …)*
   - it would be ridiculous to assert that … *(es wäre geradezu lächerlich zu behaupten, dass …)*
   - it is undoubtedly true that … *(zweifellos …)*

4. **Zweifel**
   - it is questionable whether … *(es ist fraglich, ob …)*
   - it remains to be seen whether … *(es wird sich zeigen, ob …)*
   - it may well be that … *(es kann sehr wohl sein, dass …)*
   - it is certainly true that … but I wonder whether … *(es ist sicher richtig, dass …, aber ich frage mich, ob …)*

5. **Missbilligung**
   - it is hard to agree with … *(es fällt schwer, mit … übereinzustimmen)*
   - … offers no solution to … *(… bietet keinerlei Lösungsansatz für …)*

- … should not go unchallenged *(… sollte nicht unwidersprochen hingenommen werden)*
- I find it impossible to accept … *(ich kann … einfach nicht akzeptieren)*

6. **Betonung einzelner Gesichtspunkte**
   - it should never be forgotten that … *(man sollte nie vergessen, dass …)*
   - especially in view of … *(besonders im Hinblick auf …)*
   - next I wish to focus our attention on … *(als Nächstes möchte ich unser Augenmerk auf … lenken)*
   - what is more, … *(hinzu kommt noch, dass …)*
   - the chief feature of … *(das Hauptmerkmal …)*

7. **Vergleich, Hinzufügung, Verbindung**
   - as for … *(was … betrifft)*
   - first of all …, next …, finally … *(zunächst …, dann …, schließlich …)*
   - as far as … is concerned … *(was … betrifft …)*
   - there is a fundamental difference between … *(es besteht ein grundlegender Unterschied zwischen …)*
   - as regards … *(was … angeht)*

8. **Persönliche Sichtweise**
   - in my opinion … *(meiner Meinung nach …)*
   - my own view of this is that … *(meiner Meinung nach …)*
   - it seems to me that … *(mir scheint …)*
   - but I feel strongly that … *(ich bin der Überzeugung, dass …)*

9. **Andere Sichtweise**
   - this line of thinking leads to … *(dieser Gedankengang führt zu …)*
   - …, which brings us to another side of the question *(…, was eine andere Frage aufwirft)*
   - … draws our attention to the fact that … *(… macht uns darauf aufmerksam, dass …)*

10. **Zitate, Beispiele**
    - take the case of … *(wenn man zum Beispiel … nimmt)*
    - to illustrate the truth of this *(um das zu veranschaulichen)*
    - a single, but striking example of … *(ein gutes Beispiel für …)*
    - according to … *(laut …)*
    - this passage serves to illustrate … *(dieser Absatz veranschaulicht …)*

11. **These**
    - the first thing that needs to be said is … *(zunächst einmal sollte man darauf hinweisen, dass …)*

- we must distinguish carefully between … *(man muss sorgfältig zwischen … unterscheiden)*
- this brings us to the question of whether … *(daraus ergibt sich die Frage, ob …)*
- it is worth stating at this point that … *(an dieser Stelle sollte man darauf hinweisen, dass …)*

12. **Antithese**
    - another way of looking at this question is to consider … *(man kann das Problem aber auch aus anderer Sicht betrachten)*
    - … is, however, a totally unjustified assumption *(… ist jedoch eine völlig unberechtigte Annahme)*
    - it would be more accurate to say that … *(es wäre richtiger zu sagen, dass …)*

13. **Synthese**
    - how can we reconcile these contradictory viewpoints? *(wie lassen sich diese widersprüchlichen Standpunkte vereinbaren?)*
    - it is easy to believe that … but the truth is that … *(man könnte annehmen, dass …, aber in Wahrheit …)*

14. **Schluss**
    - what conclusion can be drawn from all this? *(welche Schlussfolgerungen lassen sich aus all dem ziehen?)*
    - ultimately, then, … *(letzten Endes)*
    - nevertheless, at the end of the day it is safe to assume that … *(dennoch kann man letzten Endes davon ausgehen, dass …)*
    - all in all *(zusammenfassend)*
    - I therefore reject/support … *(daher unterstütze ich …/lehne ich … ab)*

Will man sich den bewussten Gebrauch dieser Stilmittel angewöhnen, sollte man die Musterlösungen in diesem Band nicht nur nach auf die Aufgabenstellung bezogenen inhaltlichen Kriterien, sondern auf jeden Fall auch mit Blick auf die Art der sprachlichen Gestaltung durcharbeiten.

6 Beschreibung eines Diagramms

Diagrammarten

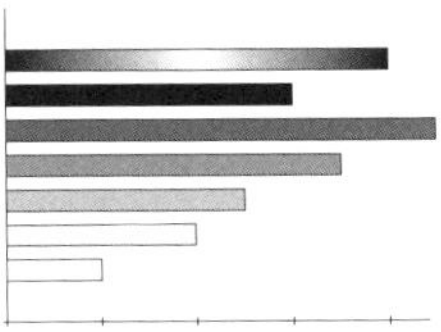

bar chart/graph
(Balken-, Säulendiagramm)

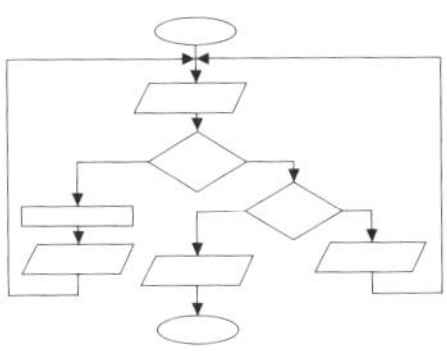

flow chart
(Flussdiagramm)

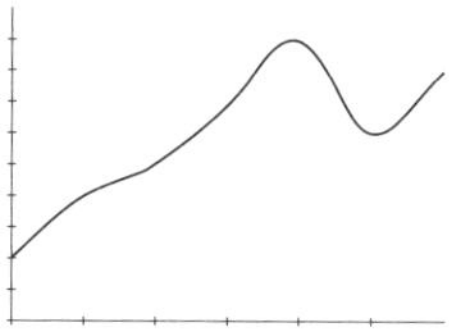

line graph
(Kurvendiagramm)

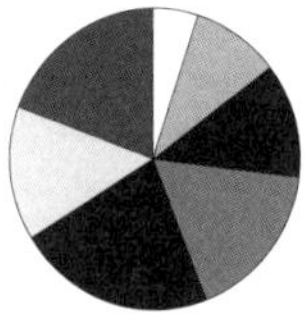

pie chart
(Kreisdiagramm, Kuchendiagramm)

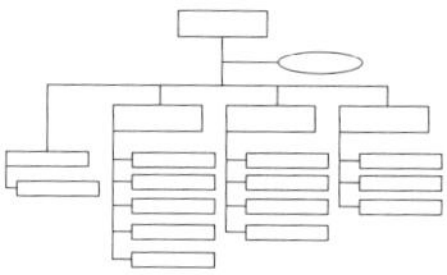

organization(al) chart
(Organigramm)

Thema / Modulreihe	12.1 The Challenge of Individualism	12.3 Tradition and Change
GK verb.	Presentations	Presentations
GK verb.	I USA	Work and Industrialization
GK verb.	II Science and Technology	United Kingdom
GK fakultativ	III Them and Us	Extreme Situations

table
(Tabelle)

Beschreibung des Diagramms

- **Zustand**

to stand at …	In December, sales stood at $ 22 million.
to remain/stay at …	Losses stayed at $ 2 million per month between January and March.
to amount to …	*sich belaufen auf, betragen*

- **Zunahme**

to rise/go up/increase by … to …	Costs rose by 5 % to 25 %.
to rise/go up/increase from … to …	Profits went up from 20 % to 25 %.
an increase/a rise of	There was an increase/a rise of 5 %.
an increase/a growth in	There was an increase in sales.
to rocket	*in die Höhe schießen*
to surge	*dramatisch zunehmen*
to double/treble/quadruple	*sich verdoppeln/verdreifachen/vervierfachen*
to increase five-fold, six-fold	*fünffach, sechsfach zunehmen*
to jump to	*in die Höhe schnellen*

- **Abnahme**

to drop/go down/decrease/fall by … to …	Expenses dropped by $ 55,000 to $ 320,000.
to drop/go down/decrease/fall from … to …	Interest rates decreased from 18 % to 16 %.
a drop/decrease/fall of	There was a drop/decrease/fall of 2 %.
a drop/decrease/fall in	The company experienced a drop/decrease/fall in sales.

to plummet	*stark zurückgehen*
to slump	*zurückgehen*
to fall to a trough	*auf einen Tiefstand fallen*
• **Höhepunkt**	
to peak at …	*einen Höchststand erreichen bei* Sales peaked at 5,000 units in December.
to reach a peak of …	Sales reached a peak of 5,000 units in December.
• **Gleichstand**	
to level off/out at …	*sich einpendeln bei* Sales levelled out at 4,000 units.
figures do not change	The figures have not changed for years.
• **Tiefpunkt**	
to bottom out at …	*einen Tiefstand erreichen bei* Our market share bottomed out later that year at around 25 %.
to reach their/its lowest at …	Profits reached their lowest at 8 %.
• **Adjektive**	
lightly/steadly/dramatically/ sharply	Sales figures have fallen slightly.
continually *(stetig)*/ gradually *(allmählich)*	Profits have gone up continually.
significantly *(deutlich)*/ insignificantly *(unbedeutend)*/ negligibly *(geringfügig)*	Growth is expected to rise insignificantly.

Formulierungen

The pie chart shows …
This is an organization chart of …
The bar graph demonstrates …
This table gives information about …
The pie chart compares …
As you can see from the pie chart …
Its most significant feature is …
The horizontal axis represents …
The dotted line on the graph represents …
The figures in the table show that …
The figures prove that …
The statistics suggest that …
The diagram makes it clear that …
This implies that …
There is evidence that …

7 Glossary of literary terms

1. **Allegory:** a poem, play or story in which the characters and events are used to symbolize a **deeper moral or spiritual meaning**.

   Example: Typical allegories would be Bunyan's *Pilgrim's Progress* or George Orwell's *Animal Farm.* In *Animal Farm* the pigs represent a totalitarian regime.

2. **Alliteration:** sometimes referred to as **head rhyme** or **initial rhyme**, alliteration is a term we use to describe the **repetition of the initial sounds**, usually consonants, in a line of poetry or in closely adjacent lines. A good poet uses alliteration not just because it sounds nice but because it reinforces the meaning and purpose of the lines in question. Alliteration therefore is used **to create melody, establish mood, or call attention to important words**. It also highlights similarities or contrasts.

   Example: "Scooping spilt, soft, broken oil with a silver spoon from a flagstone floor. …"
   (M-M-Memory from The Other Country by Carol Ann Duffy)

3. **Allusion:** when a writer alludes to something in the course of writing a poem, he refers to **information assumed to be known** by the reader. This can be a reference to a person or a well-known occurrence such as a battle or war, a TV character or a well-known literary character.

   Example: "'An old woman who looked like one of the witches from Macbeth' he said. This allusion was lost on Sally. Seeing her puzzlement he went on, 'wrinkled, don't you know, and hideous and so forth' …"
   (The Ruby in the Smoke by Philip Pullman)

4. **Ambiguity:** the state of being **doubtful, unclear or indistinct**. It is a characteristic of writing which makes something capable of being understood in more than one way. A poet will often do this deliberately.

   Example: A simple example of ambiguity is to be found in the sentence "They found me a good worker." This is ambiguous in that it has two meanings, i.e. *They found me to be a good worker* or *They found a good worker for me*. The context is necessary for it to be properly understood. A writer making effective use of ambiguity will use language and context to leave something unclear or open to more than one interpretation.

5. **Analogy: agreement or similarity** in some things which are otherwise quite different from one another.

   Example: Sleep and death are not really similar but would be analogous in that both normally involve no movement and often happen when a person is lying down.

6. **Anaphora:** the **repetition** of a word or phrase at the start of a succession of phrases in order to achieve **rhetorical effect**. This is most commonly used in plays or famous speeches.

   Example: "*We shall fight* in France, *we shall fight* on the seas and oceans, *we shall fight* with growing confidence and growing strength in the air, *we shall* defend our island, whatever the cost may be, *we shall fight* on the beaches, *we shall fight* on the landing grounds, *we shall fight* in the fields and in the streets, *we shall fight* in the hills. *We shall* never surrender."
   (Winston Churchill)

7. **Antithesis:** this term refers to the exact **opposite** of something being **highlighted in parallel words or** in the **juxtaposition** of contrasting ideas or phrases.

   Example: BRUTUS "Not that I loved Caesar less, but that I loved Rome more."
   (Julius Caesar by William Shakespeare)

8. **Antonym:** a word which is the **opposite** of something else.

   Example: good – bad / easy – difficult.

9. **Aside: a statement uttered** in the course of a play which is intended for the ears of the audience only and is **not heard by the other characters** on stage at the time.

   Example: MACBETH "Thanks for that.
   (Aside) There the grown serpent lies, the worm that's fled."
   (Macbeth by William Shakespeare)

10. **Assonance:** the use of the **same vowel sound with different consonants** in successive words or stressed syllables.

    Example: "time and light"

11. **Blank Verse:** verse which does not rhyme but has a set metrical pattern, mostly of **iambic pentameters** (i. e. an unstressed syllable followed by a stressed syllable in each poetic foot). It is used extensively in **dramatic or narrative verse**.

    Example: "The qua / lity / of mer / cy is / not strain'd /
    It drop / peth as / the gen / tle rain / from heaven / "
    (The Merchant of Venice by William Shakespeare)

12. **Characterisation:** the method an author uses to present his characters to the reader. This may involve **physical description**, an account of **speech and behaviour**, a character's **opinions and reactions**, or finally, what a character **feels or thinks** about something.

    Example: "Frances Lennox was a minor, steady, reliable actress, and had never been asked for anything more. This part was in a brilliant new play, a two-hander, and the male part would be taken by Tony Wilde who until now had seemed so far above her she would never have had the ambition to think of her name and his side by side on a poster …" *(The Sweetest Dream by Doris Lessing)*

13. **Cliché:** words or phrases that have been used so often that they are more or less meaningless.

    Example: "As dead as a doornail." *or* "As cool as a cucumber."

14. **Climax:** a group of sentences or clauses which starts with the weakest and then **builds to a high point** in order to achieve effect. The term can also refer to the high point of a story or play.

    Example: "It is an outrage to bind a Roman citizen; to scourge him is an atrocious crime; to put him to death is almost a parricide; but to crucify him, what shall I call it?"
    (Cicero)

15. **Conflict:** this term is used when talking about a **problem or struggle between two opposing forces** in a story. The main types of conflicts are: person against person, person against self, person against society and person against nature.

    Example: One of the central themes of *How to be Good* by Nick Hornby is the struggle the main character experiences between the person she is and the person she wants to be. This conflict is the main driving force behind her story.

16. **Consonance: repetition of specific consonant sounds** after different vowel sounds.

    Example: Consonance is the similarity between consonants, but not between vowels, as between the *s* and *t* sounds in "sweet silent thought."

17. **Elements of fiction:** certain aspects of a literary work. A criticism or analysis of a book or story might concentrate on any of the following elements: the **action**, the **antagonist** (i. e. the person or force that works against the **protagonist** or hero of the story), the **characters**, the **climax**, the **conflict**, the **dialogue**, the **exposition**, (i. e. the part of the story in which the characters first appear, the background is explained and the setting is described), the **falling action** (i. e. the action and dialogue following the climax that lead the reader into the story's end), the **mood**, the **moral**, the **narrator**, the **plot**, the **resolution**, (i. e. how everything turns out), the **rising action** (i. e. the central part of the story during which various problems arise after a conflict is introduced), the **setting**, the **style** and the **theme**.

    Example: The theme of the short story collection *Dubliners* by James Joyce is essentially one of life and human nature in Dublin as seen through the eyes of the characters involved.

18. **Ellipsis:** a stylistic device used to achieve poetic effect by **omitting a word or phrase** which is easily known to the reader.

    Example: "And he to England shall along with you." (The word "go" has been omitted between "shall" and "along.")
    (Hamlet by William Shakespeare 3.3.1)

19. **Epigram:** a **witty paradoxical remark**.

Example: "A poet can survive everything but a misprint." *or* "I can resist everything but temptation."
(Oscar Wilde)

20. **Euphemism:** a **polite phrase or word** which is used to say something that is considered unpleasant or hurtful in a nice and acceptable manner.

Example: "China is a country where you often get different accounts of the same thing" *(... where many lies are told) or* "He passed away" *(He died).*

21. **Figurative language** takes in such devices as **simile, hyperbole, personification** and **metaphor**.

Example: "He clasps the crag with crooked hands
Close to the sun in lonely lands
Ringed with the azure world, he stands."
(The Eagle by Lord Tennyson)

22. **Foreshadowing** happens when the author gives **hints** about things which will later come to pass in the course of a story.

Example: In *Julius Caesar* by William Shakespeare, Caesar's wife has nightmares in which she foresees his death (Act II Scene II):
Thunder and lightning. Enter CAESAR, in his night-gown
"Nor heaven nor earth have been at peace to-night:
Thrice hath Calphurnia in her sleep cried out,
'Help, ho! they murder Caesar!' Who's within?"

23. **Flashback:** the opposite of foreshadowing. An interruption in the action of a story or work of non-fiction **to show an episode that happened at an earlier time**. A flashback is usually used to provide background information.

Example: In *The Snows of Kilimanjaro*, Harry Street, who is dying, becomes preoccupied with incidents in his past. In a flashback Street remembers one of his wartime comrades dying painfully on barbed wire on a battlefield in Spain.

24. **Hyperbole: exaggerated form** of language used to increase effect.

Example: "I could eat a horse" *or* "All the perfume of Arabia could not sweeten this little hand."
(Macbeth by William Shakespeare)

25. **Imagery:** those elements in a poem which evoke **mental pictures**; not just visual ones but emotional ones also. Many images are conveyed by figurative language such as **similes, metaphors and personification**.

Example: "When the evening is spread out against the sky
Like a patient etherized upon a table."
(The Love Song of J. Alfred Prufrock – T. S. Eliot)

26. **Irony:** a humorous use of words **to imply the opposite** of what they actually mean. There is a contrast between what seems to be and what actually is. We speak of verbal irony, dramatic irony, irony of situation and irony of tone.

    Example: "Moments after Eileen shot herself, having earlier been told that John, her husband, had been killed in the war, he came walking up the drive with his rucksack over his shoulder."

27. **Literary forms:** various **types of writing**. These include such well-known types as comedy, drama, essay, historical fiction, novel, poetry, science fiction and the short story. Other literary forms include myth, folktale, autobiography, biography, realistic fiction and prose.

    Example: The novel *The Time Machine* by H. G. Wells is a good example of early science fiction writing.

28. **Metaphor:** a figure of speech that **implies comparison** without using "like" or "as". A resemblance is indicated but not expressed directly.

    Example: "All the world's a stage." (Not: …is *like* a stage)
    (As You Like It by William Shakespeare)

29. **Mood:** the overall **emotional effect** created by a piece of literature.

    Example: The mood created in the poem *Originally* (Carol Ann Duffy) is a reflective one, one full of memories and uncertainty. The poet is considering a time when she lived in a different country and is wondering where she actually comes from. The conclusion of the poem reads "And I hesitate", a finish which contributes to, and is typical of, the overall mood of the poem.

30. **Paradox:** a seemingly **absurd or self-contradictory statement** that is or may be true.

    Example: "What a pity that youth must be wasted on the young."
    (George Bernard Shaw)

31. **Personification:** the **attribution of human qualities** to something which is not human.

    Example: "As the wind undressed the trees, fear grabbed at his throat …"
    or "The plane began to creak and protest as it fought its way through the storm."

32. **Plot: pattern of action** in a short story, novel or play. In a book with a good plot all the details are important and are arranged so that the outcome depends on each one and the interaction of all the details with one another. The plot may have **a protagonist** who is opposed by an **antagonist**, creating what is known as **conflict**. A plot may include flashback or it may include a subplot which is a mirror image of the main plot.

    Example: In Shakespeare's *King Lear,* the relationship between the Earl of Gloucester and his sons mirrors the relationship between Lear and his daughters.

33. **Point of view:** the writer's **choice of narrator** for his story. A writer has three basic choices when it comes to deciding on what point of view will be used in a novel.

Example: Personal or first-person: the narrator "I" is a character in the story who can reveal only his own thoughts and what he sees and is told. *Robinson Crusoe* is told from a first-person point of view.
Third person objective is where the narrator is an outsider who can report only what he sees and hears. An example would be *Hard Times* by Charles Dickens.
An omniscient point of view is where the narrator knows everything and can enter the minds of his characters. He may enter the minds of all the characters or the mind of just one if he wishes to focus on one character. Joyce's *Ulysses* is told in this manner.

34. **Pun: play on words** in which words are used to exploit ambiguities in meaning, usually for humorous effect.

Example: Ben Battle was a soldier bold and used to *war's* alarms
But a cannonball took off his *legs* so he laid down his *arms*.

35. **Repetition:** one of the most frequently used stylistic devices. It simply involves the **frequent use of the same word or phrase** in a piece of writing.

Example: "You cannot sir, take from me anything that I would more willingly part withal, except my life, except my life, except my life."
(Hamlet by William Shakespeare)

36. **Rhetoric:** the effective use of language, particularly in a **speech**, when one is trying to persuade someone or convert them to one's opinion.

Example: "Friends, Romans, countrymen
Lend me your ears
I come ..."
(Julius Caesar by William Shakespeare)

37. **Rhetorical question:** a question to which **no answer is required** because the answer is obvious.

Example: "Who knows?" (The answer "nobody knows" is clear from the question itself.)

38. **Rhyme:** a term we use to describe the **repetition of syllable sounds**. We speak of **end rhyme** and **internal rhyme**. The pattern created by rhyme in a poem is referred to as the rhyming scheme.

Example: "I'm a lean dog, a keen dog, a wild dog and lone;
I'm a rough dog, a tough dog, hunting on my own."
(Irene Rutherford McLeod)

39. **Sarcasm:** particular **type of irony**. Sarcasm is usually intended to be aggressive and is often insulting and aimed at a person.

Example: "You are a wonderful goalkeeper." (To someone who has just conceded nine goals in a match …)

40. **Satire:** a literary work which exposes and ridicules human folly and uses **sarcasm**, **wit** and **irony** to do so. It is usually directed against the injustice of social wrongs e. g. poverty, corruption.

    Example: Famous satirists would include Dryden, Swift, Pope and Orwell. *Animal Farm* (Orwell) and *Gulliver's Travels* (Swift) are among the most famous works of satire ever written.

41. **Setting:** the **time and place** in which the events of a story or novel take place.

    Example: The book *Ulysses*, by Irish writer James Joyce, has perhaps the most well-known setting of any modern novel. It is set in Dublin on one particular day in 1904, a day that has since become known as Bloomsday in honour of a character, Leopold Bloom, who appears in the book.

42. **Simile:** a **comparison** of two completely different objects using "**like**" or "**as**". It is not generally considered as powerful as a metaphor since it does not defy logic.

    Example: "Errors, like straws, upon the surface flow …" *(Nesfield)*

43. **Soliloquy:** a **speech** which is spoken by a character in a play at a time when he or she is unaccompanied on the stage.

    Example: The best-known soliloquy in the English language is Hamlet's speech in which he utters his famous "to be or not to be" statement.

44. **Sonnet: fixed poetic form of fourteen lines in iambic pentameter**. In the Elizabethan or Shakespearean sonnet the lines are divided into three quatrains and a couplet (abab, cdcd, efef, gg) The original Italian form is divided into an octave of two rhyme-sounds following an abba abba pattern and a sestet of two additional rhyme patterns cdc, dcd or cde, cde. Eventually, the ability to write a sonnet became part of a wealthy man's education.

    Example: Shakespeare's *Shall I compare thee to a summer's day?* is one of the most famous sonnets.

45. **Stream of consciousness: narrative technique** developed towards the end of the 19th century used to portray and evoke the psychic life of a character and depict subjective as well as objective reality. Stream of consciousness refers to the **presentation of a character's thoughts**, **feelings**, **actions** and so on.

    Example: In his work *The Butcher Boy* the Irish author Patrick McCabe uses the first person stream of consciousness to show his main character's descent into madness.

46. **Symbol:** a word which stands for or is somehow connected to an idea and is therefore a **sign** of something.

Example: The Union Jack stands for Britain. In Robert Frost's poem *Acquainted with the Night* both the night and darkness are symbols for death or depression.

47. **Tautology:** the **repetition of an idea in different words**, phrases or in a sentence.

    Example: With malice toward none, with charity for all.
    (Second Inaugural Address – A. Lincoln)

48. **Theme: unifying motif** in, or the **main meaning** of, a work; often a general truth about life. A theme can be stated directly or implied.

    Example: One of the main themes of Edna O'Brien's collection of short stories *Lantern Slides* is the confinement provincial life in Ireland places upon those who live there.

49. **Tone:** when a reader refers to the tone of a poem, he or she is usually speaking about **the writer's attitude** to the subject he is writing about. More specifically it can refer to **the moral outlook** of a piece. Tone is sometimes used to describe the overall feeling of a poem and thus is quite related to the mood.

    Example: The tone of the book *Cannery Row* by John Steinbeck is objective, neutral and non-judgemental. The writer does not express disapproval of the actions of Mack and his band.

50. **Tragedy:** a word used primarily at a literary level to refer to **a medieval narrative poem** or **a Renaissance drama** in which the downfall of a great person – be it a king, an emperor or a good person – is the main theme of the work.

    Example: *Julius Caesar* and *King Lear* by William Shakespeare both describe the downfall of great individuals and are among the greatest tragedies ever written.

51. **Understatement:** a **comment made in a restrained and somehow less important way** to achieve heightened effect and increase the actual importance of what is being said. This is often done in an ironic way.

    Example: After Macbeth murders his friend Banquo, he goes on to play down the deed by referring to the number of people who have been murdered since the beginning of time, saying, "Blood hath been shed ere now."

Abiturprüfung Hessen – Englisch Grundkurs: Aufgabe 1
Unterrichtsinhalte: *Science and technology; Order, vision, change*

Bush a boon to smokestacks

This is not an April Fool's Day joke. It is about US President George W. Bush writing a letter to four Republican Senators. A short letter that threatens the world and makes a mockery of a nation that prides itself in its democracy.
The battle is over global warming.
Scientists warned last November that the earth is heating up faster than they thought. In January a 1,000-page report was released after five years of work by hundreds of experts from more than 100 countries. The facts were alarming.
Global temperatures are projected to shoot up between 1.4 and 5.8 degrees centigrade in the period 1990 to 2100, far more than expected five years ago. Compare that to an increase of only 3.5 degrees since the last ice age.
Most of this warming over the last 50 years is caused by human activities which release gases that trap heat in the earth's atmosphere creating a greenhouse effect. The last 20 years have been undisputedly the warmest in the last thousand years. The main source of these polluting gases is carbon dioxide from fossil fuel combustion. And the US is the single biggest polluter in the world, responsible for 25 % of greenhouse gas emissions.
Developing countries with almost 80 % of the planet's population account for only 40 %. But the worst impacts – floods, drought, rising sea levels, crop failure, disease – will hit developing countries. Neither will the US itself escape the devastation of global warming.
That was why, like any politician out to grab votes, Bush made promises last year in the face of an electorate that is becoming more worried about global warming. In this case, his target – the environmental community, concerned scientists, health groups and many ordinary Americans – believed him. Bush had promised that he would act to check global warming by cutting back the vast amounts of carbon dioxide spewed up by power plants. Half of their electricity comes from burning coal.
But on March 15, in a letter to senators well-known to oppose reductions in carbon dioxide emissions, Bush assured them of his support. The gas, said Bush, is not a pollutant under US law.
Big industry especially those in the business of coal and petroleum, and power generation, cheered. For years they had kept carbon dioxide out of the Clean Air Act, which requires mandatory reductions for gases that are included as "pollutants". The fossil fuel industry is dead against any move to curb emissions, and was highly unhappy with the Bush campaign pledge.
Betrayal was how one major environmental group described it. (…)
Bush is honest. He is dirty industry's president. (…) The truth is that the "hated Kyoto Protocol", as a former Senator calls it, is precisely based on fairness. The average per capita greenhouse gas emission in the developing world is about two tons,

and 12 tons in the industrialised countries. However, in the US it is more than 20 tons per head. The global warming crisis today is largely the result of the massive use of energy by developed countries. Every ton of carbon dioxide is the flip side of fossil fuel energy use. The more energy that is used, and much is used wastefully or unnecessarily, the more we tear at the fragile fabric of climate stability. (…) As the biggest economy and by far the largest source of greenhouse gas emissions, the US bears the greatest responsibility, as agreed in the Protocol. (…)
Talks to work out the implementation of the Kyoto Protocol last November in the Hague collapsed. The reason: US demands were so unreasonable that the European Union said no. Developing countries, especially those that are already suffering from floods, drought, loss of lives and economic devastation because of global warming, were furious. (…) The rest of the world cannot be held ransom by one recalcitrant government. *(635 words)*

"Bush a boon to smokestacks" by Yoke Ling Chee, The Sun on Sunday (Malaysia), April 1st, 2001

Cartoon

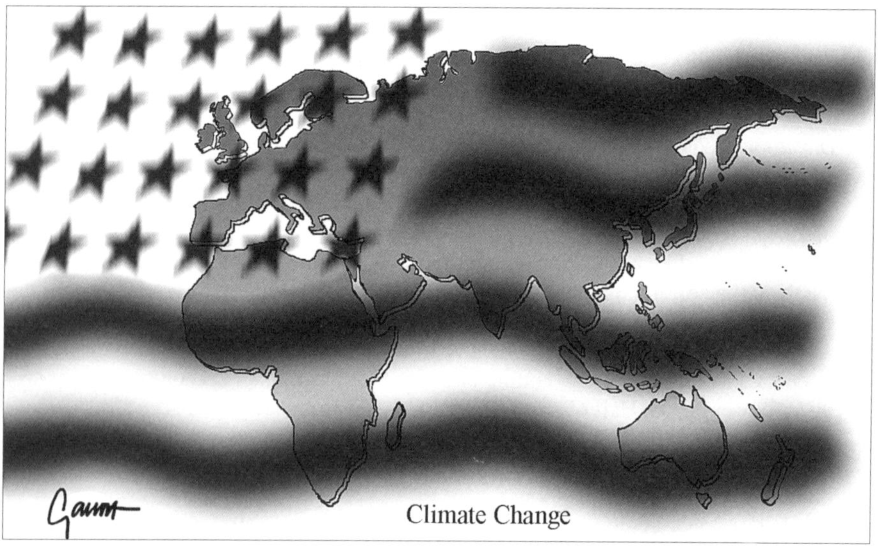

Assignments

1. Summarize the text. Do not forget to mention the problem, the context, and the explicit message of the author. 35 %
2. The US and the world. 35 %
   a) Analyse the author's view of America's role in the world. Do not forget to consider her background.
   b) What story does the cartoon tell us?
3. What is your view of the role of the United States and of the Bush administration? In how far do you share the views presented in the text and the cartoon? 30 %

Teaching modules referred to:
As part of the mandatory programme in Q1 all students deal with issues concerning *Science and technology* on the basis of literary and non-literary texts. The text chosen on the basis of this teaching module gives the possibility of also referring to a teaching module dealt with in Q3: *Order, vision, change*.

Lösungsvorschläge

1. In her Malaysian *Sun on Sunday* article of April 1st, 2001 the author accuses the Bush administration of mishandling the problem of global warming. The administration has announced its decision not to sign the Kyoto Protocol although the US is the biggest and most wasteful polluter in the world – releasing 25 % of all greenhouse gas emissions. In his election campaign, President Bush made promises to curb carbon dioxide emissions, and now, in a letter to four Senators, he even denies that carbon dioxide is a pollutant. The author argues that the US should accept their responsibility for rising sea levels, floods and droughts, and that the rest of the world should not accept one country preventing others from taking the necessary measures. The author accuses President Bush of serving industry's needs and characterizes the US position as unreasonable and hardly understandable, especially in view of the fact that they will not be able to escape the consequences of global warming either. *(162 words)*

2. a) Being from Malaysia, the author is not entangled in US politics and is able to look at the issue from a more detached point of view. From her point of view it is all too obvious that US industry is mainly responsible for the greenhouse effect and that the high standard of living of each individual American is based on an incredible waste of energy at the expense of the rest of the world, especially of the developing countries – among them the Islamic Republic of Malaysia. What is more, the US seems to be using her influence to block concerted worldwide efforts to tackle the problem.

The author claims that the political (and, implicitly, the diplomatic and military) power of the US is instrumentalized in the service of economic interests and that President Bush obediently serves those interests as "dirty industry's president". Yoke Ling Chee goes so far as to doubt the democratic nature of US international politics when, with a malicious smile, she says that the threat coming from the US against the rest of the world can only be explained by the assumption that this is either an April Fool's Day joke or a sign of democracy gone wrong. *(201 words)*

b) *How to approach the task:*
Step 1: Take a close look and describe what you see. Be careful to pay attention to details. It is not enough to mention that there is an American flag:
1. it is to be seen as a symbol of the USA;
2. the special, smudged, wave-like form it takes is the key to its meaning; the wave-like depiction alludes to wafting clouds of dirty emissions;
3. the non-American world is 'covered' by this 'flag'.

Step 2: After the detailed description follows the interpretation. In the context (see Question 2 a), the 'flag-like clouds' are to be seen as potentially dangerous and aggressive. For the rest of the world there is no defence. Ask yourself what the clouds stand for – they stand for pollution and global warming and all their potential implications.

Step 3: In a last step you should concentrate on the (possible) intention of the cartoonist, on the message he wants to convey. Had he merely put in clouds, he would have implied that mankind is in danger of destroying itself or that the impending destruction is even an act of God – unavoidable (perhaps even deserved). But the cartoonist does not stop at that point! He identifies the source of the danger (the culprit).
You might go deeper into the meaning of the cartoon, taking into account the text at hand. Then the issue of pollution and global warming turns out to be only one of a number of facets that define the role of the USA in the world. The cartoonist probably does not want us to stick to the single issue (of global warming) but to see the whole picture.

The cartoon shows the world covered by dark layers of emissions that obviously originate from the United States: this can be deduced from the shape the gas masses take, i. e. they are organized in the form of the Stars and Stripes, the American flag. The cartoon seems to be telling us that there is no means of defence against US (industry's) aggression against the rest of the world in the form of emissions. As the main culprit does not accept any responsibility, the other nations have to accept pollution and global warming as something close to an act of God.
One might interpret the intention of the cartoonist as an attempt to show us that the emissions and the rising sea level are definitely not the result of an act of God, but that the pattern of the gas masses betrays an all-too secular cause of this global menace: read the signs in the heavens!
The message concerning the US role in the world seems to be: the role of the US is not only positive. *(177 words)*

3. During the Cold War the US were considered to be the backbone of the Western world and a beacon of hope to the rest of the world. They were relied on to save the world from the Communist threat and to guarantee freedom and democracy as well as prosperity. With the decline of the Communist world, the fall of the Soviet Union and the end of the big power confrontation, the basis of American foreign politics and their role in the world changed completely. The United States were the only superpower left. This means that they had to redefine their mission and their role in the world. Especially after September 11, the Bush administration set itself the goal of fighting against international terrorism and of taking a firm position against 'rogue states'. The US took it upon herself to go it alone – almost – against world opinion, and against the advice of many old allies. In the eyes of many observers, this going-it-alone attitude causes anxiety and the suspicion of a certain hubris behind America's foreign policy is ever-present. However, it has to be acknowledged that the European powers seem to be incapable of decisive action against terrorism, whereas the US at least tries to safeguard not only her own way of life but in this process also defend other nations.
The aggression which can be seen behind both the text and the cartoon is very much understandable but also rather one-sided, perhaps even short-sighted. What would the world be like if there were no such active 'lonely superpower' as the United States?
(262 words)

Abiturprüfung Hessen – Englisch Grundkurs: Aufgabe 2*
Unterrichtsinhalte: *Ideals and reality; Work and industrialization*

Teil A: Aufgabe zur Sprachmittlung

Nicht kaputt zu kriegen. Gelassen arbeitet sich die Kölner Kofferfabrik Rimowa durch die Krise

[…] Bei Rimowa in Köln-Ossendorf bastelt der Chef, Dieter Morszeck, noch selbst. […] Ein neuartiges Rollensystem, noch ausgefeiltere Schlösser, ein raffiniertes Innenleben. Rimowa stellt Hartschalenkoffer her, genauer: nur solche mit den patentierten Rillen. Die Rimowa-Rillen sind Kult. […]

Während draußen, in der deutschen Industrie, die Auftragsbücher leer laufen und ganze Belegschaften auf Kurzarbeit gesetzt werden, herrscht in der Kölner Kofferfabrik Gelassenheit. Die Bestellungen aus Japan seien zwar leicht zurückgegangen, aber die Umsätze in Deutschland sogar um zehn Prozent gestiegen. […]

Die typischen Rillen, heute geschütztes Markenzeichen der Rimowa-Koffer, gibt es seit 1950. Der Vater des heutigen Unternehmenschefs wollte damit der Aluschale des Koffers mehr Stabilität verleihen. Es ist die Unverwüstlichkeit, die den Markenkern des Gepäcks aus dem Hause Rimowa bildet. […]

Viele Koffer haben die Garantiezeit lange hinter sich. Manche dürften – an der Zahl der Reiseaufkleber gemessen – schon mehrere Erdumrundungen absolviert haben. Es sind die Koffer von Globetrottern, Profireisenden, Geschäftsleuten. Etwas sperrig die traditionellen Modelle aus Aluminium, schnittiger die Kunststoffmodelle. […] Ihr Absatz hat sich in den vergangenen zehn Jahren vervierfacht. […]

Über Jahrzehnte war Rimowa ein Nischenanbieter im Markt für Reisegepäck. Dann entdeckte Dieter Morszeck Mitte der neunziger Jahre das Polycarbonat. […] „Die Erfindung des Polycarbonat-Koffers war für uns wie ein Royal Flush im Poker", sagt er. Dabei waren die Anfänge nicht ermutigend. Als Rimowa die Kunststoff-Koffer im Jahr 2000 auf Fachmessen vorstellte, winkten viele Einkäufer ab. Im Trend lag damals Weichgepäck. Trotzdem begann Morszeck in Tschechien zu produzieren. Der Anfang einer Erfolgsgeschichte.

Obwohl auch die großen Konkurrenten schnell mit Polycarbonat-Koffern auf den Markt kamen, stiegen bei Rimowa die Verkaufszahlen. Die Firma, die noch um die Jahrtausendwende Umsätze von umgerechnet knapp 20 Millionen Euro schrieb, berichtet 2007 einen Umsatz von rund 85 Millionen Euro, doppelt so viel wie im Vorjahr. 400 000 Koffer wurden verkauft. Besonders beliebt sind Rimowa-Koffer in Asien und den USA, in Italien und der Schweiz. Regelmäßig gingen nun Übernahme- und Beteiligungsangebote ein. Doch Morszeck will sich nicht den im Big Business üblichen Gesetzmäßigkeiten unterwerfen. „Mir sagt keiner, dass die Personalkosten zu hoch sind. Und wenn jemand sie für zu hoch hält, dann ist mir das auch egal." Mit schlecht bezahlten Leuten lässt sich nicht Spitzenqualität produzieren. […]

In der aktuellen Krise scheint die Rimowa-Strategie resistenter als das Geschäft der großen Hersteller. Das hat Morszeck dieser Tage auf der Reisegepäckmesse in Las Vegas beobachtet. Während andere ihre auf Halde produzierten Koffer an Tankstellen verramschen, kam er mit vielen Aufträgen zurück. Im November hat Rimowa in Kanada eine weitere Fabrik eröffnet. Von dort aus soll der amerikanische Markt bedient werden. Auch in Köln hat das Unternehmen dieses Jahr noch neue Mitarbeiter eingestellt. Vielleicht, sinniert Morszeck, „ist die Krise für uns Mittelständler ja sogar eine Chance. Wenn die Massenhersteller jetzt Marktanteile verlieren, werden die Karten neu gemischt. Dann haben wir mit unseren Qualitätsprodukten neue Möglichkeiten". *(467 words)*

Thoms Eva-Maria für DIE ZEIT, Nr. 14, 26. März 2009, Wirtschaft, S. 29

Assignment

You work as an assistant to the management of a chain of shops that sell luggage on the international market. Your US partners inquire whether they should import RIMOWA suitcases, which they have recently discovered at a fair in Las Vegas. Is the producer of this type of baggage successful on the market, and how is he managing in the current economic crisis? You have read the article above in *DIE ZEIT*. Please summarise what you have learned about the firm.

Annotations

l. 3 Hartschalenkoffer – *hardtop case*
l. 4 Rille – *groove*
l. 16 Aluminium – *alumin(i)um*
l. 19 Polycarbonat – *polycarbonate*
l. 23 Weichgepäck – *soft luggage*

Teil B: Verkürzte Textaufgabe

The Waste Makers

In Cornucopia City, as I understand it, all the buildings will be made of a special papier-maché. These houses can be torn down and rebuilt every spring and fall at house-cleaning time. The motorcars of Cornucopia will be made of a lightweight plastic that develops fatigue and begins to melt if driven more than four thousand miles. Owners who turn in their old motorcars at the regular turn-in dates – New Year's, Easter, Independence Day, and Labor Day – will be rewarded with a one-hundred-dollar United States Prosperity-Through-Growth Bond for each motorcar turned in. And a special additional bond will be awarded to those families able to turn in four or more motorcars at each disposal time.

One fourth of the factories of Cornucopia City will be located on the edge of a cliff, and the ends of their assembly lines can be swung to the front or rear doors depending upon the public demand for the product being produced. When demand is slack, the end of the assembly line will be swung to the rear door and the output of refrigerators or other products will drop out of sight and go directly to their graveyard without first overwhelming the consumer market.

Every Monday, the people of Cornucopia City will stage a gala launching of a rocket into outer space at the local Air Force base. This is another of their contributions to national prosperity. Components for the rocket will have been made by eighteen subcontractors and prime contractors in the area. One officially stated objective of the space probing will be to report to the earth people what the back side of Neptune's moon looks like.

Wednesday will be Navy Day. The Navy will send a surplus warship to the city dock. It will be filled with surplus playsuits, cake mix, vacuum cleaners, and trampolines that have been stockpiled at the local united States Department of Commerce complex of warehouses for surplus products. The ship will go thirty miles out to sea, where the crew will sink it from a safe distance.

As we peek in on this Cornucopia City of the future, we learn that the big, heartening news of the week is that the Guild of Appliance Repair Artists has passed a resolution declaring it unpatriotic for any members even to look inside an ailing appliance that is more than two years old.

The heart of Cornucopia City will be occupied by a titanic push-button super mart built to simulate a fairyland. This is where all the people spend many happy hours a week strolling and buying to their heart's content. In this paradise of high-velocity selling, there are no jangling cash registers to disrupt the holiday mood. Instead, the shopping couples – with their five children trailing behind, each pushing his own shopping cart – gaily wave their lifetime electronic credit cards in front of a recording eye. Each child has his own card, which was issued to him at birth.

Conveniently located throughout the mart are receptacles where the people can dispose of the old-fashioned products they bought on a previous shopping trip. In the jewelry section, for example, a playfully designed sign by a receptacle reads: "Throw your old watches here!" Cornucopia City's marvelous mart is open around the clock, Sundays included. For the Sunday shoppers who had developed a churchgoing habit in earlier years, there is a little chapel available for meditation in one of the alcoves. *(570 words)*

Vance Packard, The Waste Makers, New York, 1975 (1960), pp. 3/4

Annotations

title Cornucopia – horn of plenty (Füllhorn)
l. 7 prosperity – state of being successful and rich
l. 12 slack – *here:* weak
l. 20 probing – exploration by unmanned spacecraft
l. 27 peek in on – look quickly at
l. 28 appliance – device, gadget
l. 29 ailing: *here* – out of order
l. 34 jangle – make a harsh metallic noise
l. 38 receptacle – container
l. 43 alcove – small space in a room formed by part of the wall being set back

Assignments

1. Summarize the text. 30 %
2. Analyse the text. Point out the basic theses and the problems implied. 40 %
3. Relate the world of Cornucopia to our modern experience, taking into account environmental problems we face. 30 %

Teaching modules referred to:
The teaching module mainly referred to is *Ideals and reality* (Q3). Typically, a book like Huxley's *Brave New World* is read and interpreted in such a class, with special emphasis on the stabilizing factors characterizing a given society. Another module referred to is *Work and industrialization* (Q2); one of the teaching units might well have been concerned with environmental problems.

Lösungsvorschläge

Teil A: Aufgabe zur Sprachmittlung

How to approach the task:
Do not try to translate the text literally. You are expected to transfer the gist of this article into English.
Step 1: *Identify the main point in the article: „In der aktuellen Krise scheint die Rimowa-Strategie resistenter als das Geschäft der großen Hersteller."*
Step 2: *Make this main point part of your "umbrella sentence", which provides the reader with the argumentative key to the article, and with information concerning the general situational framework – plus the source of the information: "A report about the German suitcase producer RIMOWA in* DIE ZEIT *suggests that smaller firms seem to find it easier to face the present economic crisis than larger firms."*
Step 3: *Regroup the most important additional components of the argument around the core you identified in Step 1. Do not be afraid to leave out details and illustrations. It is the message of the article and its inner logic that are important.*
- *history of business & feature of product:*
  - *RIMOWA in business since 1950 with aluminium hardtop suitcases*
  - *1990s: invention of hardtop case with characteristic grooves made of polycarbonate (indestructible – high stability)*
  - *since 2000 a success story although soft cases were the fashion*
- *RIMOWA's business philosophy & position in the market:*
  - *M. wants to be independent of investors: the market confirms his policy – expansion abroad and hiring of new staff*
  - *in the present crisis, M. sees chances for smaller firms if larger competitors lose shares in the market*

Hint: *The text should be approximately 1/3 or 1/2 of the length of the original.*

Small firm RIMOWA well positioned to face current crisis

A report about the German suitcase producer RIMOWA in *DIE ZEIT* suggests that smaller firms seem to find it easier to face the present economic crisis than do larger ones.

RIMOWA, for example, has been in business with aluminium hardtop suitcases for more than 50 years. In the 1990s, the invention of a hardtop case with characteristic grooves made of polycarbonate proved to be a groundbreaking idea. The cases are almost indestructible and have become very fashionable among people who travel a lot. The owner's business philosophy is that he wants to remain independent of investors. The market confirms this policy; the firm is expanding abroad and can even hire new staff in Germany. In the present crisis, the owner of RIMOWA sees chances for smaller firms since larger competitors are losing shares of the market. *(144 words)*

Teil B: Verkürzte Textaufgabe

1. The 1960 text by Vance Packard is about a Utopian town called Cornucopia City and the social and economic principles on which life there is based.
   Life in this city is based on an appalling materialism. The inhabitants are continually seduced to consume products which they eventually do not need at all. The main objective of this society is to guarantee the undisturbed mass production and consumption of goods. This aim is achieved by limiting the durability of products, for instance cars are made of plastic that show fatigue after a certain time and houses are made of papier-maché so that they can easily be rebuilt, and by destroying surplus goods – factories are organized in such a way that ready products can be thrown away without being used, for example. Every Wednesday, a ship full of surplus goods is sunk, and consumption is pushed to the limit: used cars must be turned in and supermarkets are organized in such a way as to make customers buy as much as they can afford.
   All social groups, from the armed forces to the factory owners, contribute to achieving the ultimate aim, namely, to perpetuate the everlasting circuit of production and consumption and, thus, to ensure the stability of the social fabric. *(209 words)*

2. The society described in the text is an exaggerated version of the affluent society, based on an exaggerated version of a totally uninhibited free-market economy. There is no scarcity of any product, there is a sense of abundance, an economy characterized by mass production, and a surplus of everything. In order to keep the economy running at an obviously incredible rate of efficiency and productivity, it has to be guaranteed that any sense of permanence is destroyed: even the buildings are not supposed to last for more than one year – otherwise the economic machinery would run idle. The cycle of replacement and innovation has to spin at an ever-increasing speed. There is no hint at any of the problems that this kind of production- and consumption-oriented system might imply; neither do we read anything about the way the people feel, whether they are happy with this material oversaturation, or why they go on producing endlessly although they might enjoy life with less work and still more than sufficient material goods. There is no explanation as to why they keep on going or why they

agree to being kept busy although there are plenty of other priorities in life which they could aspire to and which could fulfil them. There is no mention of the fantastic implications of this exaggerated version, this satirical view of the 'capitalist system'. There is no mention of the environmental problems this waste-oriented system produces; the implication is that there is an unlimited supply of natural resources and unlimited possibilities of dumping waste. This is exactly what the author is driving at: the exaggerated version of the system he sees at work in his day is supposed to open up people's eyes to the long-range problems of western-type capitalist economics. His attention is didactic. At the surface level, the view of man implied in the text is rather negative: non-thinking individuals certainly on their way to an appalling spiritual dryness and historical amnesia "find many happy hours a week strolling and buying to their heart's content". Finally, human beings have been made to fit in perfectly with the economic machinery. The author criticizes this as a trend which he sees at work in the society of his day. *(372 words)*

3. *How to approach the task:*
   ***Step 1:** Make a list of the problems that we face and that are related to the world described in the text.*

   ***Step 2:** Put your items in a convenient logical order to structure your argument.*

   ***Step 3:** Write a coherent text using conjunctions and other connecting words or phrases (like sentence adverbs, participle constructions and gerunds).*
   - *consumption in an affluent society*
     - *mass production*
     - *huge offer of necessary and unnecessary goods*
     - *advertising encroaching more and more upon our lives*
     - *malls and shopping centres: concentration of all kinds of goods in one place making supply and consumption easier*
     - *credit cards make shopping even more seductive*
     - *man reduced to his role of consumer*
     - *destruction of surplus agricultural products*
   - *boundless consumption leads to throw-away mentality, endangering the environment especially in industrialized countries*
     - *recently growing environmental awareness because of drastic impending changes (e. g. global warming)*
     - *nevertheless developing countries jeopardize this tendency because they are encouraged to run the same risks as the industrialized countries in their attempt to catch up with them*

   More than 40 years after the author expressed his anxieties, one cannot say that they have turned out to be true. However, neither can one say that they have not turned out to be true. On the one hand, production has increased incredibly; we are all caught up in a frenzy of work and consumption, with credit cards making consumption easier and more seducing than ever before. City centres have become sorry sights, and are frequently depopulated. 'Real life' takes place in the malls and shopping centres. One gets the impression that to a large extent man has been reduced to his role as consumer. Advertising has become all-pervasive; even schools, theatres, and museums abound with ads and consumer information provided by good-hearted sponsors. We have even come to experience the systematic destruction of goods (e. g. agricultural products) on a large-scale basis in the EU. We have had to realize that the throw-away mentality endangers the environment. Contrary to Packard's negative predictions, we have begun to react by becoming environmentally aware, trying to conserve our resources and our (rain)forests, and trying to avoid all further contributions to the greenhouse effect, 'we' in this case being a few of the industrialized countries. Obviously, what Packard envisaged as a real danger is still a threat in spite of the activities of a few countries and NGOs, as a large number of fast-growing national economies trying to catch up with the industrialized countries still show a massive disregard for environmental needs. *(249 words)*

Abiturprüfung Hessen – Englisch Grundkurs: Aufgabe 3*
Unterrichtsinhalte: *Them and us; Promised lands: dreams and realities*

Teil A: Aufgabe zur Sprachmittlung

Vorsicht, Dollar!

Je schwächer Euro und Yen, desto billiger können die Amerikaner in der Welt einkaufen. Seit Jahren schon konsumieren sie mehr, als sie selbst erwirtschaften. Um die entstehende Lücke zu füllen, fließen derzeit noch drei Viertel der gesamten im Ausland angelegten Ersparnisse der Industrieländer nach Amerika. Aber wie lange noch? Sollte dieser Kapitalstrom plötzlich versiegen, käme es zu einem Dollar-Crash – mit unabsehbaren Folgen für die Weltwirtschaft.

Genau dem wollen die G-7-Länder vorbeugen. Der Dollar, so ihre Botschaft, muss abwerten – aber langsam und in geordneten Bahnen, damit die Weltwirtschaft wieder ihr Gleichgewicht findet. Ein langsam sinkender Dollar-Kurs würde dafür sorgen, dass die Amerikaner mehr exportieren und weniger importieren – und so ihr Leistungsbilanzdefizit abbauen könnten. (…)

Schuld ist allerdings nicht allein der Konsumrausch der amerikanischen Verbraucher und auch nicht der Investitionsrausch der internationalen Anleger, die in den vergangenen Jahren die Amerikaner mit ihrem Kapital quasi überschütteten. Die Erklärung von Dubai hat zumindest indirekt noch weitere Schuldige benannt: die asiatischen Staaten, insbesondere China. Mit ihren unterbewerteten und gleichzeitig festen Wechselkursen verhinderten sie den Abbau des amerikanischen Handelsbilanzdefizits. Auf diese Weise kurbelten sie ihre eigene Exportwirtschaft an und vernichteten Arbeitsplätze in den USA, so der Vorwurf.

Die Japaner haben darauf bereits geschmeidig reagiert und trotz eigener Schwierigkeiten Verantwortung für die Weltwirtschaft übernommen: Sie haben ihren Wechselkurs aufwerten lassen. (…)

Doch selbst wenn auch China dem Druck aus Washington nachgäbe und seine Währung gegenüber dem Dollar verteuerte oder, geschickter, an einen Korb von Währungen und nicht mehr ausschließlich an den Dollar koppelte – eines bleibt gleichwohl unerlässlich: Die Amerikaner müssen mehr sparen und weniger konsumieren, sonst ist der Kampf gegen das Leistungsbilanzdefizit aussichtslos. Das aber setzt voraus, dass Europäer und Japaner ihrerseits umgekehrt agieren und mehr konsumieren und weniger sparen.

Das ist der eigentliche Hilferuf hinter der Erklärung von Dubai.

Denn zu einem Anstieg der Konsumnachfrage in Europa gibt es nur einen Weg: mehr Wirtschaftswachstum. Wer glaubt, dafür könnte ein Anstieg der Exporte nach Amerika sorgen, den wird der erstarkende Euro enttäuschen. Auch die Hoffnung auf Strukturreformen dürfte vergeblich sein. Kurzfristig dürfte der Umbau von Renten- und Krankenversicherung die Sparquoten sogar noch erhöhen. Allenfalls langfristig könnten sie das Wachstum fördern.

So lange aber wartet der Dollar nicht. Er wird schon nächstes Jahr in Richtung 1,40 Dollar je Euro marschieren. Und damit die europäischen Exporte empfindlich schwächen. Wie selten zuvor braucht Europa jetzt eine stärkere Binnennachfrage. Da wirkt es wie Ironie, dass der am Wochenende tagende Finanzministerrat darüber diskutiert, die Franzosen zu bestrafen, weil sie in der Krise nicht sparen, also die Inlandsnachfrage nicht gänzlich abwürgen wollen. Wenn die europäischen Finanzminister Dubai wirklich ernst nehmen wollen, dann müssten sie jetzt endlich die Haushaltskonsolidierung aussetzen. Und außerdem der Europäischen Zentralbank gut zureden, dass sie die Zinsen weiter senkt. Alles andere ist unverantwortliche Politik. *(452 words)*

Robert von Heusinger: „Vorsicht, Dollar!", aus: DIE ZEIT, Nr.41, 1. 10. 2003, S. 36.

Assignment

Summarize the text in English.

Teil B: Verkürzte Textaufgabe

Naming names

Did anyone ever call Franklin D. Roosevelt a "Dutch American" or Dwight Eisenhower a "German American"? It would have been resented, not only by them and their supporters, but by Americans in general. These men were Americans – not hyphenated Americans or half Americans.

Most black families in the United States today have been here longer than most white families. No one except the American Indians can claim to have been on American soil longer. Why then call blacks in the United States "African Americans," when not even their great-great-great-grandparents ever laid eyes on Africa?

It is certainly understandable that activists, politicians and others who wish to divide Americans for their own purposes would push the notion of "African Americans." They also push such things as the "African" holiday Kwanzaa – which originated in Los Angeles – and "black English" or "ebonics," which originated centuries ago in particular localities in Britain, and is wholly unknown in Africa.

Names are just part of the process of creating wholesale frauds about the past, in order to advance special agendas in the present. Personal names are also part of that fraud.

The vogue of repudiating black family names that supposedly were given by slaveowners in times past is another reflection of the widespread ignorance of history among Americans in general, as a result of our dumbed-down education. Slaves were not only not given family names, they were forbidden to have family names. (...)

Slaveowners in the American antebellum South were especially opposed to slaves having family names because such names emphasized family ties – and the only legally recognized tie of a slave was to his owner, who could sell him miles away from his kin.

The slaves themselves, however, used family names to create a sense of family, though they were careful not to use these names around whites. Even after Emancipation, blacks who had been raised in slavery often hesitated when some white person asked them their family name.

The so-called "slave names" that so many blacks began repudiating in the 1960s, were neither given to them by slaveowners nor were they usually the slaveowners' family names. They were names chosen despite prohibitions, in order to symbolize family ties that were often stronger than those in today's ghettoes. (...)

Those who try to claim that the shattered families in today's ghettoes are "a legacy of slavery" ignore the fact that, a hundred years ago, a slightly higher percentage of blacks than of whites were married and most black children were raised in two-parent families, even during the era of slavery.

As late as 1950, a higher percentage of black women than of white women were married. The broken families of today are a legacy of our own times and our own ill-advised notions and policies.

Of all the reactions against the supposed "slave names" among blacks, the most painfully ironic has been the taking of Arab names instead. The Arabs engaged in massive enslavement of Africans before the Europeans began to – and continued long after the Europeans stopped.

One of the many reasons for studying history is to prevent history from being misused for current hidden agendas. Names are just one of the things being misused in this way. *(532 words)*

Assignments

1. Delineate the author's line of argument. 25 %
2. Point out the basic assumptions underlying the author's main idea and his line of argument. Do not forget to refer to those elements in the text that betray the author's hidden agenda, i. e. his 'ideological' position. 35 %
3. Compare the situation of the blacks in the Unites States with that of the native New Zealanders, as portrayed in Ihimaera's *The Uncle's Story*, for example. 40 %

Teaching modules referred to:

The task is mainly based on the teaching module *Them and us* (Q1) and relies on familiarity with Witi Ihimaera's novel *The Uncle's Story* read in Q3 (*Promised lands: dreams and realities*).

Lösungsvorschläge

Teil A: Aufgabe zur Sprachmittlung

Beware of the Dollar!
In this Oct. 1, 2003, article in *DIE ZEIT*, Richard von Heusinger uses the G-7 Dubai Declaration as an opportunity to demonstrate the links between the immense American balance of payment deficits, the undervalued Asian currencies (especially the Chinese), and the current economic crisis in Europe. He sees the Dubai Declaration as a plea for increased consumption in Europe, for an end to American overconsumption, and for a more realistic exchange rate regarding Asian currencies – on the way to a more stable and balanced world economy and to prevent a "dollar crash" with serious consequences for the world economy. His special concern is devoted to the gradual devaluation of the Dollar against the Euro. But this, he says, will only be possible if Americans are prepared to consume less, and Europeans more. In Heusinger's view, the Europeans are pursuing a contradictory and irresponsible policy of demanding increased consumer spending (Dubai Declaration) and strict budget consolidation (EU). Heusinger's article is a drastic plea for European action: for a temporary stop of budget consolidation measures and for interest rates to be reduced by the European Central Bank. *(189 words)*

Teil B: Verkürzte Textaufgabe

1. In his 2002 article syndicated columnist American journalist Thomas Sowell argues that all Americans should call themselves 'Americans'. He takes up the case of the Blacks who call themselves 'African Americans', which he understands as one way of saying that they are only half American. He sees Blacks under the influence of activist politicians who want to divide America, and sets out to prove that in this context history is being abused. He points out that this abuse leads to historically wrong statements and absurd results. He gives the example of the repudiation of black family names, wrongly regarded to have been given to them by the slaveowners. He cites the example of the adoption of Arab names by many Blacks, who are unaware of the role of the Arabs concerning slavery. *(133 words)*

2. *How to approach the task:*
   Step 1: *Take care not to mix up two different layers of analysis:*
   - *behind the arguments presented on the surface level you may identify the author's basic assumptions,*
   - *behind the arguments and the basic assumptions we find facets of the author's ideological background.*

   Step 2:
   - *basic assumption 1: emphasizing one's ethnic background is un-American*
   - *basic assumption 2:*
     a) Blacks emphasize their ethnic background
     b) they are tampering with historical truth
   - *basic assumption 3: black activists try to blame all the negative aspects of their*

lives on the legacy of slavery, thus holding the whites responsible and endangering America's unity
– *basic assumption 4: Whites have to be defended against unfair attacks*

***Step 3:** Facets of the author's ideological background: the author argues on the basis of a white concept of American unity; the concept of multiculturalism is seen as potentially dangerous, which indicates that the author is not a "progressive" activist but rather a conservative trying to defend the traditional order.*

The author's argument hinges on his idea of special interest groups being at work in America with the aim of promoting their own agenda by dividing American society. What he sees them applying is the misuse of history, blaming all the negative aspects of black life today on the 'legacy of slavery'. He sees results of this attitude: in the repudiation of (white) American traditions, in the cultural rejection of 'old' American names and in 'old' (white) cultural highlights like Christmas. He goes on to prove all these repudiations to be the result of historical ignorance. The author seems to be implying that those people who distort the past do not only want to blame white behaviour in the past but actually want to blame the whites of today. That is probably why he insists that "the broken families" in black neighbourhoods today cannot be a legacy of slavery if one refers to historical evidence. There are hints that the author sees his white idea of America's past, present and future endangered by developments destroying American unity; hyphenation, for instance, represents loosening of the bonds between Americans. What he seems to have in mind is the "danger of multiculturalism" – a danger from the point of view of a conservative traditionalist. *(211 words)*

3. The similarities concerning the Blacks in the US and the Maoris in New Zealand have to do with their past and the consequences of this past until today. Both groups were disadvantaged, disenfranchised and suppressed minority groups for a long time. The Blacks were taken to the US as slaves, and the Maoris' country was taken away from them and their rights cut to a minimum. They both formed the lower sections of their respective societies. However, both groups succeeded in launching strong movements against oppression and have been quite successful here. Perhaps the most striking sign of the Maoris' success is that their percentage is rising fast. In spite of ongoing immigration into the country, their percentage share is still rising, as is their standard of living. Witi Ihimaera's example demonstrates that the native New Zealanders are also quite successfully making their cultural impact felt. Similar progress in the spheres of politics, culture and economics can be traced regarding the Blacks in the US. There are differences though. The Blacks were not part of the indigenous American population, so that giving them back ownership of land is not part of the compensation given to them by today's society – in contrast to the situation in New Zealand. The other main difference is that the Maoris are virtually the only disadvantaged minority group in their country and always have been, whereas the Blacks in the US find themselves in a situation where they have to compete for public attention with other minority groups. The Hispanics, for example, have just overtaken the Blacks in terms of numbers. So the future progress of the Blacks in terms of equality may not be quite as decisive as that of the Maori population. *(303 words)*

Abiturprüfung Hessen – Englisch Leistungskurs: Aufgabe 4*
Unterrichtsinhalte: *Work and industrialization; Ideals and reality*

Teil A: Aufgabe zur Sprachmittlung

Ein Jahr Haft für Betreiber von Internettauschbörse

Schwedisches Gericht verurteilt die vier Betreiber von „Piratebay“

Die vier Betreiber der Internettauschbörse „Thepiratebay.org“ sind am Freitag von einem schwedischen Gericht zu einem Jahr Haft und umgerechnet 2,7 Millionen Euro Schadenersatz verurteilt worden. Die Tauschbörse „Thepiratebay.org“, die die vier Verurteilten betreiben, gilt als die größte ihrer Art und verzeichnet international etwa 25 Millionen Nutzer. […]

Die Musik- und Filmindustrie wertete das Urteil als Erfolg im Kampf gegen Urheberrechtsverletzungen. Damit sei klargestellt, dass das Betreiben einer solchen Tauschbörse eine „moderne Form der Hehlerei" sei, sagte Stefan Michalk vom Bundesverband Musikindustrie. „Das ist eine gute Nachricht für alle, die von ihrer kreativen Arbeit leben und die sich auf den Schutz des Gesetzes verlassen müssen", sagte John Kennedy, der Vorsitzende des Weltverbands der Musikindustrie. Die Musikunternehmen leiden seit Jahren unter den Raubkopien. In Deutschland etwa ist der Tonträgerumsatz seit Ende der neunziger Jahre um 40 Prozent eingebrochen. […]

Für die Rechteinhaber ist es daher wichtig, gegen den Organisator eines Tauschnetzes gerichtlich vorzugehen. Die Verurteilten Fredrik Neij, Gottfrid Svartholm Warg, Peter Sunde und Carl Lundström sind allerdings der Auffassung, sie würden keine Urheberrechte verletzen, sondern nur Informationen darüber bereithalten, wo Dateien zum Download verfügbar seien. Dem folgte das Gericht nicht. Weil die Betreiber wüssten, wofür ihre Plattform hauptsächlich benutzt werde, hätten sie den Tätern Hilfe geleistet. […]

Die Betreiber der Website stellen sich selbst als Mittler der Kultur dar. Im Verfahren bezeichneten sie sich als technischen Dienstleister, der mit den Handlungen der Nutzer nichts zu tun habe. […]

Aufgrund der dezentralen Struktur von Tauschbörsen wird dem Urteil in Schweden nur begrenzte unmittelbare Auswirkung beigemessen. Konkret geht es in dem Fall um 35 Fälle von Urheberrechtsverletzungen. Die Piratebay-Server stehen nach Angaben ihrer Betreiber auch in Ländern, die Filesharing weniger streng verfolgen. Andere Plattformen bieten ähnliche Dienste wie Piratebay.

[…]

Zustimmung fand das Urteil in Schweden auch bei Internetdienstanbietern. […] Die Anbieter von Internetzugängen befürchten, als Mittler bei der Verfolgung von Urheberrechtsverstößen zwischen die Parteien zu geraten. […] *(314 words)*

FAZ, Samstag, 18. April 2009, Nr. 90 / 16 R1, S. 1–2

Annotation

title Internet-Tauschbörse – *file sharing website*

Assignment

A friend of yours from the United States has been exchanging music with you for quite a while. He/She is worried about what he/she has heard about changes in European law and asks you to explain what is going on in Germany and other European countries. Summarize this article for him/her.

Teil B: Verkürzte Textaufgabe

Walter Kirn: *Up in the air*

I had to explain CTC to (my sister) in depth. This is never easy—with anyone. Most people assume we're brought in to do the firing or that we find the fired new jobs. It's neither. Our role is to make limbo tolerable, to ferry wounded souls across the river of dread and humiliation and self-doubt to the point at which hope's bright shore is dimly visible, and then to stop the boat and make them swim while we row back to the palace of their banishment to present the nobles with our bills. We offer the swimmers no guarantees, no promises, just shouts of encouragement. "Keep it up! That's great!" We reach our dock before they reach theirs and we don't look back over our shoulders to check on them, though they look back at us repeatedly.

That's the parable version of what we do. In practical terms, we give our "cases" "skills sets." We coach them in how to make employment inquiries without sounding scarily hungry or submissive. We urge them to be patient, patient, patient. There's a rule of thumb that for every ten thousand dollars of desired annual salary, a job seeker should expect to spend a month calling still-working friends and headhunters and Xeroxing hundreds of letters and resumes while waiting for them to call back. Since a lot of our cases have solid six-figure income histories, their searches can eat up years and far outstrip the duration of their severance benefits. Finding a job is itself a job, we teach, and not working is work, too, so don't get blue. If you do get blue, forgive yourself. You're only human. But also superhuman. Because you have untapped potential, and it's infinite.

"So in other words you talk baloney," Julie said, pushing us up through Wyoming. "I'm surprised at you. I'm surprised you'd do a job like that."

"I'm telling you what I learned, not what I hoped. You're getting the panoramic hindsight view."

As first portrayed to me by ISM, CTC was nothing like I've described, but represented an ethical revolution in American business practices. Yes, it served the downsizing employer by minimizing potential legal blowback from the parties dismissed, and yes, one could view it as a half-assed penance that chiefly consoled the client corporation, but was it wrong? Did it hurt people? It helped some. It helped quite a few. And there were studies to prove it.

My first big assignment took me to Davenport, Iowa, the blighted Grain Belt home City of Osceola Corp., a manufacturer of heavy machinery. Their backhoes and tractors were piling up at dealers, deeply discounted yet still not moving. Their corporate bonds had been downgraded to scrap paper. Cuts were inevitable, and so they came.

I was given a small beige office in the rear of the company's crumbling brick waterfront headquarters and tasked with the care of seven executives who were let go in sequence, one per day, and sent to me before their tears could dry. All were middle-aged men with families, and all but two of them asked me what they'd done wrong' to which I answered, "Nothing. Blame interest rates. Blame low commodity prices. This problem's global." One heavyset elbow, a face like a potpie, his suit full of strange custom seams to hide his girth, mistook me for a priest and made me kneel with him while he prayed from a card he carried inside his wallet. Another asked me if I would call his wife and repeat my interest rates remark.

I counseled these men for two weeks. The company gave them offices next to mine where they could make phone calls and draft their pleas for help and fill out the numerous tests and work sheets that sought to identify their strengths and weaknesses, goals and longings, habits of thought and feeling. I scored these surveys, interpreted their results, and provided each man with a "master self-inventory" of five double-spaced typed pages' his to keep. One man set his aflame before my eyes, but most of them clung to and studied these documents with the devotion of Egyptologists poring over tomb writings.

For three of the men it seemed to work. They passed through guilt to anger to despair to something approaching acceptance, if not hope. My bright-eyed graduates. My little soldiers. A fourth man dropped out at anger and, months later, was arrested by Secret Service agents for driving an Osceola diesel tractor into a crowd at a presidential campaign stop. The other three men were unreadable. They clammed up. Oddly, these three were the first to find new jobs, while two of the success stories still hadn't when I stopped tracking them one year later.

In time, I learned not to track my former subjects, just as the elders in our field advise. Unfortunately, it was not by force of will that I accomplished this necessary forgetting but through reflexive, progressive memory loss. I learned to live from the present forward only, and I don't regret it. One must these days if one is to stay in business, and it's all business now. *(846 words)*

Annotation

l. 1 CTC – Career Transition Counseling.

Assignments

1. Summarize the text. 30 %
2. By which means does the narrator betray his attitude and his frame of mind? 35 %
3. Why does there seem to be a need for companies like ISM, providing CTC services? Compare the example given in the text with Vic's experience in David Lodge's *Nice Work*.
   What seem to be the basic assumptions and the basic implications of CTC? 35 %

Teaching modules referred to:
The text at hand refers to the teaching modules Q2 *Work and industrialization* and Q3 *Ideals and reality*. Question 3 focuses on the world of work and the attitude towards work. To be able to compare the example given in the text with Vic Wilcox' experience, you should be familiar with David Lodge's *Nice Work*.

Lösungsvorschläge

Teil A: Aufgabe zur Sprachmittlung

How to approach the task:
Do not try to translate the text literally. You are expected to transfer the gist of this article into English.
Step 1: *Identify the main point in the article: first sentences in paragraphs 1 and 2.*

Step 2: *Make this main point part of your umbrella sentence, which not only provides the reader with the argumentative key to the article, but also with information concerning the general situational framework – plus the source of the information.*
According to the German newspaper FAZ a Swedish court has sentenced four people who run a large music download and swap website to a year in prison. The music and film industry considers this a success in their struggle for the rights of artists.

Step 3: *Regroup the most important additional components of the argument around the core you identified in Step 1. Do not be afraid to leave out details and illustrations. It is the message of the article and its inner logic that are important.*
The postion of the music and film industry:
- exchange / swap services are illegal
- good news for people who live on their creative ideas / artists
- pirate copying has led to considerable losses (in Germany 40 % fewer CDs are sold today than 10 years ago)
- it is important to sue the organisers / owners of such swap websites instead of the users

The position of the providers
- the website does not violate copyright
- it only offers a technical service, i. e. links to people who want to swap music and share files
- the website is a means of making cultural products available to everyone

General impact
- the court's decision will have little effect on the situation
- these websites are decentralised and often operate from other countries with less strict laws concerning file sharing
- there are many similar websites
- other providers of internet services are in favour of the judgement

Hint: *The text should be approximately 1/3 or 1/2 of the length of the original, in this case about 150 words.*

Prison sentence for illegal file sharing
According to the German newspaper FAZ a Swedish court has sentenced four people who run a large file sharing website to a year in prison and to 2.7 million Euros in damages. The music and film industry consider this a success in their struggle for the rights of artists. They welcomed the judgement because illegal copying has led to considerable losses in the sales of CDs. To protect the rights of artists they think it is important to sue the organisers of such file sharing websites instead of the users.
The webmasters, however, hold that they do not violate copyright since they only provide a technical service for people who want to offer their files for downloading and swapping. Thus, in their opinion, the website is a means of making cultural products available for everyone.
The court's decision may have little effect on the situation, though, since these websites often operate from other countries with less strict laws concerning file sharing.

(159 words)

Teil B: Verkürzte Textaufgabe

1. The text is about a special kind of career counselling. The narrator is one of the counsellors invited in by companies to soften the firing and do the counselling. He explains to the executives that their services are no longer needed and provides help and guidance. They are supposed to develop a positive attitude and to learn the skills of successfully applying for another job. He is well aware of the dilemma that he is dealing with people under an existential threat and whom he can't really offer a viable alternative. He can, at best, soften the painful effects of them losing their job and can try to help them maintain their self-esteem.
   The narrator tells his sister about his first assignment on this job and the reactions of those he had to fire. He had to counsel seven middle-aged executives, making them believe that a job loss is nothing personal, and does not reflect on their abilities. Their individual experience of shock and existential crisis had to be met with an individual answer by the counsellor; each of them should be equipped with the ability to bear repeated experiences of frustration, and a set of skills for finding a new job. He finds that his advice is not necessarily helpful, indeed, at times it is even counterproductive, e.g. he could not prevent one of his first seven clients from running amok at a presidential campaign stop.
   He tells his sister that he has in the meantime managed to immunise himself from psychological repercussions through 'memory loss' and that the only way to stay in business is never to look back but only forward. *(275 words)*

2. *How to approach the task:*
   Step 1: *The safest way of assessing the narrator's attitude is by looking for remarks where he reflects upon himself. You will immediately find that at the beginning he es-*

tablishes a distance between his 'true self' and the role he plays by characterizing his description of his activities as a "parable version". This underlines and explains to us the euphemisms he uses. (self-assessment)

Step 2: *A second way of assessing the narrator's attitude is by looking for remarks made by other people in the text. You find his sister quite explicitly describing what he says as "baloney", i.e. 'nonsense'. The narrator offers no defence against this assessment.*

Step 3: *Finally, look at the final paragraph. By telling us about the defence mechanisms that he has developed in the course of time, the narrator betrays his current state of mind: he is in a deep personal crisis. Can one live "from the present forward only"? Can 'everything' be "just business"?*

In the first paragraph the narrator obviously uses euphemistic language and coats his message in images ("to ferry wounded souls (…)", l. 3; "the river of dread", ll. 3/4; "hope's bright shore" ll. 4/5; "the palace of (…) banishment", l. 6). In line 10 he himself assesses this job description as the "parable version" of what he does, i.e. a sugar-coated version.
Even in the first paragraph an ironic distance from this version becomes visible (ll. 5/6: "we (…) present the nobles with our bill"; l. 8: "we reach our dock before they reach theirs").
By the end of the second paragraph he gets carried away by his own logic, driven by the need to reconcile the irreconcilable (ll. 18/19: "(…) so don't get blue. If you do get blue, forgive yourself.") He agrees when his sister characterizes these words as "baloney", as utter if not fraudulent nonsense, his only self-defence being that when he started out on the job he was not aware of its implications (ll. 23/24): "You're getting the panoramic hindsight." Initially he actually believed in the company's philosophy that their approach represented "an ethical revolution in American business practices" (l. 26), but now he claims to have realized the true function of CTC, i.e. offering "a half-assed penance that chiefly console(s) the client corporation." (ll. 28/29)
He talks about his offers of help rather flippantly (ll. 36ff.) and ridicules the executives that seem to regard him almost like a High Priest (they studied these documents "with the devotion of Egyptologists poring over tomb writings", ll. 50/51).
The narrator realizes that the official claims of CTC are not borne out by the actual results, as those that do not cooperate at all are those that survive best (ll. 56–58).
Those that cooperate with him he ridicules, thus also ridiculing himself (l. 53: "My bright-eyed graduates").
It is almost unavoidable that in order to survive himself he has to forget all about his jobs and the individual suffering he is confronted with again and again. For him only the future counts.
It becomes quite obvious that the narrator is experiencing a time of personal crisis. He can see what he does in his job from an outside perspective; if he was told this story by someone else, he would react exactly the way his sister does: "I'm surprised you'd do a job like that" (l. 22). He has to survive though; he has to cope with his dilemma and so he explicitly states that he does not regret that all that counts in his life is business: "(…) it's all business now" (l. 63). *(418 words)*

3. Taking a closer look at CTC, it becomes obvious that this kind of counselling at the surface caters to the needs of the individual but that the system of CTC, i. e. downsizing with the help of outside troubleshooters, is not really interested in the individual. As the narrator already realizes, the companies that want to – or have to – reduce the number of executive personnel would like to be sure of being protected from any legal action resulting from dismissals. Another aspect to be aware of is the companies' interest and desire to avoid a negative public image. Clumsy downsizing actions would endanger the positive effects of millions spent on creating a positive image, a convincing corporate identity.

   There is also a social dimension to the mushrooming of counselling services such as ISM. Industrialized countries nowadays are going through a phase of economic restructuring. Under the auspices of globalization and rationalization, the number of jobs in production and in the service sector is being reduced drastically. To soften the effects of this process, to avoid the fragmentation of society, and to keep the peace within the nations techniques of social engineering seem to be highly necessary –career transition counselling being one of them.

   CTC seems to be working on the assumption that individuals that have to master an existential crisis need to be guided and assisted. Furthermore, the assumption seems to be that human beings want to save face by almost any means, including delusions or even bare-faced lies – in search of self-esteem, and confirmation from the outside world. They are all too willing to believe in any exonerating explanation, in any glimpse of hope offered (far-fetched as it may be), and in any practical advice and help given. So, one of the functions of CTC seems to be the pacifying of society in change.

   In David Lodge's *Nice Work,* the male protagonist, Vic Wilcox is Managing Director of a foundry who all his life has only known the way up the ladder of success. He is a well-trained engineer, and is competent and successful. Nevertheless, in the process of a major industrial realignment, his steel mill is involved in a merger and he unexpectedly loses his job. He is not made to leave without financial compensation, but it does not look as if he will get another chance of managing a big company in the near future. He is devastated, but there is no help provided. What finally saves him is not any kind of CTC or any outsourcing agency but, very surprisingly, his family, which, in spite of all appearances, is basically still intact and able to serve as a social and economic nucleus. This allows him to downsize his expectations and his living standards, without coming into conflict with his social environment and his own self-esteem. He is able to come to terms with his situation on his own – psychologically intact, and perhaps even with a promising development ahead. *(492 words)*

Abiturprüfung Hessen – Englisch Leistungskurs: Aufgabe 5
Unterrichtsinhalte: ***Extreme situations; Order, vision, change***

Robert M. Ballantyne: *The Coral Island*

The Coral Island *by Robert Ballantyne was published in 1857. In it, three boys, Ralph, Jack and Peterkin, are shipwrecked on an uninhabited island. The boys' life on the island is idyllic and peaceful, but the island is visited by savage cannibals and pirates. The pirates succeed in capturing Ralph, but they are deservedly destroyed in the end. The savages, who get hold of the three boys together, undergo a conversion to Christianity, which changes their nature completely and rescues the boys from death.*
The text below is the opening of the 19th chapter.

For many months (…) we continued to live on our island in uninterrupted harmony and happiness. Sometimes we went out afishing in the lagoon, and sometimes went ahunting in the woods, or ascended to the mountain-top, by way of variety, although Peterkin always asserted that we went for the purpose of hailing any ship that might chance to heave in sight. But I am certain that none of us 5 wished to be delivered from our captivity, for we were extremely happy, and Peterkin used to say that as we were very young we should not feel the loss of a year or two. (…)
The climate was so beautiful that it seemed to be a perpetual summer, and as many of the fruit trees continued to bear fruit and blossom all the year round, we never wanted for a plentiful supply of food. The hogs, too, seemed rather to increase than diminish, although Peterkin was very frequent in his attacks on them with his spear. If at any time we failed in finding a drove, we had only to pay a visit to the plum tree (…) where we always found a large family of them asleep under its branches.
We employed ourselves very busily during this time in making various garments of coconut cloth, as those with which we had landed were beginning to be very ragged. Peterkin also succeeded in making excellent shoes out of the skin of the old hog.
We often examined the pistol that we had found (…) on the other side of the island, and Peterkin wished much that we had powder and shot, as it would render pig-killing much easier; but, after all, we had become so expert in the use of our sling and bow and spear, that we were independent of more deadly weapons.
Diving (…) also continued to afford us as much pleasure as ever; and Peterkin began to be a little more expert in the water from constant practice. As for Jack and I, we began to feel as if water were our native element, and revelled in it with so much confidence and comfort that Peterkin said he feared we would turn into fish some day, and swim off and leave him; adding, that he had been for a long time observing that Jack was becoming more and more like a shark every day. Whereupon Jack remarked, that if he, Peterkin, were changed into a fish, he would certainly turn into nothing better or bigger than a shrimp.
Now, while we were engaged with these occupations and amusements, an event occurred one day which was as unexpected as it was exceedingly alarming and very

horrible. Jack and I were sitting, as we were often wont to do, on the rocks (…) and Peterkin was wringing the water from his garments, having recently fallen by accident into the water – a thing he was constantly doing – when our attention was suddenly arrested by two objects which appeared on the horizon. (…)
'Whales!' cried Peterkin, shading his eyes with his hands. 'Not *eh*! *can* they be boats, Jack? Our hearts beat with excitement at the very thought of seeing human faces again. I noticed that a shade of anxiety crossed Jack's countenance as he gazed long and intently at the two objects, which were now nearing us fast. At last he sprang to his feet. 'They are canoes, Ralph! Whether war-canoes or not I cannot tell, but this I know, that all the natives of the South Sea Islands are fierce cannibals, and they have little respect for strangers. We must hide if they land here, which I earnestly hope they will not do.' *(701 words)*

R. M. Ballantyne, The Coral Island. Harmondsworth 1982 (1857), pp 123–125

Annotations

l. 10 wanted for sth. – suffered because of a lack of sth.
l. 31 wont – used

Assignments

1. Give a summary of the opening of the 19th chapter, taking into account its structure. 25 %
2. Golding once said that "Ballantyne's island was a 19th-century island inhabited by English boys; mine was to be a 20th-century island inhabited by English boys." (W. Golding: *The Hot Gates*. London, 1965)
   Point out the differences between the boys and their lives on the island in Ballantyne's and Golding's novels. 45 %
3. Do human beings need the experience of extreme situations to develop a sound and healthy personality? 30 %

Teaching modules referred to:

This text is suggested on the basis of a class on the teaching module *Extreme situations* (Q2), focusing on individuals facing challenges, natural disasters, war and moral dilemmas. In the second module referred to (Q3: *Order, vision, change*), the reading and analysis of Golding's *Lord of the Flies* are presupposed.

Lösungsvorschläge

1. *How to approach the task:*
   ***Step 1:** Read the text carefully and focus your attention on its structure.*

   ***Step 2:** It is obvious that the text at hand has a bipartite structure, the first part being about the boys accustoming themselves to the life on the island and enjoying the new environment, the second dealing with the impending danger of being confronted with savage South Sea natives who supposedly are cannibals.*
   Your summary should take this structure into account in the umbrella sentence.

   The text at hand is an extract from Ballantyne's novel *The Coral Island,* first published in 1857. Three boys are shipwrecked on an uninhabited South Sea island. The extract can easily be divided into two parts: in ll. 1–28 there is a description of the boys' daily life on the island over a long period of time; from l. 29 onwards the reader's attention is focused on a very important event for the boys: the arrival of South Sea natives.
   In the first part, various activities are described, such as fishing, hunting, climbing to the mountain-top, as is the more serious issue of 'rescue'. The reader gets a glimpse of the surroundings and how the boys adapt to them (climate, meat supply, water as an almost native element), and learns a few things about the organisation of life on the island (garments, skill with primitive weapons).
   In the second part, the boys slowly come to realize that the objects on the horizon are boats. Finally, Jack expresses his discovery that they are canoes of South Sea natives, perhaps war-canoes, which causes great anxiety because Jack knows that the natives are fierce cannibals. *(190 words)*

2. In *The Coral Island* there is a group of three boys who get along well together, have fun together and have established a kind of order on the island. Their life is paradisiac, full of happiness and harmony. Because of these circumstances they do not want to be rescued. They adapt to their new environment (e. g. they learn to swim and dive and enjoy life at the beach), but they never forget the rules of civilization (e. g. they take great care to wear clothes). The children are basically small adults, i. e. rational human beings. When they go hunting it is a group effort carefully aimed at procuring a meat supply. Their harmonious life on the island is brought to an end by outside forces, i. e. by the arrival of cannibals and pirates.
   In *Lord of the Flies* there is a larger group of boys than in *Coral Island*, and they are of different ages. In their case, the various attempts at establishing a democratic order begin to crumble because of envy, competition, adventurousness, etc. They are driven by motives and forces which they have not yet learned to deal with.
   The overall development of life on the island goes from daylight sanity to nocturnal anarchy. The issue of rescue, which at first is all-important, is, in time, abandoned by the majority. They neglect to take care of their natural environment; in fact they have no problems destroying it – playfully. The rules of civilization gradually fade from the boys' memory. The children go through stages of regression in which their social

conditioning is sooner or later overcome by 'natural' belligerence and atavistic instincts and impulses (e. g. pig-hunting, feasts). The democratic order established at the beginning is wiped out by the attack of instinctive (inner) forces (drives, impulses).

(301 words)

3. Human beings are animals. Their origins are not in civilization but in nature. Nature is no easy environment, containing dangers, other animals, unpredictable weather conditions, and hunger. There is always the danger death. This is our heritage: the constant fight for survival. The production and emission of adrenaline is quite natural, and even necessary for existence. Existential situations are not the exception but the rule in the long history of the evolution of the human being.
Human beings are social creatures. To be able to avoid the negative consequences of natural extreme situations, human beings form associations. But these, in turn, lead to new types of challenge: to social challenges (or: extreme situations) necessitating the emission of adrenaline.
So, for human beings, extreme situations are a necessary element of everyday life, from the point of view of their natural origins and from the point of view of their social organization. In fact, they are necessary stimuli for action.
Once arrived at the point of contemporary civilization (at least in the Western world), one no longer meets with one of the major challenges in the history of the human being: war. What is more, this type of society has achieved such a high degree of internal security for the individual that the number of everyday challenges has been drastically reduced.
In my opinion, this relative lack of challenges, of extreme situations in our lives explains a great deal about our society, and about modern lifestyle, especially that of the young. To meet this need in young people, challenges have to be consciously looked for and even created. Modern culture has to integrate a new pattern of challenges into everyday life. Such challenges are to be found on different levels, for instance in a new set of leisure-time activities, be it bungee-jumping, canyon-rafting or train-surfing; or in computer games like CounterStrike or in horror films. It may well be that without all these extreme situations that have become part of our everyday life and culture, our society would be much more violent than it actually is because otherwise people would not be able to develop into sound and healthy members of society. *(360 words)*

Abiturprüfung Hessen – Englisch Leistungskurs: Aufgabe 6
Unterrichtsinhalte: *Extreme situations; Order, vision, change*

Hanif Kureishi: *The Body*

The surgeon said, "Ralph has told me that it's a short-term body rental you require, initially? The six-months minimum – is that correct?"
"That is correct," I said. "After six months I'll be happy to return to myself again."
"I have to warn you, not everyone wants to go back." …
"You're suggesting I won't want to return to myself?"
"It's impossible for either of us to predict how you will feel in six months' time."
I nodded.
He noticed me looking at him. "You are wondering if –"
"Of course."
"I am," he replied, glancing at Ralph. "We both are. Newbodies."
"And ordinary people going about their business out there" – I pointed somewhere into the distance – "are called Oldbodies?"
"Perhaps. Yes. Why not?" …
"The existence of Newbodies, as you call them, will create considerable confusion, won't it? How will we know who is new and who old?"
"The thinking in this area has yet to be done," he said. "Just as there has been an argument over abortion, genetic engineering, cloning and organ transplants, or any other medical advances, so there will be over this."
"Surely this is of a different order," I said. "Parents the same age as their children, or even younger, for instance. What will that mean?"
"That is for the philosophers, priests, poets and television pundits to say. My work is only to extend life." (…)
The doctor, accompanied by a porter and a young nurse, took me and Ralph down several corridors and through several locked doors. At last we entered what seemed like a broad, low-ceilinged, neon-lit fridge with a tiled floor.
I was shivering as I stood there, and not only because of the temperature. Ralph took my arm and began to murmur in my ear, but I couldn't hear him. What I saw was unlike anything I had seen before; indeed, unlike anything anyone had ever seen. This was no longer amusing speculation or inquisitiveness. It was where the new world began.
"Where do you get them?" I asked. "The bodies."
"They're young people who have, unfortunately, passed away," said the doctor.
Stupidly, I said, as though I were looking at the result of a massacre, "All at once?"
"At different times, naturally. And in different parts of the world. They're transported in the same way as organs are now. That's not difficult to do."
(…) "It takes time and great expertise. But so does cleaning a great painting. The right person has to do it. There are not many of those people yet. But it can be done. It is, of course, something that was always going to happen."

Suspended in harnesses, there were rows and rows of bodies: the pale, the dark and the in-between; the mottled, the clear-skinned, the hairy and the hairless, the bearded and the large-breasted; the tall, the broad and the squat. Each had a number in a plastic wallet above the head. Some looked awkward, as though they were asleep, with their heads lolling slightly to one side, their legs at different angles. Others looked as though they were about to go for a run. All the bodies, as far as I could see, were relatively young; some of them looked less like young adults than older children. The oldest were in their early forties. I was reminded of the rows of suits in the tailors I'd visit as a boy with my father. Except these were not cloth coverings but human bodies, born alive from between a woman's legs.

"Why don't you browse?" said the surgeon, leaving me with the nurse.

"Choose a short list, perhaps. Write down the numbers you fancy. We can discuss your choices. This is the part I enjoy. You know what I like to do? Guess in advance who I think the person will choose, and wait to see whether I am right. Often I am."

Shopping for bodies: it was true that I had some idea what I was looking for. I knew, for instance, that I didn't want to be fair, blue-eyed blond. People might consider me a beautiful fool.

"Can I suggest something?" said Ralph. "You might, for a change, want to come back as a young woman."

" ... Or you could choose a black body. There's a few of those," he said with an ironic sniff. "Think how much you'd learn about society and ... all that."

"Yes," I said. "But couldn't I just read a novel about it?" ...

I did want to get out of that room. It was worse than a mortuary. These bodies would be reanimated. The consequences were unimaginable. Every type of human being, apart from the old, seemed available. The young must have been dying in droves; maybe they were being killed. I would make a good but expeditious choice and leave. *(804 words)*

Hanif Kureishi: "The Body", in: The Body and Seven Stories, Faber and Faber Ltd, London 2003 (2002), pp. 21–25

Assignments

1. Explain the situation in which we find the protagonist. 30 %
2. Analyse the atmosphere of the situation and the emotions of the protagonist. 30 %
3. This text confronts us with a basic ethical problem. Discuss some of its facets and take into account your reading of Aldous Huxley's *Brave New World.* 40 %

Teaching modules referred to:

Kureishi's *The Body* takes up a topic highlighted in Q2 *(Extreme situations):* The ethical dimension of scientific progress is discussed on the basis of texts showing people in situations where they have to face existential decisions, e. g. concerning relatives in permanent coma. Question 3 requires you to take into account your reading of Aldous Huxley's *Brave New World,* which is a text frequently read in Q3 *(Order, vision, change).*

Lösungsvorschläge

1. We do not get to know the name of the protagonist in Kureishi's 2002 story *The Body*. He seems to be in something like a clinic, together with a surgeon and a man called Ralph, who is probably a friend of his. Ralph and the doctor say they are 'Newbodies' and the protagonist is there with the purpose of becoming a 'Newbody' as well. This means that he plans on leaving his old body and taking over a new one. He wants to 'rent' a body for six months, with the intention of taking back his old body after that period of time. This option is obviously a very new one and not yet known to the public at large.
   The protagonist is offered a wide choice of bodies and he starts wondering where they have come from; deep down he even seems to have the idea that they have perhaps not all died of natural causes.
   The ethical problem of taking over a new body is raised and the protagonist is well aware that there might be enormous social consequences if the possibility of changing from one body to another and thereby prolonging one's life were available up to everyone. The doctor immediately denies any responsibility and insists that he acts purely as a medical expert.
   The protagonist starts out on the process of finding a body for himself. In choosing a new body anything seems to be possible, even changing one's gender. *(244 words)*

2. *How to approach the task:*
   Step 1: *You should take a close look at the two sections of the text: the first section (ll. 1–22) is characterized by completely unemotional language. There are no qualifying adjectives, no feelings expressed. You find businesslike statements of fact ("correct", l. 2, l. 3), a matter-of-fact exchange about some transaction. It is only in the second section that you find hints as to there being something extraordinary going on: you see the protagonist reflecting on the situation he finds himself in, characterizing it as "no longer amusing" (l. 29), being reminded of "a massacre" (l. 32), and feeling as if he were somwhere "worse than a mortuary" (l. 60). The businesslike, neutral atmosphere of the first lines is undercut by a sense of the outrageous, and the totally inappropriate. At the same time the 'climate' of the story becomes freezing cold, which you notice when you see the narrator "shiver" (l. 26) while being in a "fridge" (l. 25) lit by cold neon light.*

   Step 2: *The cold, somewhat awkward and even threatening atmosphere of the dead bodies in the 'fridge' has an effect on the protagonist: his businesslike attitude towards the 'body rental' changes into a sense of horror: "unimaginable ... must have been dying in droves", ll. 61f). But even this sense of death and horror (and Ralph's 'ironic' suggestion, which is definitely in bad taste) does not make the protagonist give up his intention of getting a new body. He himself is 'cold' enough not to let his emotions alter his decision.*

The atmosphere of the passage is, first of all, characterized by the down-to-earth, pragmatic and businesslike tone of the conversation between the protagonist and the doctor. The outrageous idea of swapping bodies is talked about in a matter-of-fact way, as if there was nothing unusual about it. Even in describing the rows of bodies from which one can choose, the narrator makes a point of being overly factual and realistic and mentioning many tiny details (e. g. ll. 41/42 "their heads lolling slightly to one side").
There is, however, another aspect counteracting this atmospheric tendency. Beyond the factual and realistic there is something more. It may be 'realistic' that the fridge is cold and tiled and lit by cold neon light (l. 25), but at the same time this carries with it a chilly atmosphere which goes beyond mere low temperatures. The protagonst 'shivers' (l. 26) and feels as if he were in a mortuary rather than in a clinic. He gets the strong feeling that he should definitely leave (l. 60). But: he is intrigued by the 'new world' (l. 29) that he sees opening up to him, and is obviously able to come to terms with this existential experience by incorporating it into his everyday experience. He shows this by the parallel he draws between the rows of bodies and the rows of suits at the tailor's. Thus, a traumatic sight is transposed into a familiar one.
The protagonist has strange feelings when he thinks about the origins of these bodies, but he is able not to pursue these thoughts further. Even when Ralph overdoes it somewhat by jokingly pointing out extreme options (ll. 55 ff.), the protagonist only momentarily comes to his senses. He soon decides to get on with it and choose a body fast. *(293 words)*

3. I would like to mention just a few facets and ask only a few questions. Is taking over another person's body any different from accepting an organ transplant? What about the danger of children being raised with the explicit aim of providing young bodies for the old? In what way would the possibility of gender change and parents having a younger body than their children affect our society? Recently, a British court ruled that it was legal and legitimate for parents to have one more child from a batch of eggs they had 'in storage' at a local clinic, with the explicit purpose of raising a child that would provide their first son with an organ for an organ transplant.
An organ transplant provides you with something similar to a cure for a particular health problem. A 'body transplant' makes you into a totally new person, even up to the point where a male might change into a female and vice versa. Body and brain would definitely not be in harmony with each other; they might actually be totally at odds with each other. In extreme cases there would b a vast age and/or gender discrepancy. One wouldn't even want to think about the potential consequences of 'farms' for raising young bodies being justified by seemingly innocent experts like the surgeon in the story. Even today, the safeguards against problematic 'use' of one's children as a reservoir for 'spare parts' do not seem to be very efficient.
In my opinion, growing up and getting older, pleasure and pain are part of the human experience and the idea of what a human being is all about would have to be changed completely before we could accept what is proposed in the story *The Body*.

In *Brave New World,* Huxley shows us how basic features of humanity are taken away from the individual; in his world 'free will' is no longer a valid category. People are 'conditioned' before birth and after birth, and are kept in a state of permanent 'happiness', never experiencing pain or suffering. In his dystopia, Huxley hopes to show the inhumanity of such a system. As far as I can tell from the excerpt taken from the story *The Body,* the kind of 'new world' that is envisaged here is also an inhuman world. In this world, man becomes a victim of his own ruthlessness and hubris. In this case, the 'free will' of the individual overrides all other concerns. With children older than their parents, with fathers being the potential playmates of their daughters, our society would have to change all its traditional values. The pleasure principle would rule – just as in *Brave New World,* where the price you pay is the loss of individual freedom and free will.

I would not like to live in the world of *The Body* or in the *Brave New World.* Both options should be strongly opposed. *(487 words)*

Abiturprüfung Hessen – Englisch Leistungskurs: Aufgabe 7
Unterrichtsinhalte: *Promised lands; Ideals and reality*

Canada's multiculturalism is no model for Europe

Europe often holds up Canadian multiculturalism as a success to be emulated, but its definition of diversity is hardly inclusive.

Multiculturalism is to Canada as the welfare state is to Britain: Canadians view their multicultural model as distinct from the European version, and as suffering from none of the defects of the latter. Many Europeans do so, too, seeing in the Canadian model the answer to Europe's multicultural problems.

Last month I was invited to give a talk on immigration and citizenship in Europe to a Trudeau Foundation conference in Nova Scotia. For someone like me, a European in favour of mass immigration but critical of multiculturalism, it was a fascinating experience.

The foundation, whose aim is to promote academic research, was set up in 2001 in memory of former Liberal prime minister Pierre Trudeau, and is indelibly shaped by his liberal humanitarianism. Trudeau is particularly associated with the nation's multicultural policy that has come to shape Canadian self-image.

At first glance, there seems much to be said for the success of the Canadian policy. Community relations in Canada have remained relatively peaceful, and there has been far less of the violence and tensions found in Europe. And yet the argument that all is rosy in Canada's multicultural garden is unconvincing.

In Europe, one of the key problems with multicultural policy has been the confusion between the lived experience of diversity and the policies enacted to manage that diversity. The first describes the experience of living in a society that has been made less insular and more vibrant through mass immigration, the second a set of political policies, the aim of which is to manage diversity by putting people into ethnic boxes, and using those boxes to shape public policy.

The irony is that, as a political process, multiculturalism undermines much of what is valuable about the lived experience of diversity. Diversity is important because it allows us to expand our horizons, to think about different values and beliefs, and to engage in political dialogue and debate that can help create a more universal language of citizenship. But it is precisely such dialogue and debate that multicultural policy makes so difficult by boxing people into particular ethnic or cultural categories.

Canadian supporters of multiculturalism insist that their model amounts to a celebration of diversity, rather than the imposition of political policies. Were it so simple. In Canada, as in Europe, individuals with a minority background are often treated as members of a group rather than simply as citizens. In Canada, as in Europe, politicians look to unelected community leaders, often deeply conservative figures, to speak for their particular communities. The underlying problems with multicultural policies do not vanish on crossing the Atlantic. Confrontations over issues such as free speech, public prayers or the wearing of the burqa cast a shadow over Canadian society as much as they do over European ones.

Historically, Canadian multicultural policy developed as a way not of welcoming immigrants but of mitigating the impact of biculturalism – the long-standing tensions between French-speaking Quebec and the rest of English-speaking Canada that have provoked violence and come close to tearing the nation apart. Multiculturalism was initially seen as the ideal means of defusing these tensions, by promoting the idea that, not just the French, but all peoples should have the right to their culture and heritage, and that the preservation of such culture and heritage should be funded by the state. This historical legacy has ensured that Canadian policy, even more that of European nations, is about the public recognition and institutionalisation of cultural differences. There is a growing movement, for instance, for the creation of segregated schools. Toronto council recently approved a second "Afrocentric" school exclusively for black pupils. There are plans for similar schools for other groups. Not exactly progressive.

Canadians see their multicultural policy as inextricably linked to a liberal immigration policy. Ottawa boasts that Canada has the highest per capita immigration rate in the world. Look more closely, however, and you see a different picture. Canadian policy is largely about cherry-picking middle-class professionals, in particular rich businessmen, and keeping out the "wrong" kind of immigrant by making it almost impossible for unskilled workers to enter. So much so, in fact, that many European nations are now looking to the Canadian system as a model for limiting immigration.

The Canadian economy increasingly requires, however, the kinds of immigrants that Canadian immigration rules deem socially unsuitable to be citizens. To get round this, both business and government now draw upon the services of "temporary workers", who have become the biggest source of new labour in Canada – 182,322 temporary workers arrived in 2010, coming to be fruit pickers, janitors and factory workers; they have few rights and little chance of citizenship.

The irony is that just as European nations are looking to Canada's points system as a way of restricting immigration, Canada is adopting execrable European "guestworker" policies that deny migrants rights and status. This suggests that when it comes to celebrating diversity, Canada has a highly restricted definition of the term. It is the diversity of those who are "like us", not in terms of race or ethnicity, but in terms of class and outlook. Again, the differences with Europe are more apparent than real.

Nothing in the Canadian experience has made me think that here lie the answers to Europe's problems. It has, rather, confirmed my view that multiculturalism is problematic, whichever side of the Atlantic. *(890 words)*

From Kenan Malik, http://www.guardian.co.uk/commentisfree/2011/dec/06/canada-multiculturalism-europe?INTCMP=SRCH

Annotation

subtitle	to emulate – *here:* to imitate or copy
l. 10	indelibly – it cannot be erased
l. 30	imposition – official introduction
l. 39	to mitigate – to make sth. less painful
l. 42	to defuse – *here:* to reduce
l. 64	execrable – terrible

Assignments

1. Summarize the text. 30 %
2. Compare Malik's position with the experiences of other immigrants in Canada as depicted in texts that you have read in class. 40 %
3. "... multiculturalism is problematic, whichever side of the Atlantic ..." (ll. 70/71). Comment on the statement. 30 %

Teaching modules referred to:

Canadian multiculturalism is dealt with in the teaching module *Promised lands (country of reference: Canada)* in Q3. Task 3 requires you to make references to the module *Ideals and reality* (Q3). Special emphasis is placed on the issue of *(in-)equality*. You may also refer to texts dealt with in the module *The United Kingdom (social structures, social change)* (Q2).

Lösungsvorschläge

1. ***Step 1:*** *Read the text carefully and focus your attention on the line of argument.*
   Step 2: *From the title it becomes obvious that the author has a critical attitude towards multicultural policies in Canada. Concentrate on the reasons he puts forward.*
   Step 3: *Start off with an umbrella sentence containing the name of the author, the source, the date of publication and the overall topic.*

   In the text at hand, "Canada's multiculturalism is no model for Europe", an article by Kenan Malik published in *The Guardian* on December 6, 2011, the author expresses his critical views on Canadian multiculturalism and emphasises the difference between multicultural policies and actual diversity.
   Although Canadian multiculturalism is regarded as successful by Canadians and Europeans alike, Malik severely criticises it, even though he does favour mass immigration. Immigration on a large scale can lead to an authentic cultural diversity, as in Europe, but multicultural policy there actually runs counter to the idea of such diversity, as it has led to the classification of people in ethnic categories.
   Malik is convinced that both in Canada and in Europe individuals are treated as members of ethnic groups rather than as citizens due to multicultural impositions. Diversity, however, is supposed to create open-mindedness towards other cultures and a willingness to exchange ideas upon which a common ground of citizenship can be developed.
   Instead, Canadian multiculturalism, which the author considers to have been developed to ease the tensions between anglophone and francophone Canadians, has even led to a movement promoting segregated schools.
   Furthermore, the author explains that Canada – despite its liberal reputation – places tight restrictions on immigration, a system which is increasingly being copied by

European countries. At the same time, there is a tendency in Canada towards European guestworker policies that recruit the right type of workers needed by the economy but do not grant them equal status as citizens.
There are similarities in the attempts to keep out poor people and those with a different world view. These are not overcome by simply calling for diversity and multiculturalism. *(276 words)*

2. ***Step 1:*** *Consider what you have read in class about the Canadian immigration policy and the situation of immigrants. Consider literary as well as non-literary texts.*

   Step 2: *Take into account the problems immigrants have upon arrival and decide whether or not it is the governmental multicultural policy that causes problems and prevents genuine diversity.*

   Step 3: *Develop a clear structure that includes the following aspects:*
   - *Canada's immigration policy along the lines of merits or points*
   - *Problems and challenges faced by immigrants in the past and present as presented in certain texts*
   - *Reasons for the problems that have arisen*
   - *A concluding statement*

As mentioned above, Malik favours unlimited immigration and, as he puts it, a "lived experience of diversity" (l. 18). The author criticizes multicultural policies that prevent an open-minded intercultural dialogue by classifying individuals along the lines of their ethnic backgrounds. He obviously takes open-mindedness and the ability to exchange ideas on the part of both the newcomers and the host country for granted.
Canada's liberal immigration policy was basically designed to make it possible for new citizens to choose whether they want to identify with their ethnic origins or to assimilate. The points system might slightly prefer immigrants who can support themselves and their family, which causes divisions along the lines of qualifications or merits. Yet it is precisely this system which removed formal discrimination and restrictions by quota. Instead, it requires immigrants to meet certain standards concerning, for example, knowledge of the official languages, professional training, family bonds or personal funds – prerequisites that might prevent disappointment and shattered dreams. It should also be added that the number of points has recently been reduced, so that this policy is flexible.
In the following I will focus on the experiences of Chinese immigrants in Canada, whose history shows that the situation is often more complex than Malik sees it. The members of this visible minority were unwelcome although they were needed by the economy for projects such as the building of the Canadian Pacific Railroad in the 19th century, for example. They had to work under dangerous conditions and earned less than white men. Many lost their lives while handling the explosives needed to build tunnels. Economic recessions caused unions and other lobby groups to pressure the government to pass anti-Chinese legislation and to finally put an end to immigration from China by introducing a head tax or by passing the Chinese Exclusion Act in 1923.

This is demonstrated, for example, in Wayson Choy's novel *The Jade Peony*, which is set at the time of the Depression and during the Second World War. From the perspectives of three children the reader gets to know about many factors that made it difficult for the Chinese residents to enter upon a dialogue with the Canadian host culture. In the novel the first generation immigrants are engaged in a fight for survival. Since they were often illiterate and unable to speak the language, they had no other options but to do menial labour or to open up laundries. When no longer able to work, they were sent to Chinatown ghettoes to be taken care of by relatives. The character Wong Suk is even sent back to China with the bones of fellow Chinese that he is supposed to bury in native soil. Life in Chinatown in Vancouver is dominated by old traditions that are guarded by characters like Grandmama Poh Poh who resists assimilation and clings to her native language and its dialects. She is barely able to speak English and she does not accept the larger cultural landscape outside of Chinatown. Moreover, she rejects English songs and does not trust Canadian hospitals or doctors. Instead she relies on traditional herbalists. Basically Grandmama is afraid of losing her cultural identity and therefore requires the grandchildren in the close-knit family to hold onto "the old way". In this attempt she is stubborn and domineering. The effect on the children is that they live in two worlds. The little girl Jook-Liang, who attends both a Chinese and an English school, is constantly reminded that she is worthless because she is a girl. This causes identity problems in the children, who do not know whether they are Chinese or Canadian. Apart from their visible ethnicity, the old traditions make it difficult to fit in. Their difficulties support Malik's view that multiculturalism is problematic.

In class we also read an article about an immigrant family from Pakistan who came to Toronto a few years ago. The tone was quite disillusioned because this family has not managed to fit in although they met all the criteria of official multicultural policy and scored highly in the points system. The wife, who was a family physician in her home country, has to work in a call centre because she has not been able to acquire a licence as a medical practitioner. She feels that it takes an extremely long time for immigrants of Asian descent to obtain a licence. It might be racism or a rejection of Muslim culture that prevents her from experiencing the diversity that Malik is enthusiastic about in his article. Her husband, who is an electrical engineer, had to take up a job in a manufacturing company working on an assembly line. Their dream of a new life has not come true so far and that is why they are disappointed and thinking of returning to Pakistan to start anew.

To sum up, the experiences of these immigrants show that the situation is more complex than the author points out in the article at hand. In the case of the Chinese immigrants a multicultural policy had not yet been thought of. They were victims of discriminatory exclusion laws. The case of the immigrants from Pakistan shows that there might be other obstacles in society such as racial discrimination or economic reasons that cause problems and make it difficult to actually live the experience of diversity as Malik suggests in line 18. *(894 words)*

3. ***Step 1:*** *Consider that immigration is a global phenomenon concerning mass movements mostly from developing countries to the industrialised world. Think of the following basic options:*
   - *multiculturalism as an official policy*
   - *immigration quota along the lines of race, nationality or ethnicity*
   - *unlimited immigration*
   - *temporary "guestworkers" without equal rights*

   Step 2: *Come to a conclusion and take a stand on the issue of multiculturalism.*

   Of course, multiculturalism might entail problems if members of ethnic groups adhere to values that violate the basic laws of a country. Problems such as honour killings or arranged marriages, which have occurred in several European countries, do violate human rights and must not be accepted or excused. This is why immigrants have to agree to abide by the basic laws of the country of their destination. On the other hand, a host society should be tolerant and welcome the new arrivals as their equals. Discriminatory immigration laws along the lines of race, class, gender or nationality are not suitable to reach this aim. The other extreme, unlimited immigration, might possibly end up in a mass exodus from developing countries to the industrialised countries, where the problems might become even greater through growing poverty rates, the increasing size of parallel societies or even sweatshop labour. In times of economic crisis the competition on the labour market might especially give rise to prejudice and prevent an open-minded dialogue about basic values, as suggested by Kenan Malik.
   I consider immigration to be a global phenomenon and see the hot spots in Eastern Europe, at the shores of Spain or Italy or on the Mexican-American border, for example, and I do believe that the Canadian policy is an honest attempt to find a solution. Canadian citizens can officially choose for themselves whether or not they want to identify with their specific group or with mainstream culture. At the same time their individual rights are protected. Since the diversity of Canadian citizens is officially accepted, newcomers have the right to take an active part in civic affairs. Although the points system does in a way favour certain groups, it makes a contribution to ensuring that new citizens fulfil at least some of the prerequisites that are necessary to take part in social, cultural, economic and political affairs regardless of their racial or ethnic origins. I am quite sure that it is easier to participate in society or in a cultural exchange about values if you are not trapped in a cycle of poverty and unemployment. It should also be added that the number of points has recently been reduced, so that this policy is flexible.
   In addition, countries with sinking birth rates need the manpower, the competences and the language skills of a multicultural population to participate globally in areas of education, trade or diplomacy.
   Personally, I feel that multiculturalism also adds a colourful spice to our industrialised countries and I regret that the Canadian government has decided to grant only temporary work permits to so-called guestworkers, who do not have a chance to become citizens. I hope that this idea will be reconsidered, since in the future this exclusion might cause more problems than a liberal immigration policy offering an inclusive citizenship. *(469 words)*

Abiturprüfung Hessen 2008 – Englisch Grundkurs
Vorschlag A – Work and Society

The Danger Zone

The national unemployment rate came in at 4.5 percent last week and was generally characterized as pretty good. But whatever universe those numbers came from, it was not the universe that black men live in. Black American males inhabit a universe in which joblessness is frequently the norm, where the idea of getting up each morning and going off to work can seem stranger to a lot of men than the dream of hitting the lottery, where the dignity that comes from supporting oneself and one's family has too often been replaced by a numbing sense of hopelessness.

What I'm talking about is extreme joblessness – joblessness that is coursing through communities and being passed from one generation to another, like a deadly virus. Forget, for a moment, the official unemployment numbers. They understate the problem of joblessness for all groups. Far more telling is the actual percentage of people in a given segment of the working-age population that is jobless.

Black men who graduate from a four-year college do reasonably well in terms of employment, compared with other ethnic groups. But most black men do not go to college. In big cities, more than half do not even finish high school. Their employment histories are gruesome. Over the past few years, the percentage of black male high school graduates in their 20s who were jobless (including those who abandoned all efforts to find a job) has ranged from well over a third to roughly 50 percent. Those are the kinds of statistics you get during a depression.

For dropouts, the rates of joblessness are staggering. For black males who left high school without a diploma, the real jobless rate at various times over the past few years has ranged from 59 percent to a breathtaking 72 percent.

"Seventy-two percent jobless!" said Senator Charles Schumer, chairman of Congress's Joint Economic Committee, which held a hearing last week on joblessness among black men. "This compares to 29 percent of white and 19 percent of Hispanic dropouts." Senator Schumer described the problem of black male unemployment as "profound, persistent and perplexing."

Jobless rates at such sky-high levels don't just destroy lives, they destroy entire communities. They breed all manner of antisocial behavior, including violent crime. One of the main reasons there are so few black marriages is that there are so many black men who are financially incapable of supporting a family. "These numbers should generate a sense of national alarm," said Senator Schumer.

They haven't. However much this epidemic of joblessness may hurt, very little is being done about it. According to the Labor Department, only 97,000 new jobs were created in February. That's not even enough to accommodate new entrants to the work force. And then there's the question of who's getting the new jobs. According to statistics compiled by the Center for Labor Market Studies at Northeastern University in

Boston, the only groups that have experienced a growth in jobs since the last recession are older workers and immigrants. […]

Instead of addressing this issue constructively, government officials have responded by eviscerating[1] programs that were designed to move young people from disadvantaged backgrounds into the labor market. Robert Carmona, president of Strive, an organization that helps build job skills, told Senator Schumer's committee, "What we've seen over the last several years is a deliberate disinvestment in programs that do work."

What's needed are massive programs of job training and job creation, and a sustained national effort to bolster the education backgrounds of disadvantaged youngsters. So far there has been no political will to do any of that.

You get lip service. But when you walk into the neighborhoods and talk to the young people, you find that very little, if anything, is being done. Which is why the real-world employment environment has become so horrendous for so many. *(637 words)*

Bob Herbert: The Danger Zone. From The New York Times, 15.03.2005

1 to eviscerate: to cut down on; to reduce

Assignments

1. Summarize the text. (30 BE)
2. Explain and comment on Senator Schumer's statement "These numbers should generate a sense of national alarm" (l. 31 f.), taking into account concepts of the American Dream. (35 BE)
3. Relate the situation Herbert describes to the role education and work play in a utopian or dystopian society read about in class. (35 BE)

Lösungsvorschläge

Teaching modules referred to:
The text and questions dealt with here relate to the main teaching module USA (12.1) focusing in particular on the American Dream. In this case however other modules are also touched on, such as Work and Industrialization *(12.2) and the module known as* Order, Vision, Change *(13.1). Special focus points in this case are the themes of utopias and dystopias. The text the students have to read and answer questions on is one which has unemployment, and in particular black unemployment in the USA, as its main theme.*

1. *How to approach the task:*
   Summarizing a text is a skill in itself which, once learned, can produce good results in tests. Your first step should be to create an umbrella sentence that refers to the name of the author and the title the extract comes from. You may also mention some of the characters or the main theme. The function of this sentence is to give the reader an idea of what the whole summary is about but also to allow you, as the writer of this summary, to build a good framework and get started well. It is worth keeping in mind that most good summaries start with a strong first sentence. In this particular text there are some words which you will need to look up the meaning of before starting your summary. These include "a numbing sense" (line 7), "profound, persistent, perplexing" (line 27) and "to bolster" (line 46). After you have worked out the meaning of these and the rest of the text, the main task facing you is to underline the points you consider important. Now it is time to write your summary. Begin with the umbrella sentence. Continue with a description of the main points and make sure to do this using your own words as far as possible and not those of the text. In this summary you should concentrate on matters such as the position unemployed black men find themselves in and the consequences this has for them as well as the communities they live in. Do your best to include as much background information as possible without writing too long a summary. As a guideline this summary should be about 200 words in length. You should link your sentences well, use varied vocabulary and show the examiners that you have fully grasped what you have read.

   In this text which appeared in *The New York Times* on March 15, 2007, the writer, Bob Herbert, tackles the difficult issue of black male unemployment. He starts by mentioning the fact that although the unemployment rate in the USA in March 2007 was down to 4.5 % black men face a very difficult situation when looking for work and many of them live in a hopeless world. The only exceptions to this are those black men who have graduated from college. The problem here lies in the fact that very few black men go to college. This is worst of all in cities. The author then quotes a number of statistics to prove his point and quotes a politician who finds the situation extremely worrying and unrelenting. Such rates of unemployment, the author points out, lead to antisocial behaviour and trouble for communities. Crime rises and such men are unable to feed their families. Government has not responded well to this crisis according to the author. Instead cutbacks have been introduced and job training programmes which are much needed have not been set up. As a result, no matter what the figures say, joblessness is a horror many people are experiencing.

(202 words)

2. *How to approach the task:*
Step 1 *It is important here to show that you know how to explain the Dream itself. A simple definition of the dream will suffice. Before doing this you might consider making a brief list of the information gathered in class and the books you have read and studied which referred to the American Dream. Ask yourself questions such as 'What is the American Dream?' or 'In what areas of life in America would one find it? Who best typifies a person who achieved the American Dream.' With regard to this question you should also consider how relevant the American Dream is for black, unemployed people.*
Step 2 *Having done this you must now turn to the statement itself. It is your job to explain it in your own words and to pass a remark on it. Ask yourself questions in this context. Do you agree with the statement? Why? Why not? Is the statement over the top or very accurate? Describe your opinions carefully and in good English. Use simple structures rather than long-winded sentences which may lead to mistakes. Always remember that mistakes cost you points.*

The **American Dream** is a term used to describe the idea that all citizens have the right to achieve their goals in life through hard work. A phrase that often goes hand in hand with the Dream is that it is the classic "rags to riches" scenario whereby a person, often an immigrant, manages to achieve wealth and a high standard of living by means of his own ideas and hard work. Although the term "American Dream" is often linked with immigrants, native-born Americans can also be described as "pursuing the American Dream" or "living the American Dream". The first point to make is that, as we have learned in the text, this dream is something which cannot be applied to unemployed black people in the USA.
Secondly, the American Dream means different things to different people and that is highly significant in the light of the question posed here. Senator Schumer's statement that "these numbers should generate a sense of national alarm" is said in his capacity as Chairman of Congress's Joint Economic Committee. Congress is a body which represents American people but it is mainly full of white people. Thus, the fact that many black men are unemployed goes against the whole idea of America being a place which allows people to achieve their dreams. On the contrary black men are turning to crime and anti-social behaviour to get money and recognition. The statement itself can be briefly explained. The Senator means that the high level of jobless black men is something the whole nation should be very concerned about. I think he is perfectly correct. A racial imbalance in the jobless figures can only be bad for America. It heightens the danger of racial unrest between black and white, leads to higher crime figures and also creates a sense of bitterness in the black communities who feel they are living in a divided USA. Worse still the danger of riots and trouble

on the streets increases because of this. Most of all America is supposed to be a place where everyone can achieve what they want to. If we talk to black unemployed men however that is not what they will tell us. America does not help them to achieve their dreams, it is not the great place it is made out to be in movies and books.

I feel the Senator may not have been thinking about the American Dream when he made this statement but no doubt he would concur with all those who say such figures are something America has to deal with. His statement is straight to the point, accurate and a warning cry for all those prepared to listen. The fact that a man in his position says such a thing adds further weight to his words and he probably hoped to achieve something by saying it. *(475 words)*

3. *How to approach the task:*
The first thing one might like to do when answering this question is to define exactly what a dystopia is. Having done that briefly it is worth jotting down what books you are going to refer to and then setting out points regarding the role of work and education in those books. This is a question where you should not make the mistake of going on about topics in the books you have chosen which have little to do with work and education. This question is very specific – it centres on these two themes and you must stick to them. The final task is of course that you compare what you know of these themes in literary works to what Herbert says in the essay presented before you here. Establish what exactly he says and then ask yourself a few questions. Is what Herbert says in any way similar or different to what has been written in the books you have chosen. To what extent could some of the horror scenarios you will refer to also happen in the USA based on the worries expressed by Herbert? Think about this and come to a conclusion.

The word **dystopia** relates to a vision of a society that is the opposite of utopia. Therefore when we speak of a dystopian society we are describing a state in which the conditions of life are extremely bad, and there is a great deal of human misery, poverty, oppression, violence, disease, and pollution. A classic example of a dystopia would be the kind of society described in George Orwell's *Nineteen Eighty-Four,* Ray Bradbury's *Fahrenheit 451* or to a lesser degree, Margaret Atwood's *Oryx and Crake.*

In his article, gloomily titled *Danger Zone,* Bob Herbert does paint an exceedingly bleak picture of life for the jobless blacks in the USA. Not only does he refer to the breakdown in community life but he also describes how some of them turn to crime and the whole issue worries him so much that he quotes Senator Schumer who said that "these numbers should generate a sense of national alarm". For Bob Herbert work and education are vital if we are not to slip towards a desperate future. However, in Anthony Borgess's *1985* the protagonist, **Bev Jones**, is faced with the death of his wife, who was in hospital when it caught fire and because the firemen's union was striking, the hospital burned to the ground. Industrial unrest then is an immediate factor in the book's plot. Bev reacts badly to this, particularly because he has a history of having lost work because of other union decisions. Eventually he finds work as a confectioner but goes to work one day despite his union being on strike. His membership is revoked, making him unemployable. He, like some of Herbert's African Americans, turns to crime and is caught, only to be sentenced to re-education. In this we see a correlation between Herbert's jobless black people and Bev. Herbert wants "massive programs of job training". Herbert and Burgess both tell us that unemployment drives men to despair and extreme actions. At the state facility Bev revives his teaching career but things go from bad to worse and he eventually kills himself. The message is a depressing one; having had a job as a lecturer he then loses it and a series of run-ins with unions and the state cost him his wife, his job, his life. Re-education is not the solution he needed. Herbert wants young black men to be trained in order to make up for the education they did not receive at high school. One wonders what Bev Jones would say about that.

Work is present too in Ray Bradbury's *Fahrenheit 451.* At the very start of the novel Montag describes the pleasure of burning. He describes his tools, the nozzle, the kerosene, his hands working, his helmet. It gives him a sense of importance and this is something many of the black Americans Bob Herbert refers to lack. Some of them turn to crime to find this importance. Montag cleans all his clothes and boots after work, he shines his helmet. He meets the girl and describes kerosene as perfume. This is something jobless men can rarely do. However the negative side of his job soon becomes clear. The burning of books is the result of many factors but at heart it is an issue of self-education, an ability that Bradbury's society has thrown away. It is something that jobless Americans need according to Herbert.

Education, or its failure, is often at the heart of dystopian works and Margaret Atwood's *Oryx and Crake* novel is no different. For instance she describes how the two male characters pursue different educational paths: Crake goes to the famous Watson-Crick institute to study science but Jimmy ends up at the Martha Graham Academy, where he develops a love of words, now considered a waste of time. The importance and stress on education in this work relates even more closely to what Herbert says in his article. There can be no doubt but that the danger Bob Herbert is warning us about is dystopian by nature; he is afraid that society will experience a collapse similar to what we read in books like the ones we have read in class.

(691 words)

Abiturprüfung Hessen 2008 – Englisch Grundkurs
Vorschlag B – Work and Happiness

What Life is About

The novel is set in contemporary London. Nina Savani, the first-person narrator, is of Indian descent.

I turned on the computer and looked out of the window. The buildings were grey and dreary and set against a grey winter sky. So many times I had sat looking out of this window, imagining the sky to be orange, wishing that I could soak up the rays of an orange sky, fly out of the window and have the courage to do something else, something that gave me meaning.

I had been working at Whitter and Lawson for the last three and a half years, representing all kinds of artists but mostly those who had issues over copyright or needed contractual agreements with galleries drawn up. […] I'd always wanted to be a painter and so I worked with artists. But my job wasn't really about art, it was about making money, dealing with boosting egos. Feeling increasingly cynical and secretly thinking that I could do much better. But I couldn't – it wasn't really rejection I feared, it was disappointing my father and sabotaging his investment in the *Encyclopaedia Britannica*.

I'd known I wanted to be a painter since the age of six. My brain had always had difficulty engaging with my mouth and I was unable to fully articulate any emotion except on paper. So anything I felt, I produced in a swirl of finger-painted colours that nobody could quite manage to understand. […] My parents didn't hang the pictures on the fridge door with a magnet – they didn't know that that is what you were supposed to do with the nonsensical pictures that your children produced. They didn't even lie and tell me how good they were. Instead, the pictures were folded up and binned while my father would sit with me and read me bits from the *Encyclopaedia Britannica*, extracts that even he didn't understand. He was preparing me for a career in law, or 'love' as he mispronounced it.

His career choice for me was not based on any long-standing family tradition. He was a bus driver and I think he just wanted to give me the best possible start, and make sure I would not have to face the instability that he had suffered. That's why when the encyclopaedia man came round when I was young and sensed the aspirations my father had for me, he blatantly incorporated me into his sales pitch by saying that the books would set me on course for a high-flying career. My dad bought the whole set, which he could clearly not afford, taking on extra jobs like mending television sets so he could buy the entire set and receive the latest volume, year after year.

At sixteen, when I expressed a desire to go to art college he went ballistic[1] and didn't speak to me for weeks. When he did it was to say, "Nina, I have not sacrificed the life so you can do the hobby, the lawyer is a good profession. Not that I am pressurising[2] you, not that I came to the England to give you the good education and work every hour and make sacrifices."

Put that way I could clearly see his point. So I did an art A level without him knowing about it – just in case, by some miracle, he changed his mind. He didn't and so I went to university to study law.

Whitter and Lawson was where I did my training, and I worked incredibly hard so that they would give me a job after I had finished; at least that way I could be around artists and connect with their world. [...] I pretended, pretended that I was lucky to have a job and make lots of money and be in that world. My dad always said this was what life was about – working hard, being disciplined, making money, surviving in a 'dog eating the cat' world. *(645 words)*

by Preethi Nair: The Colour of Love, London (HarperCollins) 2004, pp. 17–19

1 very mad
2 to put pressure on

Assignments

1. Summarize the text. (30 BE)
2. Analyse and comment on the father-daughter relationship, taking into account the situation of Asian immigrants in Britain. (35 BE)
3. Relate Nina's pursuit of happiness to aspects of the American Dream discussed in class. (35 BE)

Lösungsvorschläge

Teaching modules referred to:
The task here deals with a literary text and the main teaching module concerned is that of The United Kingdom *(12.2) which is part of the compulsory curriculum dealt with in Grade 12. Social structures and social change (ethnic minorities) are relevant topics in this particular area. The text used here also allows for reference to the USA (12.1). In this context the text is most suited to dealing with the theme of* The American Dream. *It also ties in with a number of other themes which are often dealt with in class such as* Work *or* Promised Lands: Dreams and realities.

1. *While this text is not a particularly difficult one from a linguistic point of view there are a number of phrases and words you may have to look up the meaning of in your dictionary. These include "a swirl of" (line 15), "nonsensical" (line 18), "sensed the aspirations" (line 26) and "blatantly" (line 27). Finally, the phrase "dog eating the cat" which appears in line 40 may also cause problems as it is not accurately reproduced by the speaker. As a guideline this text summary should be about 200 words in length. You should link your sentences well, use varied vocabulary and show the examiners that you have fully grasped what you have read. For further advice please read the instructions given with the first summary in this year's papers (GK 2008-3).*

The extract here is taken from *The Color of Love* by Nair Preethi, a book which was published by Harper Collins in 2004. In this piece we meet Nina Savani in her office at the London law firm, Whitter and Lawson, where she has been for three and a half years. Her company represents artists in copyright disputes and this compounds her unhappiness at work because she always dreamed of becoming an artist herself but never received encouragement from her parents. In particular her father, who bought a Britannica to help her education, always wanted her to be a lawyer and made financial sacrifices so that she could achieve what was in effect his dream. At the age of 16 she tried to get her father to agree to let her go to Art College but he reacted angrily. She persisted by secretly doing an A level in art but he won out in the end and made her study law. This process is what has made her the lawyer she is today, unhappy, successful and still wishing she had gone her own way. Above all, there is the sense in this piece that she does not agree with her father's definition of life and the need to be disciplined and wealthy. This explains the title of the piece "What Life is About". *(223 words)*

2. *How to approach the task:*
The main factor to be kept in mind when answering this question is that the father-daughter relationship is at the heart of the extract so it is also going to be the main part of this answer and one which you will need to find evidence of in the text. Without this evidence you will not be able to fully and satisfactorily answer the question. However, it is will also be important not to forget the second half of the question and this goes beyond the text somewhat. You need to ask yourself what the situation of Asian immigrants in Britain actually is today and to what extent this text reflects that situation. It may be a help to consider what you have done on immigrants in Britain with your teacher and also what novels you may have read that would throw light on the situation. Start by going through the text looking for evidence. After you have done that decide on the best things to use in your answer. As this is an analyse and comment question you must interpret and say what you think of the material you have read. Point out the opinions obvious in the text and feel free to express your view of them. Write a coherent and well structured piece in which you link your sentences well with one point flowing into the next. Conclude with a sentence that sums up your feelings and attitudes on this topic.

This piece has the relationship of father and daughter as its central theme. The reader learns early on that Nina has always wanted to be a painter and artist. Likewise the fact that she feels under pressure not to disappoint her father is significant and we soon discover that her father has been planning her future career for many years ever since he took on extra work to pay for an Encyclopaedia Britannica in order to get her first foot on the ladder to a legal career and wealth. Their relationship develops along these lines with her bus driver father living out his dream of a better life for him and his family via the pursuit of her better education and career. Eventually she tries to take the situation in hand and talks to him about her dream of art college but his extreme reaction shows that their relationship is at heart an unhealthy one in which he is the dominant force and she is unable to break free of his dictatorial grip and manipulative hold. Even when she secretly does an Art A level this has no effect and he refuses to budge on his decision that she should become a lawyer. This struggle, so common all over the world, is the heart of the extract and the binding force between them. Sadly it is also what keeps them from being truly close and one senses that she bitterly resents his stance on this matter. Her father's love is a real love but it is suffocating and she is not the better for it. As long as he can make plans for her future he can show his love, once she wants something important from him his love vanishes. Her father's lack of education and the blackmailing tactics he is prepared to use in order to get his way are also worthy of mention in this piece. The words: "Nina, I have not sacrificed my life so that you can do the hobby ..." tell their own sorry tale. Their relationship is all about him being able to say to people back home that his daughter is a successful lawyer, that his decision to go to England was justified, that he has done well for himself and his family. In this sense he is using and abusing her in a cruel way. Their relationship is probably quite typical of many Asian families in Britain. Having arrived in the UK at a time when cheap labour was needed, the father, an uneducated man, is driven by a desire to give his daughter a better education. The father's English sounds no way near the level of the daughter's. She is educated and earns a lot of money, things he cannot say. She is aware of the fact that people nowadays tend to stress how important it is to be happy at work, something he is not. For him work is work and you need discipline if you are to achieve a goal. Arty tendencies do not belong in his narrow world. In my opinion this father is highly unkind to his daughter. *(521 words)*

3. *How to approach the task:*
Before you begin your task you must put yourself in Nina's position while at the same time recalling all you did in class on the theme of the American Dream. It is important here to show that you know how to explain the Dream itself. Make a brief list of the information gathered in class and the books studied. Ask yourself questions such as What is the American Dream? In what areas of life in America would one find it? Who best typifies a person who achieved the American Dream? The final aspect you will have to consider is the fact although this text is based in London the question refers to the American Dream. How can that come about? It may be best to begin your answer with a definition and then to move on to discussing Nina.

The **American Dream** is often defined as something that allows all citizens to achieve their goals in life through hard work. The meaning of the dream has changed over the years and people have interpreted it in their own way. However, it is the classic rags to riches scenario whereby a person, often an immigrant, manages to achieve wealth and a standard of living by means of his own ideas and hard work. Although the term "American Dream" is often linked with immigrants, native-born Americans can also be described as "pursuing the American Dream" or "living the American Dream". The term "American Dream" first appeared in a history book by James Truslow Adams entitled *The Epic of America* which was published in 1931. At

first glance one would think that Nina is a typical example of someone who has achieved the American Dream albeit in the United Kingdom. She comes from an immigrant family, has received a good education and is now a wealthy, successful lawyer. However one element is missing. Nina has not found happiness. Aspects of the American Dream such as the UK as the land of plenty and the land of opportunity are quite clearly relevant here. She has found opportunity and has got a good job. She and her father are typical of the immigrants who come to the United States or any other country with hopes and aspirations that have become known as the American Dream. They both want to achieve something by means of hard work. Life and the pursuit of happiness, both enshrined in the US Constitution are present in her life, liberty however is not. Her father does not allow her the freedom she needs to achieve what she wants and this crucial element is missing. There is no doubt but that her father's pursuit of a career for her makes her wish more difficult to achieve. His attitude is as stringent as those of some of the characters in *Tortilla Curtain,* a novel we read and discussed in class. The book mentions the anti-immigrant attitudes of people who were against allowing immigrants in to America to pursue their dream. The father's extreme belief that Nina should become a lawyer reminds me of the intensity we saw in those characters, even if he is at the other end of the spectrum as an immigrant. In this sense Nina's father, by holding on to traditional values and to traditional beliefs of what success is and how it is to be achieved, differs somewhat to parents in America. In America the individual is at the centre of things. It is the individual's ideas, hard work and his singular pursuit of a dream that count for something. In this extract, however, Nina is expected to do as her father wishes. Not only that but she too must show the discipline he has shown by taking on extra work to buy books for her. She must return the favour by achieving a high salary and a good job. Nina's pursuit of happiness is tied directly to the father's. It is as important that she achieves success for his sake as for her own. This is different and is to some extent particular to her position as the daughter of an Asian immigrant in Britain.
Finally, it is worth mentioning that the fact that this whole episode takes place in London and not New York shows us the extent to which the term American Dream can now be used to talk about any immigrants or citizens seeking happiness in a new country.

(595 words)

You can't eat public relations

by Naomi Klein

August 2000

"This rice could save a million kids a year." That was the arresting headline on the cover of last week's *Time* magazine. It referred to golden rice, a newly market-ready variety of genetically engineered grain that contains extra beta carotene, which helps the body produce vitamin A. All over Asia, millions of malnourished children suffer from vitamin A deficiency, which can lead to blindness and death.

To get their supposed miracle cure off the ground, AstraZeneca, the company that owns marketing rights for golden rice, has offered to donate the grains to poor farmers in countries such as India, where genetically engineered crops have so far met fierce resistance. […]

GE[1] foods, originally greeted with rubber stamps[2] from governments and indifference from the public, have rapidly become an international repository for anxiety […]. Opponents argue that the current testing standards fail to take into account the complex web of interrelations that exists among living things. Altered soybeans, for example, may appear safe in a controlled test environment, but how, once grown in nature, will they affect the weeds around them, the insects that feed on them and the crops that cross-pollinate with them?

What has blindsided the agribusiness companies is that the fight has been a battle of the brands as much as one of warring scientific studies. Early on, activists decided to aim their criticism not at agribusiness itself but at the brandname supermarkets and packaged-food companies that sold products containing "Frankenfoods."

Their brand images tarnished, British supermarkets began pulling products off their shelves, and companies such as Gerber and Frito-Lay went GE-free. In the United States and Canada, environmentalists have set their sights on Kellogg's and Campbell's Soup, parodying their carefully nurtured logos and costly ad campaigns.

At first, the agribusiness companies couldn't figure out how to respond. Even if they could claim that their altered foods had no harmful effects, they couldn't point to direct nutritional benefits either. So that raised the question, Why take a risk? Which is where golden rice comes in. AstraZeneca now has a benefit to point to – not to mention a powerful brand of its own to fight the brand wars with.

Golden rice has all the feel-good ingredients of a strong brand. First, it's golden, as in golden retrievers and gold cards and golden sunsets. Second, unlike other genetically engineered foods, it isn't spliced with ghastly fish genes but rather melded with sunny daffodils. […]

There are plenty of low-tech solutions to vitamin A deficiency. Programs already exist to encourage the growth of diverse, vitamin-rich vegetables on small plots, yet the irony of these programs (which receive little international support) is that their task is not to invent a sexy new sci-fi food source. It's to undo some of the damage created the last time Western companies and governments sold an agricultural panacea[3] to the developing world.

During the so-called Green Revolution, small-scale peasant farmers, growing a wide variety of crops to feed their families and local communities, were pushed to shift to industrial, export-oriented agriculture. That meant single, high-yield crops, produced on a large scale. Many peasants, now at the mercy of volatile commodity prices and deep in debt to the seed companies, lost their farms and headed for the cities. In the countryside, meanwhile, severe malnutrition exists alongside flourishing "cash crops" such as bananas, coffee and rice. Why? Because in children's diets, as in the farm fields, diverse foods have been replaced with monotony. A bowl of white rice is lunch and dinner.

The solution being proposed by the agribusiness giants? Not to rethink mono-crop farming and fill that bowl with protein and vitamins. They want to wave another magic wand and paint the white bowl golden. *(618 words)*

by Naomi Klein: Fences and Windows, HarperCollins, London 2002, pp. 87–90

1 genetically engineered (genetic engineering)
2 gladly and speedily
3 Allheilmittel

Assignments

1 Summarize the text. (30 BE)

2 Show how Naomi Klein gets her critical attitude across to the reader. (35 BE)

3.1 You are to give a speech to 'Young Entrepreneurs', a group of young businesspeople in your community, on the relationship between profit-making and the environmental and health concerns of the population. Title: "They call it 'Frankenfood', we call it 'Healthfood': Free research and competition lead to a better future." (35 BE)

or:

3.2 You are to give a speech to the local chapter of 'Greenpeace', on the relationship between profit-making and the environmental and health concerns of the population. Title: "They call it 'Healthfood', we call it 'Frankenfood': On the dangers of the business mentality." (35 BE)

Lösungsvorschläge

Teaching modules referred to:
The tasks set here focus on the main teaching module Order, Vision, Change *(13.1) with emphasis on progress in the natural sciences. However, knowledge of the module* Work and Industrialisation *(12.1) and the themes business, industry and the environment is also required to be able to deal with the questions properly. Both years of study and the work completed therein are therefore relevant to the task in hand. The theme of the text itself is therefore one which crosses many borders and is a central aspect of study for this subject. Not only that but it is dealt with in other subjects also.*

1. *Your summary here should be between 155 and 210 words. This equals about one quarter to one third of the overall text. It is important to remember to use the present tense as well as to avoid direct speech. As this is quite a hard task there are a number of phrases and words you may have to look up the meaning of in your dictionary. These include "repository" (line 11), "blindsided" (line 17), "warring" (line 18), "Frankenfoods" (line 20) and "volatile" (line 43). For further advice please read the instructions given with the first summary in this year's papers (page 2008–3).*

   The main theme in this account taken from the book *Fences and Windows* which was published by HarperCollins in London in 2002, centres on a new type of rice, produced by a company called AstraZeneca. The author of this piece, Naomi Klein, explains how this new type of genetically-engineered rice has offered huge numbers of underfed children the hope of getting adequate supplies of vitamin A so needed to fight illnesses such as blindness. The rice, which is to be given to the poor farmers of India free of charge, is one the GE type foods that are now so controversial. These so called Frankenfoods have their supporters and opponents and those against such foods targeted the companies who produce them. British supermarkets refused to sell these products and the companies were lost for words and ideas as to how to react. This rice with the fantastic brand name does however promise real benefits and is one of their strong, positive-product answers. Most of all it holds out the possibility of replacing the diet monotony that developed as a result of the Green revolution when farmers were forced towards single crops designed for export and people had to eat the same thing for every meal, with something golden and healthy. *(210 words)*

2. *How to approach the task:*
   The clue to answering this question correctly lies in carefully reading the text again and underlining any words or phrases you find which you feel reveals something about the way the author thinks. The question itself tells you that Naomi Klein has a critical attitude and that should set you on your way. What does she say that expresses an opinion or criticism of one sort or another? Whose side is she on? By the time you have finished reading the text it should be very clear to you whose side she is actually on. Look for sarcastic comments, rhetorical questions and strongly worded statements in order to find evidence to back up your answer. Anything that tells you

what she thinks should go into your answer. Don't forget to consider and include her use of an interesting headline as well as simple facts when going about this task. Try and write at least 300 words and make sure you find some way of summing up your assessment when you are finishing your answer. Write good, straightforward English and avoid writing sentences that are too long or too complicated.

The author begins this account by immediately making the reader aware of her doubts concerning this matter and in particular her attitude towards the agribusiness. We clearly gather that she is not fully convinced by the "arresting headline" she read in the magazine. However, even before this, the title of the article shows us whose side the author is on. You can't eat public relations is another way of saying that she does not believe all the jargon that she hears in the sales talk of the company representatives pushing such products. She uses sarcasm in line 6 when she refers to the "supposed miracle cure" and then goes on to refer to the anxiety that people feel about these products. Phrases such as "marketing rights" and "packaged food companies" drop regularly and freely from her agitated pen. She is clearly upset by this topic but manages to retain her calmness in a most professional way. She refers to the tests carried out and uses words like "may appear to be safe". She links the words 'agribusiness' and 'blindsidedness' in one breath and concentrates on the successful campaign waged by the opponents of such food. As a result it becomes clear to the reader that this author is no friend of GE food. She points out that this golden rice is a strategic answer on the part of companies who were initially unable to cope with the criticism and attacks they suffered. She mocks the name chosen for this product – golden rice – and associates it with gold cars, golden sunset and daffodils. In so doing she reveals to the reader how squeaky clean this product is intended to be and raises fundamental questions about it in a very accomplished and almost subconscious fashion. Throughout her article a basic structure can clearly be seen. She refers systematically to the product, the companies that sell these products and to the mistakes of the Green Revolution in such a way that the reader can be in no doubt as to how dangerous these products are. Their makers are not to be trusted she suggests, their product is another in a dreadful line of "panacea" sold to the poorer regions of the world, the GE future is as dangerous as the agricultural past. Another factor we should refer to in the course of this answer is her clever use of questions in the text. This usage strengthens the feeling that Naomi Klein is speaking personally to each and every reader and adds weight to the answers she then provides. Miss Klein is more than adept at expressing her critical attitude be it by using sensational headlines, sarcasm, questions or plain and simple facts (which of course most readers are in no position to question). *(460 words)*

3.1 *How to approach the task:*
Writing a speech is not the easiest question you might have to answer but there are a number of golden rules you may like to follow. First of all imagine the audience before you and speak to them in a polite and measured fashion. Begin your speech with a warm hello and don't forget to say thank you for the invitation, tell a joke if you

can or simply establish the theme as soon as possible. From the very start make it clear what your position is and why you believe it is important to talk about this. Feel free to attack those who take up a different position or who – as in this case – you feel are a threat to the environment, to progress etc. Conclude your speech with what you feel is your most important point and don't forget to say thank you to your audience for listening. To avoid errors in your English choose simpler expressions rather than ones you are not sure of in order to achieve a good standard of English.

Mr Chairman, Ladies and Gentlemen, my fellow entrepreneurs,

Thank you very much for inviting me here tonight to talk to you about this most vital and urgent issue. What they call Frankenfood is of course what we entrepreneurs call health food. Now I think we all know to whom I'm referring when I say 'we'. 'We' are those business people on both sides of the Atlantic who believe and know that the new GM foods of our age are safe, healthy, and constitute a step forward for us all, a step towards a new age in the history of the human race. 'They', naturally-enough, are those who know better. They are the many people, politicians and bureaucrats among them, particularly in Brussels but also in other cobwebbed corners of the world, who have been misled on this issue. They have bought the scaremongering of a small few bandwagon activists and an ever smaller but highly influential group of scientists. By propagating falsehoods, the anti-GM activists are perpetrating the worst possible crime on humanity by denying us many well tested agricultural technology products. This is a situation we must all strive to change.

Tonight I would like to draw your attention to the need that now exists to allow further free research and competition in the area of new GM foods. We must, of course, make companies more aware of the need to act responsibly in pursuit of new profits but even more pressing is the need to convince the population at large that what we entrepreneurs wish to do is safe and for the good of man. We must make them realise that our work may help feed millions of people in India, China and other parts of the world who are currently starving. Now if we examine the situation more closely we will see that economic growth over the past 15 years has been truly impressive due to the emergence of GE foods. This has, unfortunately, placed certain strains on the environment while at the same time awaking fears among many citizens of dangers which are in fact quite minimal. The conventional approach to the environmental management problem in our world has been to focus almost entirely on the role of government. Though governments must continue to play a central role in maintaining environmental quality and in allaying people's fears about new foods, it is also clear that the food companies themselves are the agents who use natural resources and make products. We need more independence in this area and above all else we need to be able to carry out our research free of rules which are there purely to keep the people in Brussels in a job. We must not forget that there are millions of people suffering from severe and life-threatening illnesses who are depending on our ventures for a cure and a better life.

In return for offering people possibilities they have never had before, we must insist on governments placing fewer restraints on our research laboratories. Not only that but free competition and help with aids and grants should be encouraged. However,

let me be clear about our responsibilities too. Making profits from growing GM crops must go hand in hand with a new 'protecting our planet' concept. Without corporate responsibility GM foods and crops are doomed to a failure you and I and millions of others cannot afford. It is not acceptable to make money while ordinary people worry about the food they are eating. We are often accused of being out to make a great deal of money and of having no regard for those around us or for the general environment. This is something we must be prepared to listen to but it is also something we must prove untrue. My friend Naomi Klein has pointed out that altered soya beans can have an adverse effect on weeds around them. We must hold back all modified foods until we are sure they are safe. We cannot afford to have things go wrong at a time of great scientific progress simply because we smell financial gain. If we can act responsibly people will trust our products, if we do not then government and our customers will shows us no mercy.
Thank you for listening to me and good night. *(717 words)*

3.2 *How to approach the task:*
The guidelines here are much the same as those for part 1 of this question. However, do not forget to use concrete examples of instances when business let the world down. Use these to back up your argument that we must watch out or business will lead us and the world astray on this issue. Ask yourself what exactly the business mentality is and what dangers it brings with it. Think of things you know about history, economic recessions, famous scandals etc. Use the information wisely.

Mr Chairman, Ladies and Gentlemen, friends,

Thank you for your invitation to speak to you this evening. I was going to speak to you tonight on the dangers of GM foods. I had my list all prepared and had even written an opening paragraph. As you might expect I had no problem finding points I would liked to have made: The danger, for instance, that growing GM crops can lead to cross-pollination between GM crops and non-GM and organic crops thereby contaminating them, the long-term impact on human health, food safety or the environment all of which we know cannot be accurately predicted. It is simply too risky to allow the commercial growing of GM crops at this stage. I would have gone on to speak of GM crops which have additional proteins or altered genetic composition which can result in toxic and allergic reactions in certain people. However, the main threat in all this, and therefore my main theme this evening, is the mentality among bio-agricultural companies and the men who run them that now that they have developed the means to produce such food it is their right to do so. The fact of the matter is that unless we tackle this mentality head on we will soon have lost the battle.
Such men and such companies exist to make money. They are prepared to go to any ends to do and achieve this. Think of the recent Enron scandal in the States which lead to 4,000 employees losing their jobs. Were the heads of that company worried about anything other than their own future and wealth? Of course they weren't. Their way of thinking is to keep growing no matter what … keep those share prices rising … keep making profits. In this they are no different to those industrialists who

backed the fascist parties in the Europe of the 30s, no different to those who lobby American politicians, no different to any other important group we have previously known in the business world. With one exception of course: they have the power now to ruin the human race if their products are released untested on our world. And for that reason we must pull together on this one.

We must guard against the threat that the business mentality poses to our world with tighter government controls and checks and we must allow no company the right to act as a renegade in any part of our world. And as to the argument that claims it is better to give a starving man GM food rather than let him starve then I say yes of course it is as long as it will not kill him or his children and leave our environment undamaged.

Much of this is an American problem. In fact it has been an American problem for many years due to the fact that the whole GM food industry is US driven. If, however, the US again tries to impose its GM products on Europe, the attempt will backfire. Sadly, ladies and gentlemen, this does not bother Washington. In fact, US companies have let Europe slip off their radar screen. The companies know there is little demand for GM crops here. It is clear that the US now sends most of its GM exports to China, India, south-east Asia, Latin America and Africa. This is where US GM companies are desperate to have access. GM companies are now training their greedy eyes almost exclusively on developing countries. For this reason we must stand up against the business mentality of profit at all cost. If we do not we may not live to see the consequences and can only hope that our children will know how to deal with them. Thank you for listening to me and good night. *(634 words)*

Abiturprüfung Hessen 2008 – Englisch Leistungskurs
Vorschlag A – Opportunity and equality

Unreal expectations

Monty Kipps, a British professor of Jamaican origin, teaches in the USA at Wellington College where Kiki Belsey's husband is also a professor. Kiki has just seen Chantelle Williams, a young black woman, leave Monty Kipps's house in tears.

Monty sighed. "Unreal expectations," he said, looking at the ceiling and then at Kiki. "*Why* do we give these young people unreal expectations? What good can come from it?"

"Sorry, I don't …?" said Kiki.

"Here is a young African American lady," explained Monty, bringing his signet-ringed right hand down solidly on the arm of the Victorian chair, "who has no college education and no college experience, *who did not graduate from her high school,* who yet believes that somehow the academic world of Wellington owes her a place within its hallowed walls – and why? As restitution for her own – or her family's – misfortunes. Actually, the problem is larger than that. These children are being encouraged to claim reparation *for history itself.* They are being used as political pawns – they are being fed lies. It depresses me terribly."

It was strange being spoken to like this, as if in an audience of one. Kiki wasn't sure how to reply. "I don't think I … what was it she wanted from you, exactly?"

"In the simplest terms: she wants to continue taking a Wellington class[1] for which she does not pay and for which she is entirely unqualified. She wants this because she is black and poor. What a demoralizing philosophy! What message do we give to our children when we tell them that they are not fit for the same meritocracy as their white counterparts?"

In the silence that followed this rhetorical question, Monty sighed again.

"And so this girl comes to me – into my house, this morning, without warning – to ask me to recommend to the board that she be kept in a class that she is illegally attending. She thinks because she is in my church, because she has helped with our charity work, that I will bend the rules for her. Because I am, as they say here, her "brother"? I told her I was unwilling to do that. And we see the result. A tantrum!" […]

They left the house. Together they walked along the thin strip of sidewalk the neighbourhood's snow shovels had collectively unearthed.

"You know … I was interested in what you were saying, back there, about it being a "demoralizing philosophy," said Kiki, and at the same time carefully scanned the ground before her for any black ice. "I mean, I certainly wasn't done any favours in my life nor was my mother, nor was her mother … and nor were my children … I always gave them the opposite idea, you know? Like my mamma said to me: You gotta work five times as hard as the white girl sitting next to you. And that was sure as hell true. But I feel torn … because I've always been a supporter of affirmative action, even if I personally felt uncomfortable about it sometimes – I mean, obviously my husband has been heavily involved in it. But I was interested in the way you expressed that. It makes you think about it again."

"Opportunity," announced Monty, "is a right – but it is not a gift. Rights are earned. And opportunity must come through the proper channels. Otherwise the system is radically devalued."

A tree in front of them shuddered a shelf of snow from its branches on to the street. Monty held a protective arm out to stop Kiki passing. He pointed to a runnel between two ice banks, and they walked along this into the open road, only rejoining the sidewalk at the fire station.

"But," protested Kiki, "isn't the whole point that here, in America – I mean I accept the situation is different in Europe – but here, in this country, that our opportunities have been severely retarded, *backed up* or however you want to put it, by a legacy of stolen rights – and to put *that* right, some allowances, concessions and support are what's needed? It's a matter of redressing the balance – because we all know it's been unbalanced a damn long time. In my mamma's neighbourhood, you could still see a *segregated bus* in 1973. And that's true. This stuff is close, it's recent."

"As long as we encourage a culture of victimhood," said Monty, with the rhythmic smoothness of self-quotation, "we will continue to raise victims. And so the cycle of underachievement continues."

"Well," said Kiki, holding on to a fence-post so she could hop heavily over a big puddle, "I don't know … I just think it stinks of a kind of, well, a kind of *self-hatred* when we've got black folks arguing against opportunities for black folks." (785 words)

Zadie Smith: On Beauty. London (Hamish Hamilton) 2005, pp. 365–368

1 here: a poetry seminar

Assignments

1. Outline Monty's and Kiki's main arguments. (30 BE)
2. Explain their views by referring to texts read in class that deal with the situation of African Americans. (40 BE)
3. In Western societies there still is a discrepancy between ideals and reality concerning equality. Discuss whether (social) equality is an aim that should be actively pursued by the state and its institutions. (30 BE)

Lösungsvorschläge

Teaching Modules referred to:
The text and questions dealt with here relate to the main teaching module USA *(12.1) focusing in particular on the issue of living together (ethnic groups: African Americans). In this case, however, other modules are also touched on such as* Ideals and Reality *(12.1) and a further relevant theme is that of structural problems (inequality). Affirmative action is the theme at the heart of the passage and it involves a discussion between two people on the rights and wrongs of helping African Americans in this day and age. One person argues for such assistance, the other character against.*

1. *How to approach the task:*
The first thing you must do when dealing with this task is to read the text a number of times and make sure you underline or note any points you consider important to both Monty's and Kiki's points of view. Make a list of both sets of argument and try to present them as lucidly as possible. As Monty is the first of the two to make his views clear it is probably easiest if you start with him. He is also very vehement about his beliefs and this is something you may briefly refer to. It is also the reason why Kiki responds to him later in the extract. In her case she uses practical examples which you may wish to put in to your account and argues her position from the point of view that blacks do need help to redress the imbalance that has existed for centuries. Monty will have none of this and is sick and tired of whinging African Americans expecting handouts.

In the course of this conversation Professor Kipps shows that he is of the opinion that admission to college should only be given to those who have the proper qualifications and are in a position to pay their own way. He considers the girl unqualified and knows she is poor. He rejects the notion that black Americans should be treated differently in any way to whites, particularly regarding finances and abilities. He is especially angry that some feel this should be done to make up for the sins of the past that were committed against African Americans. He believes that blacks will contribute less for as long as they see themselves as victims. He finds all this depressing and later contends that opportunity, the chance to get on, is a right that people must earn. It may not be presented to them on a plate. Kiki on the other hand has always been behind affirmative action of one sort or another. Any programmes which help African Americans have more success are good in her eyes. She feels the time has come to help restore the balance. Blacks have suffered for too long and we must help them in any way we can. She refers to the fact that segregation only vanished in the 70s and finds it weird to have blacks arguing against aid for blacks. It strikes her almost as if blacks hate themselves when they argue this way. Monty sticks to his position however that as long as people see themselves as victims they will continue to underachieve. *(260 words)*

2. *How to approach the task:*
When dealing with this question you must begin by recalling all you learned in class about slavery and affirmative action. Can you talk briefly about both? Do you know anything of the history of affirmative action? If you do, try and include it in your answer. Particularly important would be the philosophies of W.E.B. Du Bois and Booker T. Washington. Start with a reference to the text and then go on to outline the two distinct philosophies regarding how to tackle racism against blacks in all walks of American life. Do you know any famous short quote you might include? Make a short list of important points and then begin. Try and refer to any text you read that really touches on this theme. This could be a literary one, a speech, a news article, anything that you can include.

Basically, the two views expressed in this text are that one person, Professor Kipps, does not agree with affirmative action whereas Kiki does. Kiki is in fact outraged by his attitude though she tries to keep her anger under control. In this sense they reflect people like Booker T. Washington and W.E.B. Du Bois who held very opposing views as we learned when we read about them in class. Washington believed that the struggle to combat White racism had to start with the individual: to improve the moral character, personal and intellectual development of the victims of racism. His philosophy of self-help through education, personal discipline, hard work, would in the long run foster racial unity. He explained this very clearly when he wrote "Whether he will or not, a white man respects a Negro who owns a two-story brick house." To Du Bois, however, this attempt to improve to race relations was doomed. Du Bois, in many of his writings, like *The Souls of Black Folk* and in speeches, thought Washington was the first Uncle Tom. Here we see a clash that can be best summed up by the term rights vs. duty. To Du Bois, Black civil rights were crucial. He believed in attacking white racism by political activism through every institutional possibility available – going to court or by boycotting segregated stores, or through marching and demonstrating in the streets. "Agitate!" was Du Bois' rallying call to force fairness and equal opportunities from Whites. In other classes we dealt with Martin Luther King's speech, which is also important here. In 1950's America, the equality of man which George Washington believed in was far from reality. Blacks and other groups were discriminated against in many ways. Racial barriers had begun to come down due to Supreme Court decisions, like *Brown v. Board of Education*; but segregation still ruled the day. King organized a massive march on Washington, DC, on 28 August 1963. On the steps of the Lincoln Memorial, he evoked the name of Lincoln in his "I Have a Dream" speech. To me this speech did as much as any book or policy to change views about equality in America. He began by saying that one hundred years after the Civil War, "the Negro still is not free." And then he outlined his vision for America. He finished by saying that when equality comes "we will be able to speed up that day when all of God's children, black men and white men, … will be free at last! free at last! thank God Almighty, we are free at last!" That text, more than any other we read, inspired me to believe that Du Bois was right and that likewise Kiki, and not Kipps, knows the correct way of going about getting justice for blacks. You cannot leave everything up to the individual, because some individuals are physically or mentally stronger than others, others are born with a golden spoon or with nothing at all. Affirmative action and protest is necessary if the state and other groups are to be made to do what is right for the common good. *(515 words)*

3. *How to approach the task:*
It is very important when answering this question that you describe and refer to real situations including those in foreign countries. Naturally a reference to German law is possible so one of the first things you have to ask yourself is whether you know of any laws which are present in Germany regarding equality for minority groups such as handicapped people. What is the situation elsewhere? Do you know what's in the Declaration of Independence or in European law, for instance? What quotas are in place? Basically in this text you have to answer the question of whether it is up to the individual to achieve equality or whether the state should help in this. You may begin by making a list of factual examples and arguments to use in the course of your answer. Then consider for a moment if there is any literary text which deals with this issue. Put together a set of points that will help you frame your answer. Once you have done this you may start. A reference to the situation in the text you have just read is also possible. Ask yourself again what Professor Kipps thinks of the whole matter. Describe his standpoint and then proceed.

All things taken into consideration, it is quite strange to find a black professor arguing against admitting a black person to a college because he or she has poor marks. One would have thought that Monty Kipps would have been a follower of affirmative action, the term used to describe state policies intended to promote access to education or employment for all non-dominant groups. However he is not. He believes the individual must work hard to counteract any disadvantages life has put before him or her. This in fact is what this question is all about. Should the state and its institutions try and achieve equality or should this be left to the individual? Well, to be honest, I'm surprised the question is asked at all in view of the fact that history shows man to be a beast who will always want to come out on top at the expense of those less fortunate or weaker individuals.

If we believe this last statement of mine to be true, the next question is what should the state do? The state actually already does a great deal. Think for a moment about all the quotos that are in place in Germany and other countries. Companies here for example have to have a certain number of handicapped people working for them or they face fines. There are legal requirements for minority groups of many different sorts in all walks of life now. State and local offices have to keep this mind when looking for new workers and it is only right that they have to do so. When jobs are advertised one often sees a line or two in the advertisement expressly pointing out that female candidates are more than welcome to apply.

There are many countries all over the world where attempts have repeatedly been made to achieve equality in this area. The Declaration of Independence was one document that strove to achieve this. However such attempts are usually not as neutral as they are made out to be. In the case of the Declaration of Independence for instance women and blacks were not foremost in the minds of those men who sat down to write about equality. These problems continue to haunt modern America although there is now an equal employment law as well as a commission whose job it is to see this law is implemented. Modern Singaporean society on the other hand has been more successful in this area and has achieved a sense of equality that few societies have achieved. It is demanded of companies and state offices there that they be completely neutral in their outlook and this policy has been quite successful. In our school we also have proof that the state can achieve a great deal with such policies. We have two people working there who are both mildly handicapped but who do great work which would not have been possible had the state not insisted that schools also implement such quotas.

There is no doubt in my mind that affirmative action of one sort or another is valuable and worth pursuing. For that reason I agree with Kiki in the text who says we must put right any "legacy of stolen rights". *(539 words)*

Abiturprüfung Hessen 2008 – Englisch Leistungskurs
Vorschlag B – The Shakespearean Tragedy

Paul O'Flinn: William Shakespeare and More Original Sin

If you read one of Shakespeare's tragedies at school, the odds are you were asked to spend a lot of time in class talking about what they call the hero's tragic flaw – that fault in his character which brings about his downfall. The immaturity of Romeo, the procrastination of Hamlet, the jealousy of Othello, the ambition of Macbeth – these are the weaknesses, so the story goes, which in the end draw these people to their deaths. Interpretation of this kind is very common. There are two other things that need saying about it: it's extremely reactionary and it has nothing to do with Shakespeare. […]

When the religious mind is confronted with a mess – especially the kind of mess we find at the end of Shakespearean tragedy with the stage covered with dead bodies – its natural reaction is not to look for structural causes but rather to beat our breast and cry: "Let us root out the evil in our own hearts!" In literary terms this means blaming the mess at the end of Shakespearean tragedy not on some sort of clash between the hero and his world but rather on the evil in the hero's heart, his tragic flaw. Thus the notion of tragic flaw becomes a kind of literary equivalent of our old favourite, original sin. […]

What the Marxist tries to do is avoid lumbering the work with dogmatic categories like tragic flaw. Instead he attempts to make sense of it with analysis that is in the first place sociological. By this I mean that he tries to understand the work not in the light of someone's bright – or highly slanted – idea but by placing the work in that actual society where it belongs and where it developed. […]

About Shakespeare's world we need to say three things, however briefly. First, he lived in an age of sharp transition when feudalism was finally falling apart – the Rising of the Northern Earls in 1569 when Shakespeare was 5 is normally described by historians as feudalism's last bid for power – and in an age when the pre-conditions for capitalist society were being laid. Secondly, out of the decay of feudalism and the possibilities that opened up, there was an explosive growth of confidence in human abilities and in the capacities of the human mind that expressed itself in literature as the Elizabethan Renaissance. That literature is full of delight in men and women, in their qualities and liberated individualities. Hamlet's famous lines "What a piece of work is a man! How noble in reason! how infinite in faculties!, in form and moving, how express and admirable! in action, how like an angel! in apprehension, how like a god! the beauty of the world! the paragon of animals!" could not have been imagined by the medieval mind, obsessed as it was by a sense of man's fallen nature. Shakespeare's three dozen plays with their armies of rich characters are together an impressive celebration of human potential freed, or apparently beginning to be freed, by the struggles of sixteenth and seventeenth century history.

Thirdly, the theatre Shakespeare wrote for was a new, capitalist theatre. In other words it worked by charging people for admission and making a profit. Capitalism at first means an immense expansion of the possible. Before the 1570s dramatic performances were infrequent, usually put on for a small elite in one of the great houses. The dramatist was dependent for his livelihood on pleasing aristocratic patrons – which often meant producing what Orwell calls "revolting flatteries". With the building of commercial theatres a dozen or so years before Shakespeare started his career, plays could now be aimed at a much wider public – at the penny-a-timers in the pit as well as at the seated gentry. This meant new prospects, much wider horizons, and was another liberating force.

What does all this mean for Shakespeare's tragedies? First, it means massive, highly individualised characters, the first of their kind in literature. Into these characters Shakespeare projects contemporary dreams of total self-realisation. His characters exploit the possibilities that the newly glimpsed freedoms seem to offer. But tragedy in Shakespeare springs again and again from the clash between men and women awakened, men and women battling to fulfil themselves, and Shakespeare's sense, shaped by his times, of the very tiny room for genuine self-realisation that the world actually offers. […]

Tragedy in Shakespeare therefore springs not from the hero's flaw or sin but from his dislocation, his attempt to live in ways that his society suggests but does not yet accept. So, for example, Macbeth and his wife are desperate to climb a rung higher on the social ladder, a desire which capitalist society has since come to insist on as the motor of all human progress. But they do not live in a socially mobile world; theirs is a feudal one where you are born into a certain station and stay there. Out of that contradiction grows their tragedy. […]

Schools aren't in business to teach subversive literature so they stand Shakespeare on his head. You can begin by putting him the right way up. *(853 words)*

Paul O'Flinn: Them and Us in Literature. London: Pluto Press 1975

Assignments

1. Give an outline of O'Flinn's theses. (30 BE)
2. Analyse to what extent O'Flinn's idea of the conflict between the old order and the new order ("the decay of feudalism and the possibilities that opened up" (l. 25 f.) is reflected in the Shakespeare tragedy read in class. (35 BE)
3. Not only the Elizabethan world was full of potential for the individual and society. Where do you see, today, "in a socially mobile world" (l. 58), possibilities of self-realisation and fulfilment – and their limitations? Discuss. (35 BE)

Lösungsvorschläge

Teaching Modules referred to:
The text and questions dealt with here relate to the main teaching module Extreme Situations *(12.2) focusing in particular on the idea of the tragic dilemma. As a module* Extreme Situations *centres on individuals facing challenges such as war or disaster. Books such as* Catch 22 *or* White Teeth *are among the main literary focal points for this module. In this case however other modules are also touched on such as* Them and Us *(12.1) and a further relevant theme is that of values.*

1. *How to approach the task:*
   The first thing you must do when dealing with this task is to read the text a number of times and make sure you underline or note any points you consider important to O'Flinn's theses. One of the crucial things you will have to grasp is that O'Flinn is arguing from a Marxist point of view and this obviously colours his theme. It is not your job to comment on this but only to outline exactly what he says. Take a close look at what he is saying. Make sure you understand the points he is making and look up any difficult words in the dictionary. Write a thorough answer which starts by summarizing his first main point. Then go on to explain his theses as well as you can. Above all else you should concentrate on O'Flinn's definition of tragedy which comes later in the text and which he then relates to the role of Shakespeare in schools.

   In this passage by Paul O'Flinn, a Marxist commentator, the author begins by debunking the myth of Shakespeare's tragedies as taught in school. He maintains that the tragic hero's flaw is usually linked to the mess that the play ends in and is a sort of literary original sin which brings about the hero's downfall. The Marxist, he says, sees this differently as a result of placing the work in the time it was published. This was a time which marked the end of feudalism and the rise of a new belief in the individual and the mind's abilities but which also saw the growth of capitalist theatres such as the Globe. The theatrical world was opening up and this lead to the creation of new individualised characters with new possibilities who were fighting to fulfil themselves. Tragedy, the author goes on to suggest, is therefore not the result of any great flaw in man or woman but is the result of the hero's attempt to live in a world that does not yet accept the changes about to win the day. He quotes Macbeth as an example of someone keen to progress up a ladder in a world which does not allow social mobility. You belong where you are and this is the root of tragedy. The author's final comment is to plead to the reader to consider a reassessment of Shakespearean tragedy within the context of how it is presented in school. *(244 words)*

2. *How to approach the task:*
   It is important when attempting to answer this question to keep O'Flinn's Marxist analysis in mind. The Marxist assesses Shakespeare in quite a different way to the humanist for example and your task is to judge to what extent there is evidence to

back up O'Flinn's thesis in the play you read in class. Begin by noting a few short quotations you might like to use in the course of your answer. Don't overdo your use of quotations. Select two or three really effective ones to use. Then list, on a piece of paper, the points, incidents or other patterns in the play that you want to refer to. These can be very brief but are important if your answer is to have a good structure. Keep in mind the historical context in which the play was written and you may like to use it as an introduction to your answer. In this question the whole issue of conflict and the differences in the old and new order must be addressed.

The play we read in class was *Hamlet* by William Shakespeare. It was written in 1601 and remains his greatest work in my opinion. It is probably the most talked about play in the English language. The sixteenth century was the era of the Renaissance in England, a time that also witnessed an upheaval in all areas of economic and social life, in particular the decline of the old feudal order. Serfdom vanished and social mobility became a possibility that Shakespeare for one was to avail of. Hamlet is very much a play where the audience experiences a clash between the old world and the new as well as a clash between the hero and his own world. This is something that gives weight to O'Flinn's belief in the clash of an old order and a new order. Written just before Queen Elizabeth's death, the play opens with Hamlet returning to a Denmark he does not recognize, to a mother who has wed his uncle and a court that is almost unknown to him. He expresses his sadness at what his mother has done by saying "Let me not think on't – Frailty, thy name is woman!" The whole change he experiences, the fickleness that is life, is obvious for all to see. And, to reinforce this tumult, he has returned to a Denmark where his father's death must be avenged. When the ghostly father and son meet it is true to say that not merely two types, but two ages come face to face. The Hamlet we experience is a man of the new age and as proof of this, Shakespeare introduces the theme of ancestral revenge on more than one occasion; Fortinbras, for instance, unlike Laertes, has no belief in ancestral revenge. He uses revenge like a politician or a wealthy trader; as a way to political advancement. Hamlet suffers because he is far ahead of his time and because, in Hamlet, the king's murder has created an unsteady world in Denmark and all life reacts to the imbalance by moving towards a new order which is finally achieved when Hamlet and Claudius die and Fortinbras comes to power. Hamlet represents a powerful force in Denmark whose birth coincides with conflict abroad and whose death is associated with conflict and destruction at home. The way Shakespeare has written it, Hamlet is aware that he himself lives in a world and time foreign to his nature. As he says himself "The time is out of joint: O cursed spite, That ever I was born to set it right!" There is no doubt but that by writing the play in this fashion, Shakespeare is also passing comment on the English world he lived in and has done this by simply transferring the scene to Denmark. It is almost with delight that he helps change his own world by changing Hamlet's. Much of O'Flinn's thesis is spot on. Other conflicts exist too. There is the conflict of Hamlet's and other characters' dreams of self-realisation and what they actually achieve. Likewise there is a sense of dislocation throughout the play. Hamlet is a man who was born much too early for the period he lives in. As a person he is in a world where loyalty and traditions count for a great deal. He however is such a strong individual with concrete aims that he is bound to clash with these factors. The resulting conflict is what makes it such a good piece of literature. *(582 words)*

3. *How to approach the task:*
For this answer begin by asking yourself how people have achieved social mobility in the past. Use examples to show how men and women have moved upward in society. However, you must keep the limitations side of the question in mind all the time and make frequent reference to it. Use as varied a vocabulary as possible and keep your sentences short, if long constructions cause you trouble. You may want to pose one or two questions in the course of your answer which help reinforce the points you are making.

Today, we live in a world in which social mobility is much easier than it was in Elizabethan society. The barriers that once stopped people of the working class rising above their station have been removed to a large extent. The word mobile comes from the Latin 'mobilis' which means easy to move, pliable, loose and finally, able to change one's social position. So where then can the individual find possibilities of self-realisation and fulfilment? How does one do this? How can the individual make progress nowadays? The most obvious way is by means of a career.
We have all heard of the stories of the American Dream, of the young immigrant arriving in America, working hard and making his or her fortune. In this way poor people can climb the social ladder quickly. All they need is an idea, hard work and a bit of luck. However, you don't have to achieve the American Dream to make a move beyond the class you were born into. In Germany in any of the professions where people are civil servants there is a set number of steps to promotion. Once you have achieved this promotion a sense of self-realisation and fulfilment is undoubtedly present. My grandparents for example both became teachers and in doing so were people of some importance in the village they lived in. They far surpassed the position their small-farmer parents had and they enjoyed this process too. It is clear then that our work and career can provide us with the possibility of fulfilment. By the same token, however, we are limited in the amount of fulfilment we can get from our careers. For many people careers lead to frustration and burn-out even for those who achieve initial success. Many then find that at some stage, either because they do not go as far as they would like or because work takes a great toll, their hopes of fulfilment are only partially realised. Another possibility is that one marries and hopes to gain fulfilment that way. This is often the case for women. Nowadays, however, women have discovered that marriage is not always what it promises to be and this is particularly true in an age when women are holding down, and sometimes are overloaded with, a full-time or part-time job.
I personally believe that it is the option of travel which so sets our socially-mobile world apart from those eras that preceded ours. We have the option of moving from one country to the next and from one society to the next in search of fulfilment and self-realisation. Many Germans who went to countries like Ireland in the 1970s and

1980s were doing just that. Unhappy with the society they saw developing in their homeland they chose to try their luck elsewhere. This, of course, is nothing new – we have had emigration for centuries. However the easiness by which it can be done today means that it is a far more realistic option for a far greater part of our population. This explains the advent of the Gap Year for instance. Students take a year off university or school and go to a different country either to achieve a different type of education or to do something completely different. More and more people are turning to this option. For many it proves to be a short-lived experience, for others it changes the course of their lives. Each situation is different to the one that went before and the amount of social mobility and fulfilment possible depends largely on the person and his or her will and vision. *(601 words)*

Abiturprüfung Hessen 2008 – Englisch Leistungskurs
Vorschlag C – Dreams and Realities

Shadow of death lingers over land by Anna Lisle

The Sydney Morning Herald October 29, 2006

I remember the way dad was before the drought. The image of him riding his motorbike at sunset after a hard day's work defined my childhood. His posture was always perfect, an absolute contrast to his rugged and dirty clothing. The wind would flicker through his thick brown hair, disintegrating any trace of his routine morning side parting.

But my most vivid image is his facial expression. A photograph couldn't capture it. He had no wrinkles, only a contentment shown by his subtle smile and piercing blue eyes. My dad was a man of few words but I could read him like a book: he was happy. Drought came and he went. He shared intimately all his deepest, darkest thoughts with his Tooheys New[1]. But one day I remember as clear as day. It was when he tried to explain himself to me. In his always honest tone he said: "You know what, Anna? After the first drought, it's really difficult. And then the second hits you and, by the third, you just want to destroy yourself."

Every day, five Australian men commit suicide; in rural Australia alone, 20 people commit suicide each week. That's more than 1 000 deaths a year. Inland rural towns with populations of fewer than 4 000 have experienced the most significant increase in male youth suicide.

My family is one of thousands across Australia who are reminded daily of the reality of these statistics.

The road death toll is lower than the rate of suicide. The Government has spent countless millions of dollars implementing programs designed to reduce motor vehicle accidents. Would suicide statistics be the same if similar resources were directed to suicide prevention?

Earlier this year, in his 10th budget, Peter Costello[2] announced $ 170 million for health and medical research and a paltry $ 1.9 billion over five years for the mental health system. This money will never be enough. The reality of life on the land is in bleak contrast to the version so often romanticised by Australia's great writers. […]

Attempting to explain the honest effects of drought on rural society to those who have not experienced it is almost impossible. Nothing does it justice. My dad tried to explain: "Every time you feel like you're going in the right direction, you get slapped in the face. You get marginally ahead one year with good lambing percentages and, the next, you'll have to slaughter your entire mob because you simply can't feed them."

NSW[3] Farmers Association president Jock Laurie says the 2002-03 drought was seen as the worst in 100 years; 2006 is shaping up to be more devastating.

The attitude of the rural men is not geared to ask for assistance. A 1997 Australian Bureau of Statistics report into mental health showed that only one in four people believed to be suffering from depression was receiving adequate treatment.

Dr Michael Dudley, chairman of Suicide Prevention Australia, says: "Farmers tend to have the attitude of just toughing it out. People fail to realise the extreme conditions that farmers have to endure. It's a typical ethos for rural blokes to be action orientated, and being emotional is seen as a sign of weakness. And, more so, mental health is seen as a moral problem."

Economic difficulty is often seen as one of the dominant factors in depression and suicide. National farm debt has doubled in five years to $ 40.3 billion as farmers are forced to continue borrowing money in an often futile attempt to make an income. With 60 per cent of rural centres in decline, communities are suffering. Farmers become isolated and find it difficult to become involved in the limited social events. During a drought, they often have no respite from their desperate situation. Many essential community services have been wound back when these towns are in most need of help. It has become widely accepted that small communities, with populations of less than 10,000 are no longer economically viable because of the disintegration of basic infrastructure.

There seems to be no lack of organisations willing to address suicide and depression rates in rural areas. The problem appears to lie in the absence of knowledge regarding the most effective way to implement change. "There is very little information on specifically men and depression and this is a huge factor in the problem of increasing rates," Sellick says. […]

"When rural males do feel either depressed or even suicidal they tend to partake in risk-taking behaviour such as drinking and drugs. These men end up in a jail cell instead of a doctor's surgery, or in a courtroom instead of a clinic." (786 words)

http://www.smh.com.au/news/scorchedearth/shadow-of-death-lingers-over-land/2006/10/29/1162056857953.html

1 Australian beer
2 Treasurer of the Commonwealth of Australia
3 New South Wales

Assignments

1. Summarize the text. (30 BE)

2. Compare Anna's father and his difficult situation with other examples of confrontation with adverse circumstances. Refer to a text or texts read in class 12. (35 BE)

3. Explain the following quotation and comment on it. (35 BE)
The Prime Minister yesterday announced an extra $ 350 million to help farmers cover the costs of the drought. […] "It is part of the psyche of this country, it is part of the essence of Australia to have a rural community," Mr Howard said. "We would lose something of our identification as Australians if we ever allowed the number of farms in our nation to fall below a critical mass."

http://www.smh.com.au/news/national/ill-never-shut-failing-farms/2006/10/16/1160850872586.html#

Lösungsvorschläge

Teaching Modules referred to:
The tasks you have to complete here centre on the main teaching module Promised Lands *(13.1) with particular focus on Australia. However, knowledge of the module* USA *(12.1) and the American Dream in particular is also required as is* Extreme Situations *(12.2) which is part of the compulsory curriculum dealt with in Grade 12. Joseph Heller's* Catch 22 *is a book often studied in this context.*

1. *How to approach the task: Your summary should be between 200 and 280 words. It is important to remember to use the present tense. While this text is not particularly difficult from a linguistic point of view there are a number of phrases and words you may have to look up in your dictionary. These include "posture" (line 2), "vivid" (line 5), "piercing" (line 6), "not geared to ask" (line 34) and "viable" (line 50). Finally, the phrase "have been wound back" (line 48) may also cause problems. For further advice have a look at the instructions given on page GK 2008-3.*

   In this article published on 29 October 2006, Anna Lisle of the Sydney Morning Herald recalls her father who was a hard-working but happy man. However the droughts he experienced changed him as a man and he became an alcoholic. One day while drinking a beer he had told his daughter that the third drought is the one that makes you want to kill yourself. The author then introduces a number of statistics to show the high rate of suicide among Australian men. Five men a day kill themselves and it is mainly men in rural Australia who are in danger. Unfortunately, although the government has tried to stop road deaths it has done practically nothing to help mental illness and depression. Farmers in particular are victims and when drought comes they often have to kill their animals because they cannot feed them. Farmers are the kind of people who are prepared to tough things out rather than to go and ask for help. It remains unclear whether farmers can be helped and they are very much isolated with this problem. There are very few organisations who can help and they have little knowledge of how to change the situation. In fact small towns of less than 10,000 people are now seen as unviable. This problem is reflected by the fact that many farmers who become depressed now turn to drugs and drink rather than looking for medical assistance. *(239 words)*

2. *The best way to tackle this question is to pick one or two texts you have read and to write about them with Anna's father in mind. To what extent can you compare them with his situation? Make a number of points which you can use to form your answer with. Explain the differences and similarities you see. Use examples from the pieces you chose to back up your general comments. Keep the original text in mind while you are writing. What aspects of the situation that Anna's father found himself in can you comment on or relate to?*

There is little doubt about the difficult situation Anna's father found himself in. The circumstances he faced when drought struck were highly depressing and probably contributed to his death. Drought on any farm anywhere in the world is not something one would wish on one's worst enemy. The forces of nature are unpredictable and certainly not easy to live with, and when nature strikes, the consequences can be severe. Such adverse circumstances were seldom as harsh in the texts we read, but nonetheless there are certain similarities to be noticed. In *A Raisin in the Sun* by Lorraine Hansberry we got a picture of a few weeks in the life of the Youngers, a poor African-American family living on the South Side of Chicago in the 1950s. The play opens with the Youngers being about to receive an insurance payment of $ 10,000 after the death of Mr Younger. The family members all have different ideas on what to do with this money. Mama, the matriarch of the family, wants to buy a house in order to offer her family a better life and future. Her son, Walter, wants to invest in a liquor store. His sister Beneatha could use the money to pay for her medical training. Ruth, Walter's wife, agrees with Mama on the house. She is pregnant, but considers abortion because she is afraid that another child would increase the family's financial pressures even further. As the play progresses, the adverse circumstances the Youngers face clash with their hopes and dreams much the way drought ruins Anna's father's life and hopes. Life itself intervenes in the Youngers' plans: Mama makes a payment for a house, but it is in a white area of town and their new neighbours do not want them there. The rest of the money is lost to a friend of Walter's, who is supposed to put it into the liquor store but runs off with the cash. When Beneatha turns her wealthy suitor down it seems as if nothing can ever get better for the family. In this play it is not the weather but poverty, racism and fate which they have to contend with. However, things improve in the course of the story and they eventually move out of their apartment and fulfil their dream. In this sense there is a happier ending than Anna's text presents us with. *A Raisin in the Sun* is a play about human beings who want to keep their family pride and hope to break out of the poverty that surrounds them.

The Crucible, another play we read, is also one in which adverse circumstances present themselves in a most unusual fashion. John Proctor and his wife are a couple whose life is not an easy one. In recent times Proctor has made the mistake of giving a young girl, who is infatuated with him, more attention than she deserves. Set in a rural area where superstition and fear of the Bible and the Devil runs high, the play is about a man coping with difficult circumstances which are not all of his own making. Crucial to Proctor's fate and his eventual death are his independence and the fact that he is not as religious a person as some leading lights in the community would like him to be. This is Puritan America at its worst, at a time when the land was being farmed to eke out an existence and the nation was in the early stages of taking shape. Such circumstances remind one a little of the hard times Anna's father faced in the dry Australian wilderness where man is at the mercy of circumstances beyond his control. Proctor is a man who, like Anna's father, has set himself the task of working the fields and finding a better life. In contrast to *A Raisin in the Sun* there is no happy side to Miller's *Crucible* – it shows man and life's brutal side and that we are unable to overcome certain situations if luck goes against us. *(604 words)*

3. *How to approach the task:*
The first thing to keep in mind here is that you must explain the quotation in your own words. That is the first part of the task and you should deal with it as quickly as possible, leaving yourself time to comment on it and express your opinions. It is vital to explain the comment yourself and not to quote in any way. Find a way of saying the same thing as the Prime Minister said but do so as simply and directly as possible. Once you have done that you can move on to comment on it. When commenting on it do not forget that there are two sides to this topic. One is the idea that Australian identity is rural by nature and the other is that spending money to help drought-struck farmers is a waste of taxpayers' money. Present both in a clear and lucid manner. Finally, it is your task to say what you think of the issue. Do you agree with the Prime Minister? Or are you someone who believes that there are other ways of effectively spending such funds? Give reasons to back up your opinion.

The Prime Minister is in effect saying that the farming community is a central part of the Australian identity and something which must be protected from drought by giving the farmers financial assistance during hard times. As we discovered in class, the number of farming foreclosures is currently very high in Australia and this is the background to the Prime Minister's action. However, not everybody would agree with this policy. There are places in Australia that have not seen a drop of rain in 7 years. At a time of global warming this problem is likely to get better not worse. As many opponents of this use of taxpayers' money would point out, it is sometimes not viable to farm land in such dry areas and this reality has to be faced up to. Instead of paying farmers to help them cope with drought, it would be better to invest the money in tree planting and this is something I agree with. Is it really fair to the rest of the population to keep farming communities and their services in remote areas alive? I'm not so sure it is. However, there are those who claim that Australia has always been rural and that rural communities contribute, and have always contributed to, a sense of being Australian, of battling against the odds, of extending the word Australian to mean tough, resilient and strong. Not only that but there are many who feel that the type of life on offer in a rural community gives young people a sense of belonging, roots that are vital for a healthy life. What I cannot understand then is the high rate of suicide in a place like rural Australia. The text we have just read points out how high it is. If rural communities are such fantastic places to live in and so important to Australian identity why then are so many people killing themselves? This seems like a horrible contradiction. Would Australia not be better off letting these people live in the city? I am all for helping people in difficult times but does the country not need a more sensible approach to this issue? Should they not examine each area, rural town and community and decide which places are worth retaining and which should be let die out? I would prefer to see this money being spent on measures to combat global warming and drought rather than paying people to remain living there. I think Australia has a strong enough identity anyway and should spend its money more wisely. Drip-feeding money to keep communities alive strikes me as silly to be honest about it! Rather keep those communities alive where it is practical to farm the land and let them communicate daily with many people in other rural communities across Australia. After all distance is no longer a barrier because of communications technology. But put those townships where life is dry and barren and unproductive out of their misery and use the money saved to strengthen other aspects of Australian life.

(508 words)

Abiturprüfung Hessen 2009 – Englisch Grundkurs
Vorschlag A – The American Dream

Remarks of Senator Barack Obama: Iowa Caucus Night

Des Moines, IA, January 03, 2008

Thank you, Iowa. […]

This was the moment when the improbable beat what Washington always said was inevitable.

This was the moment when we tore down barriers that have divided us for too long – when we rallied people of all parties and ages to a common cause; when we finally gave Americans who'd never participated in politics a reason to stand up and to do so.

This was the moment when we finally beat back the policies of fear, and doubt, and cynicism; the politics where we tear each other down instead of lifting this country up. This was the moment.

Years from now, you'll look back and you'll say that this was the moment – this was the place – where America remembered what it means to hope.

For many months, we've been teased, even derided for talking about hope.

But we always knew that hope is not blind optimism. It's not ignoring the enormity of the task ahead or the roadblocks that stand in our path. It's not sitting on the sidelines or shirking from a fight. Hope is that thing inside us that insists, despite all evidence to the contrary, that something better awaits us if we have the courage to reach for it, and to work for it, and to fight for it.

Hope is what I saw in the eyes of the young woman in Cedar Rapids who works the night shift after a full day of college and still can't afford health care for a sister who's ill; a young woman who still believes that this country will give her the chance to live out her dreams.

Hope is what I heard in the voice of the New Hampshire woman who told me that she hasn't been able to breathe since her nephew left for Iraq; who still goes to bed each night praying for his safe return.

Hope is what led a band of colonists to rise up against an empire; what led the greatest of generations to free a continent and heal a nation; what led young women and young men to sit at lunch counters and brave[1] fire hoses and march through Selma and Montgomery for freedom's cause.

Hope – hope – is what led me here today – with a father from Kenya; a mother from Kansas; and a story that could only happen in the United States of America. Hope is the bedrock of this nation; the belief that our destiny will not be written for us, but by us; by all those men and women who are not content to settle for the world as it is; who have the courage to remake the world as it should be.

That is what we started here in Iowa, and that is the message we can now carry to New Hampshire and beyond; the same message we had when we were up and when we were down; the one that can change this country brick by brick, block by block, calloused hand by calloused hand – that together, ordinary people can do extraordinary things; because we are not a collection of Red States and Blue States[2], we are the United States of America; and at this moment, in this election, we are ready to believe again. Thank you, Iowa.

(543 words)

http://www.barackobama.com/2008/01/03/remarks_of_senator_barack_obam_39.php

1 trotzen
2 states with a Democratic or Republican majority

Assignments

1. Summarize the speech Barack Obama gave after winning the Iowa primary in January 2008. (30 BE)
2. Analyse the rhetorical means Obama uses and their intended effects on his audience. (35 BE)
3. Comment on Obama's view of the American Dream, relating it to a text/texts read in class about the dreams of immigrants to Great Britain or Australia. (35 BE)

Lösungsvorschläge

Teaching modules referred to:
The material here focuses on the main teaching module The USA *(12.1) with particular emphasis on the American Dream. In fact the American Dream is a central part of the text which takes the form of a speech by the president of America, Barack Obama, on the night of winning the Iowa Caucus. In this case the material also touches on other modules e. g.* Promised Lands *or* The United Kingdom, *and, in particular, aspects such as social issues and social structures. In the context of the* Promised Lands *module the theme of social change may also be of interest.*

1. *How to approach the task:*
   Read the text thoroughly and underline the main points. Do this a number of times before answering the question because main points may only become clear to you after a number of readings. Remember that your opening sentence here is very important and you should take the opportunity to write a general, introductory sentence which introduces the reader to important facts about the extract, source and author. Keep in mind that you should use the Present Tense when writing your summary and don't make the mistake of quoting directly from the text. Comments are likewise unnecessary. However, the most important rule of all is to use your own words throughout the summary. Your summary in this case should not go beyond 220 words. Be precise, original and avoid long-winded statements.

   The text here is a speech which is to be found at www.barackobama.com and which was held by Barack Obama in January, 2008 after his victory at the Iowa Caucus. According to Obama this victory proves his ability to get people of all groups and ages to come together to fight for a common goal. This moment will be seen as significant in years to come as the time when the United States started to hope again. Hope, Obama says in this speech, is not the same as simply being stupidly optimistic. Hope is something he has been laughed at for believing in but often sees in the people he meets from day to day or in the colonists who challenged an empire or the Blacks who marched for civil rights. It is the basis for change and is the fundamental ingredient that makes America strong. It is also what brings Obama to Iowa today as the son of an immigrant. This victory is also proof that brave people now believe they can form a new future and a new world because they are not happy with the way the world is. This belief and hope shows that the man in the street can be great too and do great things and all because America is united once more in the belief that change can come. *(226 words)*

2. *How to approach the task:*
   Step 1 *This question is a question about a political speech so you will be expected to spot the rhetorical means by which Obama works an audience. Everything from analogy to anaphora, from sarcasm to simile, from irony to personification is important here. These are just six of the devices that might appear in a political speech. Like-*

wise watch out for examples of alliteration and metaphor. This is one question where knowledge of stylistic and rhetorical devices is necessary if you are going to answer the question properly. Also concentrate on matters such as how often he uses personal pronouns like 'we' and pay attention to the balance and style of the speech as well as the structure of the start and finish of the piece. Read the speech carefully a number of times to get yourself started. Underline anything you do not understand or that you think important.

Step 2 *Ask yourself what reason Obama might have for saying things in a particular way. He does this very deliberately and for an intended effect so you will have to come up with the effect he desires to achieve and an explanation for how or why he does it. Watch out for the use of emotion, history, examples from everyday life. How is he playing on the beliefs, hopes and dreams of his listeners? What effect does it have if he quotes people or mentions places? Does he make use of symbols in his speech? What role does his past or the USA play in the oration? The answer to all these questions will help you come to a conclusion and will provide the material for your assessment. Keep in mind that unlike your answer to the summary question your answer here will need a small number of quotations from the speech.*

The first thing of note is that when he begins, Obama uses the words "Thank you Iowa" instead of "Thank you everybody". This he does to give the people a sense of identity, of belonging to one place and of having something in common with one another and with him. Although we do not know it for certain one imagines the crowd responding with loud cheering and applause when they hear the word Iowa. This is what he wants. A feel-good, exciting start to the speech. Throughout the speech he achieves a sense of common identity – be it Iowa or America or immigrant. Obama also uses verbs very deliberately to stress the struggle involved in achieving freedom and change; e. g. "tore down, beat back, rise up against" (line 25) etc. After saying hello he then does something that has become a trademark of his speeches: He uses an anaphora. In this case it consists of the words "This was the moment …" An anaphora is a device whereby a speaker repeats a word or phrase at the start of a succession of sentences to achieve a heightened rhetorical effect. Obama makes it a special moment for them, a special moment for him, a special moment in history. Repetition also features shortly afterwards when he says "This was the moment, this was the place". Other anaphoras he uses in this speech include "It's not …" and "Hope is …" (lines 13–29). All these anaphoras have the effect that his audience listens closely to what he says, and from the speaker's point of view, they reinforce what he is saying. Hope, in fact, is the central theme of the text. Obama like others before him dared hope and his followers should now continue to do so.

There are other examples of highly eloquent language in his speech such as in lines 36 and 37 when he says "can change this country brick by brick, block by block, calloused hand by calloused hand". Likewise, he uses contrast/opposites to great effect when very cleverly saying "ordinary people can do extraordinary things" (line 37). Alliteration features, too, when Obama presses home a point on his audience by saying "It's not sitting on the sidelines or shirking from a fight." Each of these devices has a double effect on his listeners: on the one hand the speaker is seeking to stress the importance and validity of everything he says in order to convince the people that change can come, on the other he wants to hold their attention and entertain them with good rhetoric. It is also interesting to note that Obama rounds off his speech by using the same words to finish it as he started with "Thank you, Iowa". All in all it is a very good thank you speech which has something for the ordinary person, "the young woman in Cedar Rapids" (line 18), but also draws on US history "a band of colonists". Finally, it would not be an American speech without Obama making clear to everyone that the American Dream is alive and well in the form of his own personal success story. He wants to make people believe they can achieve something so he quotes his own example. His conclusion falls back on the device of repetition again when he says "we are the United States and .... we are ready to believe again" (line 39). All in all the intended effects in this speech are those of motivation, unity, celebration, holding attention and hammering home his philosophies – and Obama succeeds in this brilliantly. *(597 words)*

3. *How to approach the task:*
A good answer here would briefly (one sentence) explain or refer to the dream itself before going on to show where it is referred to in the speech itself. After that you should comment on his view of the dream, what it means to him, to other listeners, what he wants the dream to be for his voters. As the American Dream is at the heart of the whole rise of Barack Obama you need to talk about it in this context. Finally, but most importantly, choose a text or texts where the Dream is also referred to. The question demands you deal with Australia or Great Britain. While you do not have to mention a number of texts it shows a wide knowledge of the topic if you do so. It is also good if you can quote texts which show differing views of the dream to that of Barack Obama's. So, for instance, it would be good to be able to quote from a book where the dream is the same or different and where the level of success is not as high.

A freedom that allows Americans to pursue their goals in life by means of hard work and free choice and the opportunity for immigrants to achieve greater wealth are at the heart of the American dream. In this context Barack Obama's achievements, which saw the son of a Kenyan father and a mother from Kansas run for the White House are the classic rags to riches success story. Obama sees hope as what helped him do this, in other words the dream of achievement propelled him to do greater things than he would otherwise have done. The American Dream made it all possible, only the American Dream could allow him this freedom and that is America's great strength. He believes that the dream can help every voter change his or her life if they want to. He reiterates that "ordinary people can do extraordinary things" and that all this "can only happen in America"
The book we read in class which reflects the same sentiments in a British context was *Small Island* by Andrea Levy. This book tells the story of Queenie, a black woman in Jamaica, who has a dream of getting to England. At the same time she meets Gilbert, who likewise wants to get to England. His many plans for raising the money founder

until one day Queenie suggests that she give him the passage money she has saved in return for marriage. She does this because she knows a young unmarried woman cannot travel alone. Gilbert is taken aback by this but agrees and travels ahead to England. It is in her description of what England means to her that Queenie shows that the dream of getting to England was at heart identical to Barack Obama's dream. It's the same desire to make it in a bigger, better country. England is all tea and polite conversation for Queenie, as well as proper behaviour and rows of neat houses, it's proper English ("How do you do?") and above all else life is better than it used to be back in Jamaica.

Of course Obama says that this could only happen in America, a theory Queenie clearly disproves. Queenie's experience differs to Obama's in that her life in England is not everything she hoped it would be particularly at the start. She arrives, expecting to be met by her husband and new house. He is nowhere to be seen as he is holed up in small accommodation. This experience of limited success is something she shares with another character we read about, Nina Savani in *The Colour of Love*. She is of Indian descent and working in a job she does not want to be in. In doing so she fulfils her father's dream against her own and adheres to his discipline and work ethic. That I think is where the texts we read differ to Obama's view. The characters, like Ellen and Jock McIvor, in the Australian novel *Remebering Babylon* by David Malouf, are very ordinary and everyday and they typify what happens to many immigrants in a new country. These people all reflect the reality far more than Obama and all have a more down-to-earth view of the dream than he has. Success is possible but to varying degrees and for some people there is no improvement at all. Queenie has a huge dream of England and achieves a considerable amount in the course of *Small Island*, Nina Savani is also successful but it's her father's definition of success not her own and Jock is ashamed of how little he has achieved for Ellen. This is the real experience of the American Dream and for every rags to riches Obama story there are millions of people whose success is very limited and they have similar experiences to the characters I have referred to here. *(634 words)*

Abiturprüfung Hessen 2009 – Englisch Grundkurs
Vorschlag B – Kombinierte Aufgabe: Ecology / Business Ethics

Teil A: Aufgabe zur Sprachmittlung

Die Bienen und der Gen-Mais

Florian Rötzer, 01. 06. 2008.

Das Verwaltungsgericht[1] Augsburg hatte einen schwierigen Fall zu entscheiden. Ein Imker[2] aus Kaisheim bei Donauwörth hatte gegen den Anbau von gentechnisch verändertem[3] Mais (MON 810) vom Konzern Monsanto auf einem staatlichen Versuchsgut[4] geklagt, nachdem 4 Prozent gentechnisch veränderte Pollen bei seinen Bienenvölkern[5] gefunden wurden. Seine Bienenvölker standen 200 Meter entfernt von dem Maisfeld, eine Entfernung, die nach dem Gentechnikgesetz zwischen den 150 Metern für ein konventionelles Maisfeld und den 300 Metern für ein Feld mit Öko-Mais liegt.

Die Bienen halten sich aber nicht an die Sicherheitsabstände, die das – erst nach der Klage verabschiedete – Gentechnikgesetz festlegt, zumal dabei nicht Bienen, sondern nur der Pollenflug[6] berücksichtigt wird. Bienen fliegen auch schon einmal ein paar Kilometer, um Pollen zu sammeln. Maisfelder sind da, wo sie sind. Es handelt sich, würde man die dem Gesetz zugrunde liegenden Einschätzungen hinsichtlich des Pollenflugs zustimmen, um eine juristische Leerstelle[7], an die man nicht gedacht hat oder nicht denken wollte. Schließlich werden Sicherheitsabstände zur Farce, wenn man den Insektenflug, der ja nicht nur Bienen betrifft, mit einbeziehen würde.

Was also tun, wenn ein Imker einen Honig anbieten will, der nicht mit Pollen von gentechnisch verändertem Mais verunreinigt[8] und naturrein sein soll? Letztes Jahr hatte der Imker Karl-Heinz Bablok vor dem Gericht noch einen Erfolg erzielen können. MON 810 ist nämlich ein Mais, der in der EU nicht für den menschlichen Verzehr zugelassen ist. […] Das wollten [der Hersteller] und [der] Freistaat Bayern aufgrund der ernsten Konsequenzen für den Anbau von gentechnisch veränderten Pflanzen nicht auf sich sitzen lassen, man legte Widerspruch ein und am Freitag entschied die 7. Kammer des Verwaltungsgerichts erneut über die mobilen Insekten, das ruhende Feld und die widerstreitenden Interessen des Anbaus von gentechnisch veränderten Pflanzen und der Gewinnung eines naturreinen, nicht verunreinigten Honigs.

Dass das nicht im Sinne des Imkers ausgehen würde, hat man schon erwarten dürfen. Das Verwaltungsgericht hält zwar aufrecht, dass Pollen der MON 810-Maissorte auch nicht in geringsten Mengen in den Honig gelangen darf, damit dieser noch als Lebensmittel verkauft werden kann, aber die Richterin drehte, wie die Augsburger Allgemeine berichtet, die Verantwortlichkeit um. Nun muss nicht mehr der Anbauer dafür sorgen, dass die Bienen keinen Pollen von dem gentechnisch veränderten Mais aufnehmen können, sondern der Imker. Der soll die Bienenstöcke, die jetzt von 1500 Meter von dem Maisfeld stehen, einfach während der Blütezeit[9] woanders hinbringen, schließlich sind die mobil, das Feld aber nicht. […] *(394 words)*

http://www.heise.de/tp/r4/artikel/28/28034/1.html (Stand 04. 02. 2009)

1 administrative court
2 beekeeper
3 genetically manipulated
4 state-run agricultural research station
5 bee colony
6 pollen flight
7 legal void
8 contaminated
9 bloom

Assignment

Your school takes part in an international project on the benefits/dangers of the cultivation of genetically manipulated crops. To keep your international partners informed about the situation in Germany you identify and mediate relevant press articles. Summarize the internet-article at hand.

Teil B: Verkürzte Textaufgabe

The Middle Ground

Jones, a young manager straight out of college, has a conversation with Eve, a high-ranking manager at his company. He has found out that this 'utopian' company uses its employees as guinea pigs for research into efficient management principles.

Jones grimaces. "Didn't your parents teach you to share?"

"Oh, they did." Eve walks to the bar area and studies the rows of bottles. Jones can see her face reflected in the mirror behind them. "In fact, Mom forbid my sisters and I to have individual possessions. Everything was everyone's." She reaches up to grab a dark, squat bottle of something Jones doesn't recognize and two delicate, bulbous glasses. "What do you think, is my whole life a rebellion against hippie parents?"

"That would explain a lot."

"The thing is," she says, sliding onto the sofa and patting the space beside her, "possessions are fun. [...] There's nothing wrong with enjoying life. In the end, what else can you do." She raises her glass and takes a gulp.

He sits beside her. "Well, I don't want to get too radical, but what about helping other people leaving the world a better place?"

Eve coughs explosively. She puts her glass on the table, which takes two attempts, and digs in her bag for a tissue. She dabs at her eyes. "Jesus, you nearly killed me." She takes a deep breath. "Whoo. Okay. Tell me how you justify buying a new pair of shoes."

"What?"

"When there are starving people in Africa, what kind of person spends two hundred bucks on shoes? See, once you buy that paradigm, it's a bottomless pit. You can never feel good about yourself while there's anybody in the world poor or hungry, which there always is, Jones, and has been since the dawn of time, so you feel guilty and hypocritical all the time. *I'm* consistent. I admit I don't care. [...] Ethics is bullshit. It's the spin we put on our lives to justify what we do. I say, be big enough to live without rationalizations."

Jones sips at his drink. It's Scotch, and heats him all the way down. "Just because I believe in ethics doesn't mean I have to be Mother Teresa. There's a middle ground."

"Ah, the famous *middle ground.*" He gets the feeling that Eve is enjoying this, but then, if he's honest, so is he. "Jones, you're one of those people who's never had to make a decision between ethics and results. You went to college and learned that companies with satisfied employees tend to be more profitable, and you went, 'Oh good.' Because that let you off the hook; you didn't have to decide what you'd do if it was a choice between one or the other. You won't work for a tobacco or gun manufacturer because those are bad companies; you'll only work for good ones, helping them to improve customer satisfaction and produce better products and – oh hey! – just by coincidence, those things increase company profits and get you promoted. Well, you're in the real world now, and soon enough you'll realize that sometimes you do have to choose between morals and results, that companies do it every day, even the ones you thought were good – and it's the managers who choose results who get the promotions." *(510 words)*

Assignments

1. Outline Eve's business principles. (25 BE)
2. Analyse these principles against the background of a text/texts read in class dealing with aspects of utopia/dystopia. (40 BE)
3. At one point, Eve analyses the reason why people give to the third world: "because you feel guilty about having a six-figure salary and a current-year car, you'll sponsor a child in the Sudan […]." Comment. (35 BE)

In der kombinierten Aufgabe wird die Textaufgabe im Verhältnis zur sprachpraktischen wie 3:1 gewertet.

Lösungsvorschläge

Teaching modules referred to:
The language task set here focuses on the main teaching module Science and Technology *(12.1) with particular emphasis on the theme of ecology. The text however refers to the module* Work and Industrialisation *(12.2) with particular stress on themes such as business, industry and the environment. In the context of the module* Order, Vision, Change *(13.1) the theme of models of the future is also to be taken into consideration.*

Teil A: Aufgabe zur Sprachmittlung

How to approach the task:
For instructions on how to write a good summary please turn to the chapter "Hinweise und Tipps" at the beginning of the book.

In this on line article, written and published by Florian Rötzer in 2008 and available at http://www.heise.de/tp/r4/artikel/28/28034/1.html, a difficult court case is described. At the heart of the case is a clash of interests between a beekeeper and a concern that produces genetically manipulated maize. Due to the proximity of maize fields containing genetically manipulated maize the beekeeper had found pollen which had been manipulated among his bees and therefore the honey was not allowed for sale in supermarkets. The German beekeeper protested successfully against the planting of genetically manipulated maize but of course bees often fly a number of miles to collect honey. However, appeals against this decision by Bavaria and the producer saw the decision overturned. The reason given was that bees are mobile and can be moved. The problem with the whole matter is that safety standards are defined according to the distance of the pollen's flight not according to the distance bees fly … This lead to a legal problem which has resulted in the beekeeper being made responsible for his bees and the companies planting maize can no longer be held responsible for the fact that bees should not get at genetically manipulated maize. It is the beekeeper's task to do so. In the time when plants are blooming it is the beekeeper's responsibility to move his bees. The field cannot by moved!
(227 words)

Teil B: Verkürzte Textaufgabe

1. *How to approach the task:*
   The task here is to read the text and gather information from parts of the text that tell us what Eve's business principles are. Listen to what she says and study her reactions to comments and events. Ask yourself what does she, as a woman working in the business world, believe in? You can further consider a moment what the principles are which drive the business world and see if she adheres to these principles. How is she similar to Jones who is straight out of college?

Inequality is something that Eve considers unavoidable. To a hard-nosed, successful business woman with a lot of experience, matters such as ethics are "bullshit". Eve has been around too long to have much time for principles and explains that each manager is faced with the choice between morals or results. Ethics are a means of fooling oneself that the world is alright and they are based on stupidity. Eve considers herself to be a realistic person who has a grasp of reality. She is not affected by the disparity of wealth in the world and as far as she is concerned as long as one makes profit for the company one is doing okay and it is those managers who make the right choices that get promoted. She makes clear to Jones that it doesn't matter for which company you are working – a good or bad one – this choice still has to be made in business. Eve also believes that it's nice to own things. She shared a lot with her sisters when she was young, "everything was everyone's" (line 3) she remarks, but now she seems to be a full-blown capitalist who has fully conformed to what work and the market has instilled in her. Her principles shine through when she asks Jones how, in view of his moral high-ground position, can he even contemplate buying a pair of shoes. Whereas Jones is all for a better world in which people share things, Eve believes it is a case of understanding the world and making the right choices which then lead to increased profits, possessions, promotion and so on. Basically, she is everything a business manager should be. *(279 words)*

2. *How to approach the task:*
Explain your understanding of the word "dystopia" and then refer to a work or works you have read which you can relate to Eve's principles.

A dystopia is of course the opposite to a utopia, a concept Thomas More came up with, and contains a vision of the world which is entirely depressing and gloomy. Dystopias are negative and undesirable societies, where the condition of life suffers from deprivation, oppression or terror. The work we read in this area was *1984* by George Orwell, a book written in a hut on a lonely Scottish island at a time when Orwell was ill and depressed about the world he saw around him. Probably the definitive novel of the 20th century, it is a story that remains eternally fresh and contemporary, and whose terms such as "Big Brother", "doublethink" and "newspeak" have become part of everyday currency. A look at our corporate business world today and the world that Eve inhabits provides a startling contrast to *1984*'s world of control and power plays. Nothing could be more unlike Eve's principles than *1984*. Whereas Eve believes in choices that have to be made to get promotion and to make profit, the principle of capitalism poses a severe threat to the Party in *1984* as the vehicle moving toward a meritocracy and a technological paradise. Eve is clearly a supporter of the world she works in. She sees "nothing wrong with enjoying life" (line 9) and would (n)ever be heard making negative comments against financial giants of the past and lies concerning the "improvements" brought about by the regulations of the bureaucrats. This we find in *1984*. *1984* also refers to the confiscation of property earned through the effort and innovation of superlative individuals. This is something Eve would find very hard to stomach for although she has been brought up by her parents to share, she actually believes strongly in possessions. Property for Eve is a right, something nice and something she fully supports on principle. This places her at odds with a great deal of *1984* and all it conveys to the reader. In order to halt the advance of industry, the Party seeks to bring industry under control. Regulation seems to me to be the opposite of what Eve stands for. She believes in companies and managers having free choices, the freedom to do business the way they choose and want to. The whole *1984* concept of dismantling private enterprise with its coercive violence against entrepreneurs is not something she would ever support. Big Brother is no friend of the economy, which Eve clearly is. *(409 words)*

3. *How to approach the task:*
This question poses the problem that you must come up with reasons why well-off people give aid to the Third World. In this context you should be aware that there is a little helpful information in the text but not a great deal. Hence your first step will be to make a brief list of points or reasons that you can think of for giving to the Third World. Then go back to the text and see what you can find in it. Consider the opposing stances Jones and Eve take on this issue. That may also help you come up with ideas. Start from a wide, general point of view and then hone in on the text itself. You should be able to come up with at least four points for such actions. Don't finish the piece without relating Eve's position to the overall reasons for donations. You may wish to say which reason you feel is most important.

Eve's comment does, of course, touch an interesting point and one which people differ greatly on. Many people never donate, some donate a lot. Why is this? What are the reasons for such diverse actions and opinions? As far as I can see there are many reasons why people might donate money or services to the Third World, to people living there or to organisations working there. In my opinion these vary greatly from person to person and Eve's comment is one aspect of a more complicated picture. The first reason I would point to might be personal experience. For instance a person might go on holiday to India or Africa and witness great scenes of hunger malnutrition or poverty. The effect of this might be life changing to such an extent that the person gives up his or her profession to go and help poor people. Alternatively, the person might just decide to sponsor a child or donate to Goal or some other organisation in Africa. Either way these are examples which all result from personal experience. This sometimes involves personal loss such as a death that one hears of in the family or among friends and which moves a person to action. A second reason might be a genuine need on some people's part, people who may never have been in the Third World, to want to make a difference. One way of doing this would be to donate money to charities. Some people want to make an impact in the lives of an individual person. They would like to see a lasting and tangible change as the result of their contribution. They may not even be concerned with how long this change takes, just so long as it does take place. Other people want to see an immediate impact, for example food distributed to those who are hungry and other types of emergency aid. Others may be politically motivated and want to take a stand on a particular issue such as poverty or the plight of children. A further reason could be that people are motivated by personal recognition and benefits and can be swayed by advertising to give money. Advertising, in particular, can be very harrowing when it is a question of poverty or death and some organisations adopt an aggressive policy in this area. This results in members of the public, often parents of schoolchildren for instance, deciding to donate. There are also people who will donate because it allows them to rub shoulders with famous people. The traditional black tie gala is one example of instances where socialites may buy a ticket or table just to "see and be seen." In the case of Eve she puts this donating down to guilt. Donation to the Third World she argues is the result of guilt about how much people earn and how little their counterparts in Africa have. She mentions the company car and the big salary. People such as Jones, she feels, will want to do something about a troublesome conscience. Therefore they contribute to a charity or a cause. I think this is probably a valid reason but I don't think it's the most common reason. Undoubtedly individuals and companies sometimes buy a clear conscience but more often than not I think people donate because they care and feel that giving is a good thing to do. Either way the one thing that is certain is that we live in an unfair, unfriendly and divided world and donations are badly needed to help people in poor countries. *(594 words)*

Abiturprüfung Hessen 2009 – Englisch Grundkurs
Vorschlag C – Drought in Australia

Australia suffers worst drought in 1,000 years
John Vidal, environment editor

Australia's blistering summer has only just begun but reservoir levels are dropping fast, crop forecasts have been slashed, and great swaths of the continent are entering what scientists yesterday called a "one in a thousand years drought".

With many regions in their fifth year of drought, the government yesterday called an emergency water summit in Canberra. The meeting between the prime minister, John Howard, and the leaders of New South Wales, Victoria, South Australia, and Queensland was told that more than half of Australia's farmland was experiencing drought.

David Dreverman, head of the Murray-Darling river basin commission, said: "This is more typical of a one in a 1,000-year drought, or possibly even drier, than it is of a one in 100-year event." He added that the Murray-Darling river system, which receives 4 % of Australia's water, but provides three-quarters of the water consumed nationally, was already 54 % below the previous record minimum. Last month it recorded its lowest ever October flows. Inflow this year was just 5 % of the average.

The drought is likely to affect drinking water supplies to many areas. Sydney's largest reservoir is now 40 % full and many rural towns in east Australia face shortages within a month.

It is also expected to have a serious impact on crops. Last week, the government forecast its lowest wheat crop for 12 years, a 62 % decrease on last year. Yesterday the agriculture minister Peter McGauran announced the allocation of more than A$ 200 m (£ 80 m) to help businesses which service drought-stricken farmers, in addition last month to the A$ 910 m in payments for 72,000 farmers affected by drought.

The drought has set off a fierce political debate in Australia about climate change. The country has maintained, with the US, a sceptical stance on the issue, and Mr Howard has refused to sign Australia up to the Kyoto agreement. However, polls suggest he is increasingly out of step with public and scientific opinion and the drought has forced him to demonstrate concern.

With an election due within a year and the environment emerging as a big political issue, Mr Howard last month announced several "green energy" projects. He now concedes that climate change is taking place but argues that the Kyoto process is flawed because it does not include the big polluters – India, China and the US. But last week new UN figures showed that Australia's emissions of greenhouse gases were the highest per capita in the west, apart from Luxembourg, and that they had grown by 1.5 tonnes a head since 1990.

Australia now emits almost as much carbon and other greenhouse gases as France and Italy, which each have three times its population. […]

Adding to the government's embarrassment, the leading scientific body in Australia – the Commonwealth Scientific and Industrial Research Organisation – this week predicted that rainfall in parts of eastern Australia could drop by 40 % by 2070, along with a 7°C rise in temperature. It said that by 2030 the risk of bush fires would be higher, that droughts would be more severe and that rainfall and stream run-off would be lower.

Mike Young, a water management expert at the University of Adelaide, told Reuters this week that Australia's long-term climate was changing. "When the drought breaks we will not return to cooler, wetter conditions. It is the worst type of drought because we are not expecting to return back to the old regime. The last half of last century was much wetter. What we seem to have done is … built Australia on the assumption that it was going to be wetter, and we haven't been prepared to make the change back to a much drier regime."

South Australia's premier, Mike Rann, said yesterday: "What we're seeing with this drought is a frightening glimpse of the future with global warming."

But Mr Howard played down the assessment that the drought was the worst in 1,000 years, saying he doubted if anybody really knew. *(665 words)*

The Guardian, Wednesday November 8, 2006

Assignments

1. Summarize the text. (30 BE)
2. Relate the information about Australia given in the text at hand to what you know about global warming. (40 BE)
3. "But Mr Howard played down the assessment that the drought was the worst in 1,000 years, saying he doubted if anybody really knew." (l. 50 f.)."
   Write a letter to the editor of *The Guardian* in which you state your point of view regarding Mr Howard's attitude. (30 BE)

Lösungsvorschläge

Teaching modules referred to:
The focus here is on the main teaching module Promised Lands *(13.1) As far as content is concerned knowledge of Science and Technology, a theme usually covered in Year 12 and which concentrates on issues such as science fiction, energy, ecology and electronic media, is also relevant. In this case special emphasis is placed on the topic of ecology. The text demands both a knowledge of climate change and energy issues but also of the problems Australia has in this area. Likewise, knowledge of the Australian political situation would be helpful.*

1. *How to approach the task:*
   For general tips regarding how to summarize a text (Present Tense, no quotes, etc.) see the "Hinweise und Tipps" chapter. One particular point to watch out for here is that there are a lot of statistics and examples given. Try and avoid using them exactly as they are given here but find your own way of mentioning them. In other words refer to the information, but in your own words.

   The terrible drought in Australia is the main theme of the opening section of this extract. We learn that many places have had drought year after year over the past while. This has lead to rivers that are lower than ever before and to half of Australian agricultural land needing water desperately. The drinking water supply is also badly affected and Australians have also had the lowest wheat returns in years. Government reaction to this has varied from emergency governmental meetings to the granting of large amounts of financial aid. The most important consequence of the drought has been the political storm that has erupted regarding climate and environmental issues. Prime Minister John Howard who failed to sign the Kyoto agreement is seen as not being in line with public and scientific opinion on this matter. He claims there is little point because the big powers have not signed it. With an eye on upcoming election Howard recently started a number of green projects. The government has been embarrassed by figures showing that Australia has a carbon emission level as high as France or Italy. Figures showing that Australia will get warmer, drier and more susceptible to bush fires have not helped the situation. Opinion is that Australia has been built for a wetter climate when in fact it is getting drier. Many including some politicians are frightened by the threat the future holds but Mr Howard does not believe anyone can tell how bad this drought really is. *(249 words)*

2. *How to approach the task:*
   Before you begin make a short list of all the points you learned when dealing with the topic of climate change in class. Think about the books you read, the articles you studied and the vocabulary you managed to learn. This is a theme which demands a very specialised command of English so make sure you know how to handle difficult concepts. All these factors should provide you with enough information to answer the question. You can, however, try and list climate change accidents, disaster and cat-

astrophes if you need more material. Finally, what connections can you see between the information on Australia and the material you have gathered? Link the two as best you can. You are expected to present what you know already in the context of what you have read here. Structure your answer carefully and refer to material covered in class. Any facts, statistics, or quotations will support your answer well, so stop and think for a moment if there is any aspect of the text you can back up with such material. Can you refer to some aspect of Kyoto? Or maybe you know something about current administration policies in the UK, USA or Australia. Think carefully and you will find many more examples than you realize at first.

Much of the information regarding climate change which is to be found in this text fits in with elements of the process which we studied in class. The first point I would like to make is that one is struck by the similar extremes that the text here and our studies showed. For instance we have read texts in which the melting polar caps was referred to as well as the problems this process causes. This is something which is causing ocean levels to rise and causing real threats to life in Britain and other places. The effect of climate change is also a real threat in Australia where livelihoods are under fire, where people's health and lives are endangered by bushfires and where the economy is also suffering. We read in English class of entire English villages which are being eaten up by the sea as the coast shrinks. The cost of dealing with this problem is immense. The only difference is that climate change in this instance (i.e. in Britain) has lead to more water due to melting ice, in Australia the problem is not one of too much water, rather too little.
For me, however, I think that a more interesting piece of information given about Australia in the text is not that climate change has lead to drought but that it has now caused heated political discussion. This reflects quite keenly the material we studied in class when it came to the political reaction to climate change. I know for a fact from an article which we read in the Guardian that the approaches of the Bush and Obama administrations to climate change, Kyoto and the energy crisis have differed greatly. Obama has mentioned the need for a new approach to energy problems and to climate change. The Obama-Biden New Energy for America plan seeks to provide short-term relief to American families at the gas pump and create five million new jobs by strategically investing $150 billion over the next ten years towards efforts to build a clean energy future. They also hope to put 1 million Plug-In Hybrid cars on the road by 2015. Obama also wants to ensure 10 percent of our electricity comes from renewable sources by 2012. Some of these measures are extremely unpopular with those Americans who supported the Bush stance or were in the Bush administration. The Australian reaction and debate is very similar in that the text clearly tells us that many Australians are divided on climate change at a political level. As is often the case the ordinary people are a step ahead of their politicians on this matter.
It is also noteworthy that the scientists in Australia, according to the text, are leading the way when it comes to warning people about climate change. This was the case worldwide in the past and it is still the case today. Another text we read outlined the harrowing consequences climate change is already having on employment and the economy. While it is true that some jobs are being created in the "green" sector, if

climate change continues at current levels it will cost us money and jobs. The text mirrors this when it says the Australian drought will hit crops in a catastrophic way and it will cost the government huge amounts of money in payments to farmers. This can all be related to the developments elsewhere though one must say that the Australian experience of drought brought on by climate change is an upsetting and very real indication of huge problems to come rather than a carbon copy of current problems. The Australian situation is a good deal worse and more immediate than the shrinking British coastline. *(621 words)*

3. *How to approach the task:*
   Step 1 *It is vital to remember when attempting this question that this is a formal letter and you must have formal aspects to it. These include formal English, a reference to the text, proper salutation, date, sensible address, a proper and formal conclusion, correct expression of opinion and so on. The actual nature of what you say is very much up to you. You may be very down-to-earth and factual or alternatively you could express anger, surprise, and astonishment at the statement in a polemic fashion. That's up to you to decide but you must structure your answer properly and state your opinion regarding Mr Howard's stance.*
   Step 2 *Before you start concentrate on what Howard said, consider its meaning and implications and decide to tackle the matter directly. Ask yourself about the context in which it was said. Make a list of arguments you could use to challenge or support what he has said. Do this quickly and in note form. Try and use as many effective and strong adjectives as possible and place yourself in the position of a person who supports or does not support Mr Howard. Also, don't forget to come up with some constructive ideas about policy changes on climate or energy problems which Mr Howard might introduce over the next while. Keep the long-term consequences of drought in mind. Consider the conclusion you wish to reach before you start the letter. How do you want to bring your letter to a head: quotation, question, statistic, strongest argument?*

Letter to the Editor

3, Daisy Drive
Canberra
Australia

12th April 2009

Dear Sir or Madam,
I am writing to you today in response to a quote you published last week by the Australian Prime Minister. I do this in order to express my sadness, anger and astonishment that a prime minister should behave as irresponsibly, selfishly, arrogantly and stupidly as John Howard has done in recent times. His doubting "if anybody really knew" how bad this drought may be is not in itself a huge problem or one which is worthy of a letter to the newspaper. He may, Lord knows, even be right in what he

says. Things could easily get worse. However, this statement, when seen in the light of other statements he has made such as "Kyoto isn't the answer" and in the light of the government's shocking stance on climate change means that he can no longer be trusted to take a sensible attitude on this matter and should step down before he harms Australia further. Knowing John Howard, I imagine he will not be brave enough to do this but will continue to reject the weight of scientific opinion on climate change, even as we approach the next election. At the same time he will be well aware that concern about global warming, as reflected in recent polls, is becoming a matter of major importance among the population. Am I the only person who thinks that the issue of global warming could be an election winner, if only Howard could make it a central plank in his election platform? All the signs are there that the public is not relaxed and comfortable about current climate trends. This suggests there are many looking for strong political leadership to address this rapidly developing problem. In so doing, the Liberal Party might not only win the next election but it would give many of us hope that Australia will avoid looming catastrophes such as drought and bush fires. Before I conclude may I suggest a number of measures which, if introduced by Mr Howard and his party, would help convince the electorate that he is serious about climate change: 1. Raise the bar for the Mandatory Renewable Energy Targets. 2. Bring in a national carbon-trading scheme. Unlike a carbon tax, carbon trading rewards those who do good. It only penalises those who cause harm. Then let the market decide whether they want to cause pollution or make profit. Nothing could help the carbon problem more than this one simple measure. 3. Get your own backyard in order. Federal Government departments waste large amounts of energy across Canberra. Finally, may I remind Mr Howard that Australia needs water more than most countries in the world. Does he want to go down in history as a prime minister who worsened the drought problem we have rather than tackled it?

Yours sincerely,
Dominic Green

(470 words)

New York

The protagonist of the novel is a writer who has been allowed to leave the German Democratic Republic and now, in the 1980s, lives in New York. Friends have set him up as a caretaker in a shelter for the homeless.

That, after all, was how I experienced those first years: as a time of total division from the past. Hadn't we come to the New World in order to build new lives for ourselves? Were we not entitled – even by a certain logic *required* – to leave all the fault and failure of our old lives behind us? What had happened in our prior lives no longer concerned us, I told myself. […]

Both sides of [New York] fascinated me: the ruin and the glamour. I came at them with an undiscriminating hunger that each aspect seemed to satisfy equally. I liked the grime and the grunge, the filthy subway cars lurching by in a fluorescent lichen[1] of graffiti, the street-cleaning vehicles whirling their medieval-looking brooms over the crack vials[2] and sodden porn mags[3] of the East Village[4] gutters. […]

And meanwhile there was the other side of the picture: those visions of pure, dripping gold. Furred models, stepping from limos to shop for diamond ankle bracelets; tanning parlours where gold-like bodies revolved under ultraviolet lamps … Even just the food stores: to behold for the first time those illuminated tiers of fruits and vegetables, the forests of flowers spilling out their scent and colour from the East Village bodegas[5]; to walk on and to be confronted, on the same block, by another, then yet another such *Wunderkammer;* to go inside and fill a basket with delicacies you had never bothered to distinguish in your mind from the nectars and ambrosias of myth, so little had you ever expected to taste them; […] all of this of course entirely commonplace to other shoppers, but to us as startling as if a New Yorker should walk into a shop and find delicacies from Jupiter and Venus casually on display. And then the buildings themselves, the skyscrapers, my childhood fetishes, rising south and north over the humbler rooftops of the Village: the Empire State like a great syringe with some fiery elixir of the city vatted inside it, the Helmsley[6] in its gold tiara[7], the Twin Towers[8] reading each other's paragraphs of light …

How I loved this place! Having spent my teenage years dreaming of being reborn as an American, I should not have been surprised, but the reality of the country so exceeded my wildest imaginings that I would sometimes find myself in a state of almost painfully overfulfilled expectation. Even the shelter we supervised on the floor below us was a source of unexpected joy. I had imagined it was going to be a place of pungent squalor and criminality; that to pass muster there I was going to have to find the resources of a prison guard somewhere inside me. But I was mistaken: the men who lived there, far from being the brutal or broken spirits my anxiety had conjured, seemed to me to embody, in a peculiarly pure form, precisely the qualities I had always most desired for myself: vitality, innocence, hope. Their stripped-bare lives, even the undeniable craziness of one or two of them, elevated them in my eyes, giving them an almost heroic air. […]

In the evenings, as they drifted in from the streets after we unlocked the door (our principal duty, along with keeping the store-cupboard stocked with laundry soap and toilet paper), I would sit with them in the communal room, spellbound. Their conversation revolved around two themes: their eager willingness to take responsibility for their own predicament, and their unquenchable optimism for the future. They were homeless, they believed, simply as a result of what they called their 'bad choices'. But they also believed that the good life was attainable to anyone in this great country of theirs, themselves included, and that all it required was for them to make, instead of bad choices, the 'right' choices, which they would make as soon as they were 'ready'. As simple as that! No talk of bad luck or the inherent injustices of the social order; nothing between themselves and their destiny: an apocalyptic nakedness! Every one of them, it seemed, was a millionaire-in-waiting: right now they were just going through their shelter phase, as the heroes of legend go through their obligatory spells in the desert or the pauper's hovel. Absurd as it may sound. I wanted to be as they were: emptied out of everything but faith and hope! Their glamour extended from themselves to the physical space they inhabited. Dingy as it was, with its soiled woollen curtains, calcium-bearded radiators, narrow beds and bits of old carpet remnant, the place had a rock-bottom sufficiency that I found strangely appealing. The hot water worked; the kitchen always had plenty of store-donated food in it; there was company if you wanted it, but no one imposed on you. I remember thinking that if we failed to make a go of things in this city, I, for one, would be content to end up in such quarters.

But there was no reason to believe we would not make a go of things. *(839 words)*

James Lasdun: Seven Lies, *Vintage Books, London 2007, pp. 149–154*

1 flechtenartiger Überzug
2 very small bottles used for medicine, perfume etc.
3 pornographic magazines
4 part of New York
5 *here:* convenience store
6 skyscraper: famous hotel
7 crown (the pope's crown)
8 skyscraper (fell victim to the terrorist attacks of 9/11)

Assignments

1. Describe the narrator's impressions of New York. (25 BE)
2. Point out the main aspects of the American Dream and relate them to the text at hand. (40 BE)
3. "They were homeless, they believed, simply as a result of what they called their 'bad choices'. […] No talk of bad luck or the inherent injustices of the social order." (ll. 41–46)
   Comment on this statement taken from the text. (35 BE)

Lösungsvorschläge

Teaching Modules referred to:
The text to be dealt with here centres on the main teaching module The USA *(12.1). The content places particular emphasis on the American Dream and an immigrant's impressions of New York. In this case the material is relevant to other modules such as* Ideals and Reality *(13.1), in particular to aspects such as structural problems and inequality. These manifest themselves in the description of the poor and rich, the positive and negative aspects of life in the New York which the narrator describes in this extract.*

1. *How to approach the task:*
This is a question which demands quite a substantial answer as there is a lot of information on the topic in the extract. Above all else, your description should portray the positive and negative sides of life in New York. Look at the text carefully and underline everything that reflects the author's impressions of the city. In this context there is a lot of material so to get good marks here you must compress a lot of facts and information into your answer. Having underlined the important points ask yourself how best to say it in your own words. Give a picture of New York that summarises what the narrator says. How did it impress him? What are his reactions to the city, to the world, he has arrived in?

From the very first it is clear to the reader that the narrator is entirely captivated by New York. He is totally taken up with the two contrasting sides of life there; firstly he loves the glamour, the money and wealth, the shops, the lovely fruit, vegetables and flowers, the startling freshness of everything, the buildings and skyscrapers. He mentions those buildings he loved and he says that he could never have expected what he experienced in New York. He notices the beautiful models, girls with fantastic bodies, with lovely jewellery. The downside of life is also present as he notices the filth and dirt, the graffiti, the homeless people, the porn magazines and so on. He even likes the machines which are used to clean the streets. He found the men he met very lively and full of innocence and dreams. His impressions of New York are those of a man who arrives in a new world and is totally and entirely overwhelmed by it in a positive sense. He refers to the fact that as a teenager who liked America without having ever been there he should have been ready for this but he is not. He has never seen anything like this before, he is flabbergasted and enthusiastic. His impressions are those of a man whose teenage dreams have come true in a way he could never have expected. *(232 words)*

2. *How to approach the task:*
This question requires an understanding of the American Dream and an ability to relate it to aspects of the text. In particular one should ask oneself what the dream consists of and how both the narrator's impressions of America – in this case of New York –can be related to this dream. Again it is a question which should not illicit a short answer. This demands analysis of the text so you should look carefully for in-

formation that highlights points you wish to make. You should start with a definition of the dream but don't make it too long. It should be precise and accurate. Above all else do not write off the point. Your job is clear from the straightforward question, define the dream, relate it to the text. Back up each aspect of the dream with evidence you have found in the text.

A freedom that allows Americans to pursue their goals in life through hard work and freedom of choice (coupled with the opportunity for immigrants to achieve greater wealth) forms the heart of the American dream. It also includes a promise that says the market should reward drive and innovation and generate growth, but that businesses should live up to their responsibilities to create American jobs and look out for American workers. It involves little government intervention and encourages the idea that we are responsible for ourselves. There are many of these aspects of the American dream present in the text. Individual success, for instance, can be seen in the narrator's description of the beautiful models. He says they wore fur coats, drove round in limos and also owned expensive diamond ankle bracelets. These are people who have made it in America. Further collective success is evident in the wealth of the city, the buildings and so on. All this is part of a place that is unbelievably rich in his eyes, "dripping with gold". It is also clear that business and the market rule the roost. Shops that he sees are brimming with wonderful fresh food and products. This reflects one of the central aspects of the Dream – it is something which has its roots primarily in trade and the desire to be free to do what one wants with one's life. Furthermore, the American Dream and it's "a-fair-chance-for-every-man-to-make-a-fortune" is clear from the description that is given in the text of the poor, homeless men in the shelter who all believe in the dream and who live in squalor but it is a squalor that functions quite well according to the author. These men all have a certain glamour of their own, especially in their belief in a good life if they make the right choices. The idea of social injustice does not exist for these men they are rather willing to take responsibility for their own difficulties. Yet another side to the dream! This is a fact that also reflects the side of the American Dream which does not believe in government intervention. These men all believe in an American future and it is clear that the author does too. In this sense he reflects the immigrant side of the dream, a man who has come to New York, is fascinated by it and believes he, too, will make it. Life, as he experiences it, is a complete "division from the past" a new life, a new world. The final words of the extract sum that up when he says that there was no reason to believe "we would not make a go of things". Of course the rags aspect of the American dream is also evident in the poverty described in this piece but somehow that does not bother the narrator, he has been infected by the hope that he will also experience the riches side of things. In this sense he is very typical of immigrants to New York because he sees his old life as all "fault and failure" and believes things can only get better. What I also find interesting is the way he describes things being exactly as he imagined them as a teenager. He has arrived in the land of his dreams and fantasies and it is everything it promised to be. Nothing could be more central to the American dream than this. *(570 words)*

3. *How to approach the task:*
A brief explanation of the statement in your own words would be a possible starting point. In particular you should mention that the statement reveals the issue of individual responsibility as a part of the American Dream. In other words people are responsible for what happens to them. Another angle on this is that social injustice or the disadvantages people experience cannot be seen as an excuse for failure. People have to make their choices. In your answer you should possibly include the contrast which is obvious from the fact that the narrator comes from East Germany. Finally, your own opinion is necessary here so do not shy away from giving it. You have to take a position on this so begin by noting a few points about it. These points should form the concluding part of your comment where you explain your attitude to the statement.

The narrator in this extract sets out an explanation for the situation the homeless people in New York find themselves in. They had simply chosen the wrong options in life and he never heard them mention social injustice as a possible reason for their misfortune. To anyone not used to the American Dream or to life in America this is of course astonishing. Yet, at the end of the day, it reveals a part of the Dream that has long been unquestioned. This belief states that is not the task of the government to help you, you must help yourself and those around you. If untold riches are possible, indeed dangled in front of you, you must stand up yourself and reach out to grab them. The statement here makes this clear and in the eyes of the narrator, who has just come from East Germany, nothing could be in starker contrast to his homeland than the USA. He has met people who put their own failure down to the choices they made – having come from the socialist GDR where the state played a huge role in people's lives this is a shock to him. Now to non-Americans this is an aspect of the Dream which I cannot accept. It is all very well to say we make bad choices but education, background and money are significant factors in whether or not people get on in life. The man who is born poor or illiterate has a far longer way to go than his well-heeled rival who lives in a mansion at the top of the hill and dreams of earning more money than his father. I do feel the state has a role to play in helping people realize their dreams. Hence, I would argue that a dream, which makes people believe that the choices they make explain the mess they find themselves in, is a dream that is pulling the wool over its citizens' eyes. The state or the system behind this dream is avoiding the responsibility it should be taking. I agree that governments can stifle individual initiative but programmes such as affirmative action are necessary if we are all to start from the same position in the race to attain our goals. The American dream, or one aspect of it, is crystallised in this statement here, but by the same token a major weakness within it is also revealed. The great irony of the current situation in America is that the president, Barack Obama, a great supporter and beneficiary of the American dream, has introduced a lot of measures which increase government spending and involvement in people's lives. It would be interesting to hear what the narrator would say about that. I, for my part, favour social justice over some long-shot, overrated attempt to become a millionaire which ends in failure of one sort or another for most people. *(483 words)*

Working on the line

In his novel 'Middlesex' J. Eugenides gives us an idea concerning the working situation at Ford Motor Company in the 1920s by depicting the life of an immigrant family.

Historical fact: people stopped being human in 1913. That was the year Henry Ford put his cars on rollers and made the workers adopt the speed of the assembly line. At first, workers rebelled. They quit in droves, unable to accustom their bodies to the new pace of the age. Since then, however, the adaptation has been passed down: we've all inherited it to some degree, so that we plug right into joy sticks and remotes, to repetitive motions of a hundred kinds.

But in 1922 it was still a new thing to be a machine.

On the factory floor, my grandfather was trained for his job in seventeen minutes. Part of the new production method's genius was its division of labor into unskilled tasks. That way you could hire anyone. And fire anyone. The foreman showed Lefty how to take a bearing[1] from the conveyor[2], grind[3] it on a lathe[4], and replace it. Holding a stop-watch, he timed the new employee's attempts. Then nodding once, he led Lefty to his position on the Line. On the left stood a man named Wierzbicki; on the right a man called O'Malley. For a moment, they are three men, waiting together. Then the whistle blows.

Every fourteen seconds Wierzbicki reams[5] a bearing and Stephanides grinds a bearing and O'Malley attaches a bearing to a camshaft[6]. This camshaft travels away on a conveyor, curling around the factory, through its clouds of metal dust, its acid fogs, until another worker fifty yards on reaches up and removes the camshaft, fitting it onto the engine block (twenty seconds). Simultaneously, other men are unhooking parts from adjacent conveyors – the carburettor[7], the distributor[8], the intake manifold[9] – and connecting them to the engine block. Above their heads, huge spindles pound steam-powered fists. No one says a word. Wierzbicki reams a bearing and Stephanides grinds a bearing and O'Malley attaches a bearing to a cramshaft. While other workers screw in the air filter (seventeen seconds) and attach the starter motor (twenty-six seconds) and put on the flywheel[10]. At which point the engine is finished and the last man sends it soaring away …

Except that he isn't the last man. […] A man sends it dropping down onto a chassis rolling out to meet it, as three other workers remove a car body from the oven, its black finish baked to a shine in which they can see their own faces, and they recognize themselves momentarily, before they drop the body onto the chassis rolling out to meet it. There are other men below, hauling the engine in, as a chassis rolls out to meet it. These men attach the engine to the transmission (twenty-five seconds). Wierzbicki reams a bearing and Stephanides grinds a bearing and O'Malley attaches a bearing to a camshaft. My grandfather only sees the bearing in front of him, his hands removing it, grinding it, and putting it back as another appears. The conveyor over his head extends back to the men who stamp out the bearings and load ingots into the furnaces; it goes back to the

Foundry where the Negroes work. [...] The Foundry is the deepest recess of the Rouge[11], its molten core, but the Line goes back farther than that. It extends outside to the hills of coal and coke, it goes to the river where freighters dock to unload the ore, at which point the line becomes the river itself, snaking up to the north woods until it reaches its source, which is the earth itself, the limestone and sandstone therein, and then the Line leads back again, out of substrata to river to freighters and finally to the cranes, shovels, and furnaces where it is turned into molten steel and poured into molds, cooling and hardening into car parts – the gears, drive shafts[12], and fuel tanks of 1922 Model T's. [...]

By day, no words, by night, hundreds. Every evening at quitting time my exhausted grandfather would come out of the factory and tramp to an adjacent building housing the English school. He sat in a desk with his workbook in front of him. The desk felt as though it were vibrating across the floor at the Line's 1.2 miles per hour. He looked up at the English alphabet in a frieze on the classroom walls. In rows around him, men sat over identical workbooks. Hair stiff from dried sweat, eyes red from metal dust, hands raw, they recited with the obedience of choirboys:

"Employees should use plenty of soap and water in the home."

"Nothing makes for right living so much as cleanliness."

"Do not spit on the floor of the home."

"Do not allow any flies in the house."

"The most advanced people are the cleanest."

Sometimes the English lessons continued on the job. One week, after a lecture by the foreman on increasing productivity, Lefty speeded up his work, grinding a bearing every twelve seconds instead of fourteen. Returning from the lavatory later, he found the word "RAT" written on the side of his lathe. The belt was cut. *(843 words)*

Jeffrey Eugenides: Middlesex, *New York. 2002, pp. 109–112*

1 Kugellager
2 Förderband
3 schleifen
4 Drehbank
5 (aus-)fräsen
6 Nockenwelle
7 Vergaser
8 Verteiler
9 Ansaugrohr
10 Schwungrad
11 the name of the Ford plant at the river Rouge, a few miles south of Detroit
12 Getriebewelle

Assignments

1. Summarize the text. (30 BE)
2. Point out literary techniques used by the author and analyse their function. (35 BE)
3. Comment on the statement that “people stopped being human in 1913” (l. 1). Take into account that Ford’s assembly line has often been considered one of the most important steps towards the realization of the American Dream for the masses. (35 BE)

Lösungsvorschläge

Teaching Modules referred to:
The text to be dealt with here refers to the main teaching module Extreme Situations *(12.2) with particular emphasis on the theme entitled "the troubled mind". In this case the material is relevant to other modules such as* USA *and* Them and Us *(13.1) in particular with regard to aspects such as the American Dream and values (human and civil rights). The text itself deals with the introduction of Henry Ford's assembly line and the extent to which this dehumanised people.*

1. *How to approach the task:*
   For general tips regarding how to summarize a text turn to the "Tipps und Hinweise" chapter. The following framework may be of interest, however, as a guideline to how you should structure this particular answer: Introduction of assembly line – work process divided up – workers easily replaced and exchanged – description of production process – narrator's grandfather – assembly line – silence at work – English classes and classes in values – grandfather's relationship with fellow workers – mistake grandfather makes in working too fast and pressurizing fellow workers by doing so. These are the kind of notes you should jot down while you are reading a text and when you come to important points.

   The year 1913 saw people cease to be human and become machines with the introduction of Henry Ford's assembly line, a line which many workers were unable for at the time but which has lasted right down to the present day. The narrator's grandfather learned his trade in seventeen minutes as part of a new process, one which divided work into separate jobs. This meant anyone could be hired, fired, replaced or quickly trained. The actual work in the factory followed a pattern which involved many men doing different tasks. His grandfather joined the line like many other men and they all had a certain amount of time to complete their task. The product is an engine and the assembly line feeds all the parts that will go into the engine. Finally, when it is finished the last person sends it off. This engine is matched to a chassis. The narrator's grandfather only sees a bearing and he is part of a line that stretches out to the hills, to the rivers, across the countryside, eventually becoming a steel part for the model T. After work the narrator's grandfather went to English classes just as many other men did. They learned English and values, values such as cleanliness. His grandfather takes the values he learns and speeds up at work. One day he is punished by his fellow workers for working too fast and putting them under pressure. Someone calls him a rat. Finally, his belt is cut to make sure he gets the message. The other workers don't want him working too fast. *(265 words)*

2. *How to approach the task:*
The author uses many, many different devices and it is up to you to pick them out, identify them and analyse their function within the piece. Read the text slowly and underline or mark any part which you feel shows the usage of a literary technique. Ask yourself how the technique is used and why the author has done this. Consider the exact themes of the piece you are looking at. How could certain devices emphasize these themes? In this particular extract devices you might be searching for include metaphors, similes, irony, specific vocabulary, alliteration and so on. Consult the glossary at the start of the book if you are unsure about any technique.

Of all the literary techniques present in this extract the use of highly specific vocabulary is perhaps the most interesting and unusual. Though normally not a technique in itself, its usage achieves an effect whereby we can say the author is applying such vocabulary for a definite purpose and it does fulfil the role of a literary device. The list of words we find in the extract which refer to parts of an engine or parts of the assembly line is almost endless. The author talks of "camshafts, conveyors, chassis, molten core, lathe, carburettor, bearings, distributor, transmission, intake manifold" and so on. These words are highly technical and refer to parts of the assembly line or the product that is being produced. The intended effect is to recreate the assembly line effect by using words which conjure up the feeling of actually being on it and working as part of it. In this sense we experience the monotony of the work, the extreme pressure to deliver, the accurate depiction of the new economy and its needs. Without these words the piece would lack authenticity. Another approach is to use time to give the whole piece a certain pattern. Hence the author uses fourteen seconds, seventeen seconds, twenty-six seconds, twenty-five seconds and twelve seconds at one stage or another in the extract in a manner that mimics the device of parallelism. What then is the effect of this? Well, if we consider that there is also a reference in line 49 to the Line's "1.2 miles per hour" we see that the constant reference to time makes the reader feel that he too, and the passage itself, is a part of the Assembly Line. The reader senses the pressure on workers, the Line's obsession with time, the startling change the Line brought to factory work. The use the author makes of names is also revealing in that the author introduces and blandly repeats certain names during the piece thus stressing that it was not the person but the work he did that had become important. The use of repetition and alliteration is limited in this piece though we do find an example of it in line 17 when the author writes "This camshaft travels away on a conveyor, curling around the factory, through its clouds of metal dust, its acid fogs." The impact here is to stress the movement of the conveyor and stress the automated nature of work now.
The Line itself, of course, is a metaphor, cleverly created by the author to stand for a number of different things, above all for the human race and its changing nature. There is, of course, a sense of contrast present in the clash of the two opposites of "people/stopped being human", which is established by the author in line 1. This brilliant use of contrast reappears later on in line 46 when the author writes "By day, no words, by night hundreds". There is an ironic touch at the end when the author says that the English lessons often went on at work or as he puts it "on the job" (line 58).

However irony is present in a stronger form as the piece draws to a close. The description of the workers who attend English classes is so strong "Hair stiff from dried sweat, eyes red from metal dust, hands raw" (line 51) that the rules which then follow regarding cleanliness are quite ironic. Not only that but the contrast is made even stronger and more ironic by the placing of the words "the obedience of choirboys" (line 52) at the end of sentence. It is these obedient choirboys who also are probably behind the highly disobedient act of cutting his belt and getting the message across to him that he should not work too fast. *(639 words)*

3. *How to approach the task:*
   Step 1 *This question presumes that you will keep the text you have just read very much in mind. The relevant aspects of the text include the changes the assembly line brought with it and in particular the way in which, according to the extract, it lead to the dehumanisation of ordinary workers. As the question suggests however the assembly line helped people get work and realize their (American) Dreams. It lead to improved wages and a better standard of living. Wasn't it therefore a good thing even if it meant people stopped being human? Consider all this before you attempt the answer. Find arguments to support your view of this statement in the context of the American Dream.*
   Step 2 *When answering this question you should also remember that this is a statement and you must judge it and comment on it. Your own opinion is necessary here so do not shy away from giving it. You have to take a position on this so begin by noting a few points about it. The suggestion is that the introduction of the assembly line turned people into machines. Do you agree with this? Why? Why not? These points should form the part of your comment where you explain your stand on the statement. Use as many examples from history before 1913 or since as you can think of. They should, of course, be related to your thesis so choose carefully. If you come up with good examples you will find that they will improve the content of your essay and the strength of your argument. Above all else, however, structure your answer well so that you can accommodate your view of the statement in the context of the American Dream.*

There can be no doubt that the advent of the assembly line was a major step in the history of economics and of mass production in particular. It is clear from the extract we have just read that the author belongs to that group of people who see the development as one which dehumanised the work force and changed it and humans forever. This change, according to the author's extract, was not for the good of man as people either refused temporarily to continue doing this work or became alienated from the working world as they had known it. People stopped being human, he contends. There are, however, a number of points to be made in defence of the assembly line. There can be no disputing the fact that it did play an enormous role in modernizing work and creating a richer society. This is particularly relevant in the context of this question because many immigrants to America, or Americans themselves, managed to turn dreams into reality thanks to the money they earned from working in

Ford's factories. They achieved the American Dream in one way or another. Their earnings increased. Such earnings allowed people at a later date to actually buy the cars they were helping to produce, to save for a home of their own, or to invest in the wide range of products the assembly line economy was now producing. This was a positive development but as the question indicates it came at a price. The new assembly line altered work in a way that few could have imagined and undoubtedly was a factor in the growing sense of alienation that many people felt as the twentieth century stretched its wings. It was left to poets such as T. S. Eliot to sum up this feeling in works such as *Prufrock* and *The Waste Land*.
This comment is of course one that can only be understood in the context of economic development. To answer the question posed by the comment I think we must state clearly that it wasn't people who stopped being human but work itself. People may have been altered by the new system but they were still human in the stories they told each other, in the attitudes they had to their fellow workers, in the hobbies they pursued during their spare time. There is little doubt that prior to the arrival of the assembly line, work itself was far more human. Men went out into fields and worked hard but they talked, chatted or laughed while they did so. Others went to factories where they were given the task of completing one job consisting of many tasks and skills but after which they could take pleasure from the fact that they had built or assembled something. After 1913 workers did the same boring thing day in day out in order to save time and to produce more. This I would say proves my point that it was the nature of work, not people themselves that changed. People certainly may have had the feeling that they were now being treated like machines or parts of a big wheel and the author sums this up when he says that "in 1922 it was still a new thing to be a machine" (line 7). However, for me that does not mean a dehumanisation of man, merely an alienation of people from the work and the past they had known. I also wonder if it is fair to blame Henry Ford and in particular the ear 1913 for people becoming less human. I would have thought the year after, 1914, the year of the First World War, would be a far more appropriate year to label as the year people stopped being human because it was then that man turned the new machinery on his fellow man. To conclude then I believe the writer is spot on when he says a change occurred and we started doing repetitive things when we work. Work did change but although this had bad and good consequences for many people I do not feel it is justified to say man became less human – he simply started to work in a different way. *(701 words)*

Abiturprüfung Hessen 2009 – Englisch Leistungskurs
Vorschlag C – Kombinierte Aufgabe: Equality / Problems of Identity

Teil A: Aufgabe zur Sprachmittlung

„Auf kein Talent verzichten"

Merkel dringt auf bessere Bildungschancen für Einwanderer / Symposion

oll. BERLIN, 16. Oktober. Bundeskanzlerin Merkel (CDU) hat es als wichtigste bildungspolitische Aufgabe bezeichnet, die Abhängigkeit des Bildungserfolges von der sozialen Herkunft in Deutschland zu durchbrechen. Zum Auftakt des Symposions „Integration durch Bildung im 21. Jahrhundert – eine Herausforderung für Public-Private Partnerships" sagte die Kanzlerin in Berlin, alle Kinder und Jugendlichen, gleich welcher Herkunft, müssten die besten Chancen haben. „Bildung ist der Schlüssel für die Integration der Menschen aus Einwandererfamilien", sagte Frau Merkel zu Beginn der Veranstaltung, die von der Integrationsbeauftragten der Bundesregierung, Böhmer (CDU), in Zusammenarbeit mit der Vodafone-Stiftung in Berlin initiiert worden war.

Besonders deutlich zeigte sich in internationalen Schulleistungsstudien[1] der Zusammenhang zwischen sozialer Herkunft und Bildungserfolg[2] bei ausländischen Schülern, die häufig keinen Abschluss erreichen oder weit unterhalb des Durchschnitts abschneiden. In Ländern, die ihre Einwanderer gezielt nach Qualifikationen und Sprachfähigkeit auswählen (in Kanada, Australien und Neuseeland), sind die Unterschiede zwischen dem Bildungserfolg einheimischer und ausländischer Schüler kaum ausgeprägt.

Fast ein Drittel der unter fünf Jahre alten Kinder kommt in Deutschland aus ausländischen Familien. Fünfzehn Millionen Menschen kommen aus zweihundert Staaten. Sie müssten in jedem Fall die deutsche Sprache beherrschen, forderte Frau Merkel. Die Grundlage für jegliche gesellschaftliche Teilhabe bleibe die Integration in den Arbeitsmarkt. Denn Deutschland könne auf kein Talent verzichten. Eine der größten Aufgaben sieht die Bundeskanzlerin darin, die Möglichkeiten und Stärken der hier lebenden Ausländer besser zu erschließen. Deshalb müsse in den Ausbau der Kindertageseinrichtungen investiert werden, in die Sprachförderung in den Tageseinrichtungen und in die Forschung zur Sprachstandsfeststellung[3]. Vor allem Stiftungen leisteten bei der Integration durch Bildung Pionierarbeit, sagte Frau Merkel und nannte die Begabtenförderung der Vodafone-Stiftung und die schulische Förderung ausländischer Schüler der Hertie-Stiftung. [...] Der in einer Videokonferenz zugeschaltete Bill Gates, der eine Privatstiftung[4] aus einem Unternehmen heraus gegründet hat, verwies darauf, dass selbst in einem klassischen Einwanderungsland[5] wie den Vereinigten Staaten das Problem des unterschiedlichen Bildungsniveaus der Einwanderer nicht gelöst sei.

Der Präsident der EU-Kommission José Manuel Barroso sagte, Integration sei nur möglich, wenn die Bürger die Verschiedenheit[6] in der Gesellschaft akzeptierten und die Einwanderer die Integration selbst wollten. Es sei ein europäisches Phänomen, dass die zweite und dritte Einwanderergeneration häufig weniger integriert sei als die erste, das sei nicht hinzunehmen. Die Vereinigten Staaten zögen 55 Prozent begabter und gebildeter Einwanderer an, die EU nur fünf Prozent. Deshalb gehe es darum, eine effizientere Einwanderungspolitik voranzubringen. Umso mehr müssten die Lehrer besser auf ihre neue Aufgabe mit ausländischen Schülern vorbereitet werden. […] *(399 words)*

Frankfurter Allgemeine Zeitung, 17. 10. 2007, Nr. 241, S. 6

1 international student assessment studies
2 educational achievement
3 assessment of language competence
4 foundation
5 immigration country
6 diversity

Assignment

Your partner school's student paper is running a series on trends in education in Europe. To keep them informed about recent developments in Germany you summarize the FAZ article at hand.

Teil B: Verkürzte Textaufgabe

Sally Morgan: Pretending

This excerpt from Australian writer Sally Morgan's autobiography "My Place" is about the time when she was 10 years old. Her grandmother, referred to as Nan, is the daughter of an Aboriginal woman and an English farmer. She became a house maid and had a relationship with an English engineer. She had a daughter at the age of 16 – Sally's mother – who was raised in an orphanage.

In April that year, my youngest sister, Helen, was born. I found myself taking an interest in her because at least she had the good sense not to be born on my birthday. There were five of us now; I wondered how many more kids Mum was going to try and squeeze into the house. Someone at school had told me that babies were found under cabbage leaves. I was glad we never grew cabbage.

Each year our house seemed to get smaller, in my room we had two single beds lashed together with a bit of rope and a big, double kapok mattress plonked on top. Jill, Billy and I slept in there, sometimes David too and, more often than not, Nan as well. I loved that mattress. Whenever I lay on it, I imagined I was sinking into a bed of feathers, just like a fairy princess.

The kids at school were amazed to hear that I shared a bed with my brother and sister. I never told them about the times we'd squeezed five in that bed. All my class-mates had their own beds, some of them even had their own rooms. I considered them disadvantaged, I couldn't explain the happy feeling of warm security I felt when we all snuggled in together.

Also, I found some of their attitudes to their brothers and sisters hard to understand. They didn't seem to really like one another, and you never caught them together at school. We were just the opposite. Billy, Jill and I always spoke in the playground and we often walked home together, too. We felt our family was the most important thing in the world. One of the girls in my class said, accusingly, one day, "Aah, you lot stick like glue". You're right, I thought, we do.

The kids at school had also begun asking us what country we came from. This puzzled me because, up until then, I'd thought we were the same as them. If we insisted that we came from Australia, they'd reply, "Yeah, but what about your parents, bet they didn't come from Australia."

One day, I tackled Mum about it as she washed the dishes.

"What do you mean, 'Where do we come from?'"

"I mean, what country. The kids at school want to know what country we come from. They reckon we're not Aussies. Are we Aussies, Mum?"

Mum was silent. Nan grunted in a cross sort of way, then got up from the table and walked outside.

"Come on, Mum, what are we?"

"What do the kids at school say?"

"Anything. Italian, Greek, Indian."

"Tell them you're Indian."

I got really excited, then. "Are we really? Indian!" It sounded so exotic. "When did we come here?" I added.

"A long time ago", Mum replied. "Now, no more questions. You just tell them you're Indian."

It was good to finally have an answer and it satisfied our playmates. They could quite believe we were Indian, they just didn't want us pretending we were Aussies when we weren't. *(509 words)*

Morgan, Sally: My Place. London (Virago) 1988; pp. 38–39

Assignments

1. Describe the living conditions of the family and their relationship with each other. (25 BE)
2. Explain how the limited awareness of a ten-year-old is reflected in the text. (35 BE)
3. Comment on the mother's attitude concerning her background. Relate it to problems of identity encountered by African Americans. (40 BE)

In das Gesamtergebnis gehen die Bewertungen der Teilaufgaben A und B im Verhältnis 1:3 ein.

Lösungsvorschläge

Teaching Modules referred to:
The texts to be dealt with here centre on the main teaching module Ideals and Reality *(12.2). The content places particular emphasis on the issue of equality and inequality. In this case the material is also relevant to other modules such as* Promised Lands: dreams and realities *(13.1), in particular to aspects such as cultural traditions, political and social issues. The country of reference chosen here is Australia. In the shorter text the* USA *(12.1) is also touched on particularly in the area of living together (the ethnic group in question: African Americans)*

Teil A: Aufgabe zur Sprachmittlung

How to approach the task:
In this task you have to make sure that you choose well from the vast amount of information given to you. Select the important things for your summary and leave out unimportant details. Think carefully about how you phrase the points and avoid word for word translation. Say things simply rather than trying to make complicated sentences which may be faulty. Read the text a number of times underlining the main points as you go. Structure your answer well and keep your sentences fairly short.

The provision of improved opportunities for children of all educational backgrounds regardless of social class were important tasks according to German chancellor Merkel recently. Education is the key to integration, Mrs Merkel said and this could be seen in particular when looking at students from a foreign background who achieve lower qualifications than their German peers. With one third of all children under 5 years of age being from foreign families it was vital that such children had a good command of German and integration in labour market was crucial for participation in society in general. Mrs Merkel pointed out that in certain English-speaking countries there was little difference between the educational success of native-born and foreign students. In Germany, a country that needed to use all the talent available, investment in kindergartens and language improvement were important and the work of foundations was vital. Germany therefore needs a more efficient immigration policy as well as teachers that are well prepared to face new educational challenges. Bill Gates, who joined the discussion by video conference pointed out that even in a country like the USA the problem of the differences in educational achievement has not been solved. Integration could only be achieved according to the EU Commissioner José Manuel Barroso if acceptance of diversity among people was present. The aim had to be to make the EU as attractive for foreign people as America was. *(238 words)*

Teil B: Verkürzte Textaufgabe

1. *How to approach the task:*
Look through the text and find those parts which in your opinion refer to the living conditions of the family and their relationship with each other. Gather this information together and recount it in your own words. Keep an eye out for what the information about the other children's lives and attitudes tells you about the family in question. Ask yourself how Sally's family differ from these other children's families. Were they richer, happier, more comfortable, more united? The answers to such questions will help you write a good answer to the question. Use English you know to be correct to say the things you want to say but avoid word for word transcription of the text.

Sally lived in a house which she felt was contracting with each new brother or sister she got. Her own room had two single beds and a single double mattress on which up to as many as five people slept. This, of course, was different to her classmates who all had a bed of their own and in some cases even a room of their own. From the description we get Sally's room sounds very rudimentary and plain. This would lead us to believe that the family was not that well off. It was a family of five children, a mother and a grandmother, all living in impoverished conditions. All the other children at school classified themselves as Australian and wondered what to call Sally's family. However, unlike these kids, Sally got on very well with her family and brother and sister. She loved the mattress she slept on and the people who shared it with her. She felt like a princess, warm and secure in the bed. She spent all her time with her family and even at school she was in the company of her brother and sister. For them the family they were part of was the most important thing in the world. They supported each other in a way other children and families did not do and this may have been because they were poor. This helped Sally deal with the fact that the others thought of her as non-Australian. The relationship of the children to the mother and grandmother is close and warm but the mother does not go into the troubling details of what kind of people they actually were. She tells the child to say they are Indian rather than part Aborigine. This pleases the daughter but, of course, it reveals a side to her existence which her mother may not be that proud of. *(312 words)*

2. *How to approach the task:*
The one thing to ask yourself here is what evidence can we find in this extract of a young child describing things as she sees them. It is there you will find the actual information you need to refer to. One would expect immaturity and a child's perspective to be obvious in any material ot this type. Keep an eye open for such material. Underline the important parts of the text and structure your answer accordingly.

The first interesting thing here is that the child wonders how many more brothers and sisters her mother intends to fill the house with. The fact that she sees the babies as filling the small house shows us a child's view of things. This continues when she reveals that someone had told her where babies come from and she believed the "from under a cabbage leaf" theory. She clearly is ignorant of how children are created and this is a typical ten-year-old attitude. There are other things, however, that show us how young she is. Sally is not in the least aware why her friends are amazed about the conditions in her house. She does not fully comprehend the social consequences of living in poverty. This is further confirmed by the fact that she thinks and feels like a princess while the others recognize she is poor. In particular, she does not grasp that her grandmother and mother are hiding something from her and accepts their explanations of who and what she is quite naively. The fact that she thought "we were the same as them" (line 23) shows she really has no grasp of her situation and this again is very typical of many ten-year-olds. Finally, the fact it has not yet sunk in with her that she is different to her classmates, is not Australian is shown by the fact that she does not ask difficult questions and is content with implausible answers. The search for more likely explanations will come later one imagines. For now it reveals that her awareness of life, her family situation and her social position is indeed limited and that of a ten-year-old. *(280 words)*

3. *How to approach the task:*
In answering this question it is expected that you identify the theme behind this story. Therefore it would be important that you recognize the mother as a member of the Stolen Generation. It would be good to explain what is meant in Australian terms by the phrase "Stolen Generation". Why is that such a controversial issue in Australia? What do you know about the political stance taken by Australians in recent times on this issue? The woman here, Sally Morgan, is a woman whose mother has a problem with being an Aborigine and you should investigate this aspect of the extract. Support your statements with evidence from the text if necessary but remember it is your task to comment on the attitude and to relate it the problems of identity in Black America.

The Stolen Generation or 'stolen children' as they are sometimes referred to is a term used to describe those Aboriginal children who were removed from their families by successive Australian governments and church groups under acts of parliament. There has since been a detailed historical examination of this and in 2008 the Australian government issued an apology to all Aboriginal familes who suffered under these laws. This apology was controversial in the sense that major politicians disagreed on it. This was illustrated by the former Prime Minister Howard refusing to apologise for it. In this extract the mother's attitude is very much that of a person who was brought up to feel inferior and to be ashamed of her background. She shows this especially when she invents a background for her daughter. It is very interesting that when the daughter asks "what are we" (line 32) the mother answers this question with one of her own, namely, "What do the kids at school say?" (line 33). In other words she waits to see what the children say before choosing an answer which she feels will help her daughter fit in and avoid her true identity. She is not deciding herself what kind of a family they are but is taking into consideration what Australians think they are and want them to be. "Tell them you're Indian" she says, thus rejecting who and what she is. However, this is not something which only women such as the mother in this Australian tale experience. There are examples of this to be found all over the world. There are Germans who are ashamed of their identity as much as speakers of Irish in Ireland, who reject their language and their past in favour of a more English identity. This is very much a worldwide problem. There are immigrants who forbid their children to use any other language but the language of the land they are in. Each family makes its own choice to a certain extent though one has to say that the pressure they are often under, as in the case of the Stolen Generation in Australia, can be immense. As a rule then, if there is something in a family's history which is painful or considered inferior or shameful, it is often hidden away. One example of a group of people who had similar difficulties are African Americans. Many African Americans grew up with the feeling that there was stigma attached to belonging to their group. It wasn't just the poverty they lived in that caused this but their history in slavery. It has therefore taken a long, long time for African Americans in America to both come to terms with who they are and the history their people have had to put up with. Thanks to programmes such as affirmative action and, prior to that, the civil rights movement and the writings of authors like Langston Hughes *(I, too, am America)* African Americans have forged a new freer identity for themselves. This process has culminated in the election of Barack Obama as president of the United States of America. When we compare Australians of the Stolen Generations with African Americans we see that it is much harder for them to achieve justice and a new identity. This is mainly because they are a smaller group of people with less political and economic power and because Australia is far more off the beaten track than America. The attitude is now different and improved but Aboriginal people in Australia still have someway to go to being treated equally. *(595 words)*

Abiturprüfung Hessen 2010 – Englisch Grundkurs
Vorschlag A – Kombinierte Aufgabe: Ecological awareness/African Americans

Teil A: Aufgabe zur Sprachmittlung

Mehr Mut

Jürgen Schultheis, 20. 09. 2008.

Die Europäische Woche der Mobilität hat in Frankfurt niemanden ge- oder verstört. Sie hat, soviel darf man hoffen, im Einzelfall dazu geführt, über das eigene Mobilitätsverhalten nachzudenken.

Wenigstens das, mag man sagen. Aber reicht das aus angesichts der Herausforderungen, denen wir uns täglich gegenübersehen, wenn Autos im Stau stehen, wenn wir verpestete Luft atmen und den Lärm der Verbrennungsmotoren ertragen müssen?

Nein, bei weitem nicht. Frankfurt hätte deshalb mutiger in diese Woche gehen sollen, hätte beispielsweise, wie in Rom oder Ljubljana geschehen, für einen Tag die Innenstadt sperren sollen für den Autoverkehr. Frankfurt hätte zeigen können, wie angenehm es sein kann, eine Innenstadt ohne Auto zu erleben.

Zu langsam, zu teuer, zu umweltschädlich

Man muss nicht der Fraktion der Öko-Fundamentalisten angehören, wenn man feststellt, dass die Zeit des Autos als Allverkehrsmittel in den Innenstädten abläuft. Zu langsam, zu teuer, zu umweltschädlich – so lautet die Bilanz eines Verkehrsmittels, das wir häufig viel zu unbedacht nutzen und uns dabei ebenso häufig über die angeblichen Vorteile selbst betrügen, was gewonnene Zeit und Bequemlichkeit angeht.

Dazu gehört aber auch das Faktum, dass die gesellschaftlichen Kosten, die der automobile Verkehr verursacht, noch immer nicht internalisiert sind, also der Schaden, der durch das Autofahren entsteht, bislang nur dort gezahlt wird, wo sich der Verkehr ereignet. Um diesen Missstand zu ändern, hat die EU-Kommission in diesem Sommer – weitgehend unbeachtet von der Öffentlichkeit – ein klares Plädoyer für die Maut im Straßenverkehr gehalten – und dabei auch an London erinnert. Denn bislang werden den Nutzern des Straßennetzes „keine wirksamen Anreize zur Nutzung umweltfreundlicherer Fahrzeuge und zur Änderung ihres Mobilitätsverhaltens geboten“, heißt es im EU-Papier.

Darum geht es bei der Woche der Mobilität: Lokale Behörden zu ermutigen, über unterschiedliche Aktionen das alltägliche Mobilitätsverhalten der Bürger zu verändern, um die CO_2-Emissionen zu reduzieren. Man muss daran erinnern, dass 40 Prozent des CO_2-Ausstoßes und 70 Prozent anderer verkehrsbedingter Schadstoffe im städtischen Nahverkehr aus den Auspuffrohren von Autos und Lastwagen kommen. Zudem verbrennen Lkws und Autos fast zwei Drittel des gesamten Ölverbrauchs der EU.

Gute Gründe also, offensiver mit diesem Thema bei der Woche der Mobilität umzugehen. Und wenn der Preis individueller Mobilität aus guten Gründen steigen wird, weil etwa die Maut für Innenstädte eingeführt ist, dann schlägt die Stunde des Umweltverbundes, des Gehens und Radfahrens, die Stunde von Bus und Bahn. Den Nutzen hätten alle davon, auch jene, die über vermeintliche Einschränkungen am Anfang maulen mögen.

www.fr-online.de/frankfurt_und_hessen/meinung/?em_cnt=1597662&em_loc=3289 *(406 Wörter)*

Assignment

Your school is e-twinned with an Australian school in Perth. This year's course project is about various aspects of ecology and includes organizing an ecological-awareness week. To inform your partners about developments in Germany summarize the article from the Frankfurter Rundschau.

Teil B: Verkürzte Textaufgabe

On the Death of Martin Luther King, Jr.

by Robert F. Kennedy[1], April 4, 1968

I have sad news for you, for all of our fellow citizens, and people who love peace all over the world, and that is that Martin Luther King was shot and killed tonight.

Martin Luther King dedicated his life to love and to justice for his fellow human beings, and he died because of that effort.

In this difficult day, in this difficult time for the United States, it is perhaps well to ask what kind of a nation we are and what direction we want to move in. For those of you who are black – considering the evidence there evidently is that there were white people who were responsible – you can be filled with bitterness, with hatred, and with a desire for revenge. We can move in that direction as a country, in great polarization – black people amongst black, white people amongst white, filled with hatred toward one another.

Or we can make an effort, as Martin Luther King did, to understand and to comprehend, and to replace that violence, that stain of bloodshed that has spread across our land, with an effort to understand with compassion and love.

For those of you who are black and are tempted to be filled with hatred and mistrust at the injustice of such an act, against all white people, I can only say that I feel in my own heart the same kind of feeling. I had a member of my family killed, but he was killed by a white man. But we have to make an effort in the United States, we have to make an effort to understand, to go beyond these rather difficult times. […]

What we need in the United States is not division; what we need in the United States is not hatred; what we need in the United States is not violence and lawlessness, but love and wisdom, compassion toward one another, and a feeling of justice toward those who still suffer within our country, whether they be white or black.

So I ask you tonight to return home, to say a prayer for the family of Martin Luther King, that's true, but more importantly to say a prayer for our own country, which all of us love – a prayer for understanding and that compassion of which I spoke.

We can do well in this country. We will have difficult times. We've had difficult times in the past. We will have difficult times in the future. It is not the end of violence; it is not the end of lawlessness; it is not the end of disorder.

But the vast majority of white people and the vast majority of black people in this country want to live together, want to improve the quality of our life, and want justice for all human beings who abide in our land.

Let us dedicate ourselves to what the Greeks wrote so many years ago: to tame the savageness of man and to make gentle the life of this world.

Let us dedicate ourselves to that, and say a prayer for our country and for our people.

Robert F. Kennedy, On the Death of Martin Luther King, Jr., April 4, 1968, *(518 words)*
www.historyplace.com/speeches/rfk-mlk.htm (adapted), retrieved on 3rd of January 2010

1 brother of President John F. Kennedy, who was assassinated in 1963; Robert Kennedy was assassinated in June 1968

Assignments

1. Summarize the text. (30 BE)
2. Analyse the speech, pointing out the historical background and identifying the stylistic means used. (40 BE)
3. Discuss to what extent the principle of non-violence as advocated by Martin Luther King is a viable problem-solving strategy, taking other strategies into account. (30 BE)

In der kombinierten Aufgabe wird die Textaufgabe im Verhältnis zur sprachpraktischen wie 3:1 gewertet.

Lösungsvorschläge

Teaching modules referred to:
In the case of the language exercise the material focuses on the main teaching module Science and technology *(12.1) with particular emphasis on the theme of* ecology. *In the context of the module* Order, vision, change *(13.1) the theme of* models of the future *is also to be taken into consideration. The text is from a German newspaper and has to be summarised. In the case of the exercise on the text the* USA *(12.1) is the focus of attention with particular reference to the theme of* living together.

Teil A: Aufgabe zur Sprachmittlung

For the purposes of this summary you should concentrate on the Mobility Week and in particular on the points of criticisms the author raises concerning the way it was organised and what it failed to do. Your text should be between one third and one quarter of the total word count in length (in this case 100–135 words). There is no need for you to comment in any way on the text.

In this article published by the *Frankfurter Rundschau* in September 2008, the author criticises the failure of the organisers of the European Mobility Week to go on the offensive in Frankfurt and raise the event's profile. Initiative was not shown and ideas such as car free days were never suggested. A great chance was missed to raise public awareness of the negative effects of cars. The Mobility Week aims to provide information about wastefulness and costs of traditional transport, so that local authorities start encouraging changes in people's attitudes towards transport. Considering that motor vehicles use up almost two thirds of Europe's oil and produce nearly half of its CO_2 emissions, the author supports the EU campaign for vehicle charges within cities and argues for the use of public transport and bikes. *(132 words)*

Teil B: Verkürzte Textaufgabe

1. *This question is a question about a political speech, but it is still a summary that is required of you, so you must approach it the way you did the* Sprachmittlung *task. Again you should shorten the text to roughly a third of the text, allowing you to use 170 words to summarise the main points in your own words. Start by introducing the reader to the date and occasion of Kennedy's speech. Concentrate on the link between King's work and the USA, which is a major theme here.*

   In this speech, which was held on April 4th, 1968, Robert F. Kennedy informs everybody that Martin Luther King has been shot and killed.
   He then asks what type of country the USA is and where it is going. He openly says to the black people that they have every reason to be bitter and want vengeance. This is one option, but the USA, he argues, can also move towards love and empathy. He

identifies with their pain by referring to the murder of his own brother, but points out that shedding more blood is not the solution. America can do without separation, violence and crime. Instead, black and white people should follow King's example and strive for love, wisdom and equality. He then continues to say that everyone should pray for King's family and for America at this difficult time, and everyone should try to free themselves from human anger to make life better for blacks and whites and to improve the world we live in. *(169 words)*

2. *In order to properly answer this question you must both refer to the historical context in which the speech was held, as well as provide an analysis of it.*
   Step 1 *Ask yourself a number of questions: what can I say about King and Kennedy? What did we learn in class about these men? What was the USA like at the time? What issues dominated the election of 1968?*
   Step 2 *To analyse the oration again consider a number of things that are quite easy to answer: how does this extract begin? What is the style used at the start, considering he is about to tell the audience a piece of very bad news? You should then analyse the way Kennedy gets his message across: can you identify any stylistic devices in the extract? Ask yourself what devices are most frequently used by political speakers. Are any of these present in this speech? Keep your sentences short and support your statements with some examples from the speech itself.*

The background to this speech is vital to an understanding of its content. Both Kennedy and King were famous politicians in 1968. Kennedy was the younger brother of assassinated President John F. Kennedy. He had been attorney general and was now campaigning for presidency. To this purpose he was travelling the country seeking people's votes on the night King died. Kennedy held the speech in front of an audience that contained many black people for whom King, a civil rights activist, was a hero. King had always advocated non-violence and came to world prominence during the March on Washington. Others, like Malcolm X for example, advocated violent protest if necessary. Relations between blacks and whites were very tense and this was a dangerous situation for Kennedy. He insisted on speaking, however, and held a speech that helped keep America calm.
The speech opens with the bare, matter of fact statement regarding King's death. Kennedy's tone in the opening lines is solemn. This is very appropriate and the repetition "In this difficult day, in this difficult time" (l. 5) reinforces the importance of what he is telling people. When talking about black people's anger he continues to stress what he is saying by acknowledging that they "can be filled with bitterness, with hatred, with a desire for revenge" (ll. 8/9). The sombre tone is also very effective as it automatically allows the audience to share these words rather than just receive them. The speaker then cleverly refers to the loss of his own brother, thus establishing a bond and connection between his own personal loss and the loss that black people have just suffered. Later, Kennedy focuses on social injustice, equality, and national division – all topics relevant to the life of King and Kennedy's own work. Above all he appeals to people's understanding and sense of justice.

He then addresses his audience directly by calling on them to go home and pray. The use of the repetition "we" ("We can do well … we will have … we've had … we will have …") (ll 27/28) as well as the anaphora "It is not the end" (l. 28) unite his listeners around the hope he is offering them, in spite of the often mentioned "difficult times" (l. 5, ll. 27/28). Anaphora and repetition are the devices which Kennedy most frequently uses in the speech, and this continues towards the end with two further examples, "the vast majority" (l. 30) and "Let us dedicate" (ll. 33, 35).
Overall, Kennedy structures his arguments around a rising series of contrasting human emotions. The juxtaposition of hatred and revenge with understanding and love add to the power of the speech. Historians recognise the important role it played in keeping the city quiet on a night when police refused to accompany Kennedy to the event for fear of their lives. The effective use of stylistic devices, the personal touch of the reference to the dead president and the reference to the Greeks give the speech a solemnity, a warmth and a kindness that make it a fitting tribute to Martin Luther King.

(521 words)

3. *A good answer here would briefly explain the options people have when seeking political or social change. Essentially, this issue offers two choices: violence or non-violence. An explanation of Martin Luther King's non-violent strategy would be a good place to start your answer to this question. Step two might be to give examples of other non-violent strategies which brought success, but remember that you have to decide whether non-violence is a viable strategy or not. The final task is to contrast this with its opposite, the option of violent revolt. You might contrast King and Malcolm X in this context. The more examples you can find in history the better. Be generous with the references you make and show that you can think of many examples of violent and non-violent strategies. Ask yourself which strategy is the best; which strategy has been proven better over the years.*

The idea of non-violence is a philosophy and strategy for social or political change which rejects the use of armed struggle and provides an alternative to it. Practitioners of non-violence may use diverse methods in their campaigns for social change, including critical forms of education and persuasion, civil disobedience and direct action via clever use of the mass media.
There have been many examples of politicians and leaders who have used non-violence in modern times. Perhaps the best known are Gandhi and Martin Luther King. Gandhi lead India to independence in 1947 and King won civil rights for African Americans. Gandhi proved against all the odds that non-violence can work. He took on the might of the British Empire and won. However, although he himself died a violent death, his movement was a peaceful one. Likewise, the 1989 Velvet Revolution in Czechoslovakia saw the overthrow of the Communist governments. These victories without firing a shot all show that non-violence is a viable alternative, and that if people are well-organised, they can achieve a great deal peacefully.
It is worth mentioning, however, that sometimes non-violence is seen as insufficient to achieve change from the oppressed group's point of view. If we look at history, we

can find many examples where violence was needed to force the hand of oppressive nations. An alternative approach using violence already existed in the USA in King's era in the form of the teachings of Malcolm X. Many people like him believed that real change could only be brought about using violence. They drew on examples from history to support this idea. It was, for instance, only after the War of Independence in Ireland in 1920 that the British government at last admitted that it was impossible to defeat the IRA, and entered into negotiations with them, which lead in the long run to the establishment of the Irish Republic. Likewise, it is questionable whether the French monarchy, the Russian Tsar or the Shah of Iran would ever have been removed had their enemies not resorted to violence.

Violent campaigns do lead to change, often quickly. This makes them attractive. The question is not really whether the use of non-violence is a viable alternative – we know it can succeed. The crucial question is whether or not the end justifies the means. As the Irish parliamentarian and constitutionalist Daniel O'Connell said, "The freedom of Ireland is not worth the spilling of a single drop of blood." Not everybody holds this view, of course, and often people are not prepared to wait for peaceful change, which is why revolutions occur so frequently.

Finally, the ANC in South Africa provides us with one of the most interesting examples. Although the ANC did use violence of one sort or another, it mixed peaceful protest with sporadic violence to achieve its goals and, in fact, was far more successful with the non-violent approach when it came to ending white rule in South Africa. To conclude then, I feel that such an approach is perhaps the wisest; use non-violent methods but have a strong hand in the background should everything else fail.

(520 words)

The Metro-Centre at Brooklands[1]

In J. G. Ballard's novel "Kingdom Come" the protagonist Richard Pearson, an unemployed advertising executive, has travelled to Brooklands to speak with Geoffrey Fairfax, his father's solicitor.

Beyond the leafy square and a modest town hall was the illuminated shell of the Metro-Centre. […]

The interior of the dome glowed like a reactor core. […]

'You may not know that the place is open twenty-four hours a day. […] Can I ask you what business you're in? Your father didn't tell me.'

'Advertising. I'm thinking of a career change.'

'Thank God for that. Still, you're probably sympathetic to these so-called supermalls. But enjoy the luxury of not living here.'

'You make it sound like hell.'

'It is hell …' Fairfax hunched over a whisky decanter and replaced the stopper, a signal that our appointment was over. When I stood up, he turned aggressively to face me, as if about to knock me to the floor. A confused pride made him struggle with his words.

'You're from London, Mr Pearson. It's a huge flea market and always has been. Cheap goods and cheaper dreams. Here in Brooklands we had a real community, not just a population of cash tills. Now it's gone, vanished overnight when that money-factory opened. We're swamped by outsiders, thousands of them with nothing larger on their minds than the next bargain sale. For them, Brooklands is little more than a car park. Our schools are plagued by truancy[2], hundreds of children haunting the Metro-Centre every day. The one hospital which should be caring for local residents is overwhelmed by driving accidents caused by visitors. Never fall ill near the M25[3]. Evening classes were popular here – conversational French, local history, contract bridge[4]. They've all closed. People prefer to stroll around the mall. No one attends church. Why bother? They find spiritual fulfilment at the New Age[5] centre, first left after the burger bar. We had a dozen societies and clubs – music, amateur dramatics, archaeology. They shut down long ago. Charities, political parties? No one turns up. At Christmas the Metro-Centre hires a fleet of motorized Santas. They cruise the streets, blaring out tapes of Disney carols. Checkout girls[6] dressed up as Tinkerbell[7] flashing their thighs. A Panzer army putting on its cutest show …'

'It all sounds terrible.' I was thinking about the quickest route back to London. 'Rather like the rest of England. Does it matter?'

'It matters!' Fairfax stepped around his desk, opened a glass cabinet behind the curtains and drew out a shotgun. Expertly, he snapped the breech, checking whether it was loaded. His face flashed with more than rage, a deep tribal loathing of the people of the plain who had settled around him. 'It matters …'

'Mr Fairfax …' I felt sorry for him, still holding his red flag in front of the first motor vehicle, but I needed to leave. 'Can we call a taxi – I have to get back to my car.'

'Your car?' Fairfax waved this aside. He lowered his voice as if the shadows in the deserted square might hear him. 'Look around you, Mr Pearson. We are facing a new kind of man and woman – narrow-eyed, passive, clutching their store cards. They believe anything that people like you care to tell them. They want to be tricked, they want to be deluded into buying the latest rubbish. They've been educated by TV commercials. They know the only things with any value are those they can put in a carrier bag. This is a plague area, Mr Pearson. A plague called consumerism.'

Still carrying the shotgun, he remembered that I was waiting by the door. He paused, mentally ticking off the last bead in his rosary, then led me into the corridor. The offices were empty, but voices came from a conference room across the hall.

'A plague area,' I repeated. 'Can I ask what the cure is? I take it you plan to fight back?'

'Believe me, yes. We'll fight back, I can assure you, we've already started …'

J. G. Ballard: Kingdom Come, Fourth Estate, HarperCollins 2006, pp. 32/33 *(644 words)*

1 a town close to London
2 unauthorized absence from school
3 motorway 25
4 card game
5 modern-day "lifestyle-religion"
6 cashiers
7 a fairy in Walt Disney's productions

Assignments

1. Point out the characteristics of the "new kind of man and woman" (ll. 39/40) and describe their consequences on people's lives. (30 BE)
2. Relate the passage to a text/to texts read in class dealing with utopian/ dystopian societies. (40 BE)
3. A group of English and American investors wants to build a super-mall near your hometown. They meet with a lot of local opposition, but you think that the project is a brilliant idea and beneficial to your community. Write a formal letter to them, assuring them of your support. (30 BE)

Lösungsvorschläge

Teaching modules referred to:
The text and tasks set here relate to the main teaching module The United Kingdom *(12.2) with particular emphasis on the themes of* social structures *and* social change. *The text content also relates to the module* Order, vision, change *(13.1.), considering the theme of* models of the future *in particular.*

1. *This question is divided into two parts: first, you have to find the characteristics and then say how these have influenced people's lives.*
   Step 1 *You should read the text, underlining any relevant points as you go. Look for adjectives or single pieces of information that will help you form a picture of such people. Then use your own words to describe these people. If you quote directly from the text do so sparingly.*
   Step 2 *To consider how these characteristics have had an influence on people's lives ask yourself what changes the text refers to. Compile a few notes that allow you to get your evidence together. Again try and write your answer in your own words as far as possible.*

   Fairfax goes into some detail on these new people. He makes it very clear that they are to be seen as consumers interested in a good bargain. In fact consumerism lies at the very heart of their existence. People play music loudly in their cars and are not well-educated. They prefer going shopping to going to church services or evening classes. Any education they do get is received from commercials on TV rather than in school. They are in fact very superficial people who are gullible and naïve. They have little interest in things that are worthwhile.
   The consequences of this are enormous for people's lives. The city is flooded by visitors of the mall who see the city as a car park only and cause accidents so that the hospital is overflowing. Education and culture are of little value and children skip school to go to the Metro-Centre. Once upon a time there were many evening classes for people to attend – these are now gone. One never finds things like drama groups at local level anymore. Religion has practically no value for people any longer, and charity organisations and political meetings find it hard to get people interested in helping. These new people are only interested in selfish pursuits like having a good time and going shopping, so that nowadays society has suffered and the quality of life one once had is gone. *(234 words)*

2. *It is perhaps a good idea to define the terms before you begin. Having done that you may begin to relate the text to other material you have read. Before you start writing anything, you should make a list of novels, short stories, articles or poems which you dealt with in class and which you may be able to refer to in the course of your answer. The more examples you have the better. Keep your sentences short; devise a structure for your answer. You may, for instance, like to choose to write your answer point by point and support each argument with other literary texts. You can also*

structure your arguments according to the literary texts you want to mention. This means you deal with one literary example in detail, mentioning all the relevant points that relate it to the issue of utopia or dystopia, and then move on to the next literary example. Regardless of which approach you decide on, it is important to relate everything you say to the text in question and the other literary examples you choose.

A dystopia is the opposite of a utopia, a concept Thomas More came up with, and contains a vision of the world which is entirely depressing and gloomy. Dystopias are negative and undesirable societies characterised by circumstances such as repressive forces, constant terror and violence, or lack of personal freedom. Margaret Atwood's *Oryx and Crake* is a good example of the type of society we are talking about when we speak of a dystopian society. A utopia on the other hand is an ideal place or state. The text we have here from J. G. Ballard's novel *Kingdom Come* is certainly not a description of a utopia. Fairfax talks aggressively about a world which is not the way he wants it to be. Consumerism has taken over, and culture, education and creativity have lost out. People are more interested in the contents of a carrier bag than in a book or library. This is a highly depressing, stark and startling picture and one which shows a society in a sort of meltdown. People have lost their way, and like in Atwood's *Oryx and Crake*, education and its failure are aspects at the heart of this dystopian work. Although this is of course depressing, it is in no way as dark a picture as one gets in a book we read from called *In the Country of Last Things* by Paul Auster. The novel is written in the form of a letter from a young woman named Anna Blume to a childhood friend. Anna has travelled into a city that has collapsed into chaos and disorder. In this bleak environment there is no work going on and most of the population search through garbage for things to use or sell. Governments are no longer stable and life is close to total breakdown. When one compares Ballard's extract it seems far less dark a society than Auster's. In fact, the extract is simply describing western society as we know it, which could hardly be termed dystopian.

Likewise, the picture one gets in another book we read, Kazuo Ishiguro's *Never Let Me Go,* is far bleaker than in Ballard's, though there are certain similarities. Once again society is depressed, people are not as important as they were and they are not interested in former values either. The difference in *Never Let Me Go,* however, is that the story takes place in a dystopian Britain which allows cloning of humans to provide donor organs for transplants. In that sense then, both works we read which bear similarities to this extract, do so at a superficial level. The theme of the extract by Ballard is basically the evils of consumerism and unemployment. In the works cited so far, problems and issues are far more serious and on a more serious moral plane. In some ways this extract here has more in common with Ray Bradbury's *Fahrenheit 451* than any other novel I have read, because education, books and the perilous situation literature finds itself in lie at the heart of Bradbury's work, and from what I can judge from this extract that is also a major aspect in Ballard's.

(524 words)

3. *For this letter you must keep the formal aspects of letter-writing in mind and put forward your points of view regarding the plan at the same time. Before you start lay out your main ideas in the form of short notes. Consider for a moment why such a project would be good for your own town and then use these ideas in the letter. You must also make sure that the investors know they can count on you and it would be a good idea to mention how you will support them. Be positive in tone and ask yourself what you would like to hear if you were one of the investors. Phrase such as "let me assure you" or "I want you to know you can rely on" are useful here. Do not forget to address the person you are writing to and sign off properly.*

Dear Mr Johnson,
It was a great pleasure to meet you recently during your trip to our town. The idea that you have put forward for the shopping centre has certainly caught people's attention. The presence of environmental and other local groups was, I hope, not too upsetting. Their opposition to your idea is difficult to understand and rather narrow-minded, so I am writing to you to express my firm support for the project. Not only do I see it as a unique chance for our town to progress into the 21st century, but it is also something we badly need.
As you will have already seen we have no main shopping area but must go from small shop to smaller shop doing our daily shopping. That has a certain charm, of course, but does not make shopping faster or cheaper. Your idea would also have other positive effects for our community. The construction industry has suffered greatly in the past two years of economic downturn, and we were thrilled to hear of your intention to use local workers in the building of the mall. This would lower our unemployment rate. Likewise, I feel that this mall would attract customers from smaller towns in our area, and make us a more attractive tourist centre as well. Furthermore, your development plan would rejuvenate an area affected by years of town planning slumber. Our local officials in the past were not very imaginative as to what could be done.
As a town councillor I can assure you I would gladly work with and support you every step of the way, presuming the project goes ahead. It is vital that we attract investors, and you certainly made a good impression on me. The fact that the development plan includes road and freeway realignments, as well as the creation of banking and retail facilities makes great sense. I think we would all benefit from this plan, and I know that many people in town agree with me. Let me conclude by repeating my offer to work with you. Please do not hesitate to get in touch with me if you feel I can be of help.

Yours sincerely
John O'Connor

(366 words)

White House address on cloning, April 10, 2002

by President George W. Bush

We live in a time of tremendous medical progress. A little more than a year ago, scientists first cracked the human genetic code – one of the most important advances in scientific history. Already, scientists are developing new diagnostic tools so that each of us can know our risk of disease and act to prevent them.

One day soon, precise therapies will be custom-made for our own genetic makeup. We're on the threshold of historic breakthroughs against AIDS and Alzheimer's disease and cancer and diabetes and heart disease and Parkinson's disease. And that's incredibly positive.

Our age may be known to history as the age of genetic medicine, a time when many of the most feared illnesses were overcome.

Our age must also be defined by the care and restraint and responsibility with which we take up these new scientific powers.

Advances in biomedical technology must never come at the expense of human conscience. As we seek what is possible, we must always ask what is right, and we must not forget that even the most noble ends do not justify any means.

Science has set before us decisions of immense consequence. We can pursue medical research with a clear sense of moral purpose or we can travel without an ethical compass into a world we could live to regret. Science now presses forward the issue of human cloning. How we answer the question of human cloning will place us on one path or the other. […]

Human cloning is deeply troubling to me, and to most Americans. Life is a creation, not a commodity. Our children are gifts to be loved and protected, not products to be designed and manufactured. Allowing cloning would be taking a significant step toward a society in which human beings are grown for spare body parts, and children are engineered to custom specifications; and that's not acceptable.

In the current debate over human cloning, two terms are being used: reproductive cloning and research cloning. Reproductive cloning involves creating a cloned embryo and implanting it into a woman with the goal of creating a child. Fortunately, nearly every American agrees that this practice should be banned. Research cloning, on the other hand, involves the creation of cloned human embryos which are then destroyed to derive stem cells.

I believe all human cloning is wrong, and both forms of cloning ought to be banned, for the following reasons. First, anything other than a total ban on human cloning would be unethical. Research cloning would contradict the most fundamental principle of medical ethics, that no human life should be exploited or extinguished for the benefit of another.

Yet a law permitting research cloning, while forbidding the birth of a cloned child, would require the destruction of nascent human life. Secondly, anything other than a total ban on human cloning would be virtually impossible to enforce. Cloned human embryos created for research would be widely available in laboratories and embryo farms. Once cloned embryos were available, implantation would take place. Even the tightest regulations and strict policing would not prevent or detect the birth of cloned babies.

Third, the benefits of research cloning are highly speculative. Advocates of research cloning argue that stem cells obtained from cloned embryos would be injected into a genetically identical individual without risk of tissue rejection[1]. But there is evidence, based on animal studies, that cells derived from cloned embryos may indeed be rejected.

I stand firm in my opposition to human cloning. And at the same time, we will pursue other promising and ethical ways to relieve suffering through biotechnology. […]

We can make the world more peaceful, we can become a more compassionate nation. We can push the limits of medical science. I truly believe that we're going to bring hope and healing to countless lives across the country. And as we do, I will insist that we always maintain the highest of ethical standards. *(652 words)*

http://www.lifeissues.org/cloningstemcell/bush.html [retrieved on 17/8/2008]

1 Abstoßungsreaktion

Assignments

1. Summarize the text. (30 BE)
2. Compare Bush's attitude towards human cloning with attitudes towards progress in technology and in the natural sciences dealt with in class. (40 BE)
3. "Our age must also be defined by the care and restraint and responsibility with which we take up these new scientific powers." (ll. 11/12)
   Comment on Bush's statement in the light of business interests involved. (30 BE)

Lösungsvorschläge

Teaching modules referred to:
The tasks relate to the main teaching module Order, vision, change *(13.1) with particular reference to the theme* progress in the natural sciences. *The text content also refers to the module* Work and industrialisation *(12.2) with particular stress on themes such as* business, industry and the environment.

1. *Remember to create an introductory sentence that includes the name of the author, the title and the publication date. State what you think is the underlying theme of the extract and then concentrate on the important points. Omit whatever you think is not crucial to your summary. Keep in mind that this text is mainly about medical progress and the specific issue of human cloning. Therefore, your summary should refer to medical breakthroughs, Bush's doubts and the alternative he offers. Use your own words, use the present tense and avoid quotations.*

   In this speech held at the White House in April 2002, George W. Bush talks about the benefits and risks of human cloning. He opens by referring to the discovery of the human genetic code, a breakthrough in medicine which will help in stopping diseases such as Aids. He is, however, deeply troubled by the issue of human cloning. It is a matter of conscience and in this area of science, care and responsibility must be taken. He bluntly states that no matter how good the intended result is, you cannot use any means you like to achieve it. He thinks human cloning is not acceptable either for reproductive or for research purposes. Apart from ethical reasons he points out the difficulty of controlling such experiments, and reinforces his point by saying that the advantages of research cloning are not at all certain. As an alternative he says that biotechnology offers a different and more morally acceptable route. He is happy to push science to the very limit in the hope of breakthroughs, but in order to make the world a peaceful place, proper standards must be adhered to. *(189 words)*

2. *In this question you must first of all ask yourself what exactly George Bush's attitude to cloning is. Is he in favour or against? Having answered the first question you should now know this. Only when you are clear about the exact details of his opinion can you compare it to other attitudes you have learnt about. Summarise his attitude in note form before you write anything. Then, think of examples of different or similar attitudes you know of from other fields of study and human endeavour. Select the ones you know the most about and gather details. Then write your comparison.*

   In this text George W. Bush makes his stance on human cloning very obvious. He is worried that scientists might use any means available in order to achieve their goals and disregard questions of conscience, morality, care and responsibility. Even though medical breakthroughs are worthwhile, he thinks that human cloning for reproductive or research purposes is inacceptable. He also says that the advantages of research cloning are not at all clear at this stage in history. This viewpoint seems to be very

conservative and religious in certain respects. It is almost as if he is afraid of science and technical progress. He stresses its darker side more than the advantages it offers.
In science and in English lessons, we read about the many advantages cloning may bring mankind. These include solutions to infertility, providing organs for transplantation, providing treatments for a variety of diseases, enabling genetic modification/engineering, increasing the healthiness of infants and, finally, finding better treatment for genetic diseases.
In general, Bush follows a far more conservative approach, and in expressing this he places himself opposite some of the greatest inventors, researchers and scientists of the modern era. There is no doubt that we should question things, but when looking at current debates in the press, it becomes clear that cloning is a technique that will not be given up easily and should be used for the benefit of man. Not only newspaper articles we read in class, but also films we saw such as *I, Robot* stressed these technological and scientific possibilities and gains.
To conclude, then, these comparisons show that Bush's attitude is out of step with the progress being made today. My reading and lessons I have attended have taught me what cloning can do and what possibilities it offers for healing sick people. The scientific community seems to agree that Bush is behind the times. As a politician who can channel funds into projects, it would be good if Bush could enable further research into cloning. *(332 words)*

3. *Apart from a good style of writing, the most important aspect of this task will be how many good arguments you can find. Begin by considering possible business interests. What would investors gain from cloning? Think of big business nowadays. In what medical or scientific fields is there a lot of money to be made? Do such issues matter at all? Draw up a list of ideas and select the best ones. Work your way through them as you write the answer. Keep your sentences short, stick to the point and try and have a conclusion that rounds off your essay.*

As the saying goes, "there are always two sides to the story," and it should not surprise us if the business world positions itself opposite those calling for restraint in the area of cloning, people like George W. Bush. I find his statement very hypocritical though.
In the days after Bush's election to the White House in 2002, the share prices and values of oil, cigarette and alcohol companies in America soared. This fact alone should tell us that Bush had links to all the wrong sorts of industries in America. It is very likely that lobby groups petitioned him for favours and in return subscribed to the Republican Party. The fact that the war in Iraq went on for so long also seems to me to suggest that Bush was supporting weapons manufacturers and the military.
I have no proof for all of this, of course, but if only a fraction of what I read in the newspapers is true, then I cannot understand why Bush's statement should trouble us in the slightest. What does it matter if business interests get involved in cloning? They are already massively involved in medicine and science. Think for a moment of the pharmaceutical companies. Such companies make a fortune thanks to their prod-

ucts, which are all set out to cure illness. Certainly there are rogues among them, but they also do good work. Would it really make a difference if companies got involved in cloning? I know we have all heard the scary stories about creating a whole world of clones and the threat to man of doing this, but to be frank, I do not really buy this argument. I think cloning would not be any different to what we have already experienced. If government places the right regulations in the field of cloning and checks that the laws are being followed, then I see no problem.

I do accept, however, that we need to keep an eye on things and make sure that companies do not go outside the law for profit but act responsibly. There are always scientists who are prepared to do anything for science and businessmen who want to make fast money, but that is something that we already have to restrain in many walks of life, so it would be nothing new for government agencies. They already have experience in monitoring big business. If that is done, I cannot see why this area of scientific research should be any different to those we already know. As far as I am concerned, we need to see Bush's statement rather as an example of his playing to the conservative voters of America than anything else. After all, he was a politician and a US president, and few politicians or US presidents can be trusted.

(466 words)

Abiturprüfung Hessen 2010 – Englisch Leistungskurs
Vorschlag A – Immigration

The Immigration Problem

by Philip Greenspan, September 24, 2007

From colonial days and for hundreds of years thereafter, labor was desperately craved in North America. Immigrants who could work were wanted and needed. Slaves taken from foreign lands brought handsome prices. The doors of the U.S. remained wide open into the twentieth century. In 1883, long after the land had been settled, Emma Lazarus' famous poem encouraging immigration remained timely.

Give me your tired, your poor,
Your huddled[1] masses yearning[2] to breathe free [...][3]

That compassionate welcoming message that greeted the lowly immigrants will be replaced with a "Keep Out" sign if the sizable numbers of protectionists have their way. Although immigration to the U.S. was promoted for a long time, immigrants have always been rejected by those already established in the country – *former immigrants themselves, or descendants of immigrants.* It is sad that ethnic groups that suffered as immigrants would, upon social acceptance, become conservative and prejudiced against new arrivals.

Every month my wife and I drive over fifty miles to attend a meeting of the Caribbean and Latin American Support Project (CLASP) where a lecture on some country or issue that affects our neighbors to the south is presented. In September, the topic was the undocumented immigrants. Omar Henriquez, a strong advocate for fair treatment of those unfortunate individuals, passionately addressed the issue. He has travelled their agonizing road, having arrived in the U.S. from El Salvador with his family over thirty-five years ago. His forceful presentation of facts and arguments captivated most of those who attended and led to an interesting discussion.

Survival, yes, survival! That's why they become immigrants. Leaving his homeland, a country in which he and his ancestors lived for perhaps hundreds of years, is a very emotionally painful but extremely necessary decision. Harsh economic and/or political conditions force him to take up residence in a foreign land where he knows he is not wanted. He is demeaned, shunned, abused, and must live clandestinely so that he is not discovered by the authorities who will return him to the hell he fled. Jobs no one else will consider – jobs that are dirty, dangerous, and difficult – are jobs he must take to earn substandard wages so that he can send some meagre savings to his destitute wife and children back home.

Extremely depressing is how he is designated – "illegal." An ILLEGAL alien! "ILLEGAL"? Can a human being be illegal? The term implies a non-entity, an untermensch without any rights!

Because his very survival is at stake no legislation, walls, or other impediments will prevent the resolute immigrant from breaching its borders. He leaves his homeland where he is unable to make a living and seeks out one where he can. Why can he no longer make a living in his own country? Because globalization – NAFTA[4], CAFTA[5], SHMAFTA[6], and all the other globalization schemes that the U.S. has conjured up and forced onto many Latin American countries – have pauperized the peasants who had been able to eke out a living before the Gringos' subsidized agricultural products undercut his prices. Yes, the U.S. caused the problem. Why shouldn't the U.S. be targeted for relief? Resolve the immigrants' survival fears and the immigration problems should be alleviated.

Immigrants have much to contribute to American society. Treat them fairly, grant them rights, and they are extremely grateful. Upon acquiring the brass ring, citizenship, they become loyal, obedient, hard-working citizens. Many have joined the military to show their devotion to the U.S. with hopes of gaining that citizenship. José Gutierrez, the first GI killed in the Iraq War, entered the country illegally when he was 14 years old. Army Private Armando Soriano, 20, who died fighting in Haditha, Iraq, is now buried in Houston, Texas, his hometown, where his parents, undocumented workers from Mexico, are currently living. Three years after his death his father is facing deportation. Official statistics show that more than 68,000 foreign-born individuals are serving in the military forces of the U.S. Figures from the National Center for Immigration Law show that one in 10 US soldiers who have died in Iraq were immigrants. Five percent of those serving are illegal immigrants who joined with false papers. *(691 words)*

1 zusammengepfercht
2 sich sehnen
3 lines engraved on the Statue of Liberty (from a poem by Emma Lazarus)
4 NAFTA – North American Free Trade Agreement
5 CAFTA – Central American Free Trade Agreement
6 SHMAFTA – acronym, ironic on NAFTA and CAFTA

Assignments

1. Summarize the text. (30 BE)
2. Point out the stylistic means used by Greenspan and analyse their function. (40 BE)
3. Greenspan claims that immigrants "have much to contribute to American society" (l. 45).
   Discuss to what extent this is also true for British society. (30 BE)

Lösungsvorschläge

Teaching Modules referred to:
The text relates to the theme of the USA *with particular reference to* The American Dream *(12.1). The tasks also tie in with a number of other themes often dealt with in class such as the* United Kingdom *(12.2), especially* social structures *and* social change.

1. *Focus on the main points. What is the text about? What are the vital points you have to include? For this summary you should write between 175 and 230 words.*

   In this article, which was published in an internet journal in September 2007, the author Philip Greenspan discusses the issue of immigration in the U.S.
   He starts by mentioning that immigrants have always been needed as workers in the USA and that from the time of the first slaves to the 20th century they were welcome there. Nowadays, however, there are those who would prefer to tell them to stay away instead of welcoming them. In addition, former immigrants, now socially accepted and established, often show bias against new arrivals. At a lecture recently, listening to a former illegal immigrant tell his story, the author was able to learn more about immigrants and their situation. Globalisation and free trade regulations make these people leave their homeland to find work elsewhere, but they are abused, insulted, treated terribly and forced to live a secret, hidden life in their new land. To be able to send money home to their families they do all sorts of work that local people refuse to do. Termed illegal, many of them are treated as second-class citizens. Nevertheless, immigrants are usually positive and grateful towards their new land. They are loyal to America and contribute their share to society in exchange for being respected. Hoping to be granted citizenship, many of them join the army and die for their new country. *(225 words)*

2. *Go through the text and study the language used very carefully. If you find an example of a stylistic device, you should underline it and write the word in question e. g. metaphor, alliteration beside it. Continue doing this throughout the text. When you have finished, ask yourself which of these are the most important for your answer and what use does the author make of the devices. It may also be of help to define one or two of your devices to show your knowledge on this.*

   In this text the author uses a wide range of stylistic means to support his critical point of view. Apart from typical features like metaphors ("The doors of the U.S. remained wide open", l. 3), these include the frequent use of rhetorical questions, e. g. "Can a human being be illegal?" (l. 33), and this is followed by "Why can he no longer make a living in his own country?" (ll. 37/38). Further on we find the question "Why shouldn't the U.S. be targeted for relief?" (ll. 42/43). The use of these questions is designed to get the reader thinking about the issues raised here. It does this successfully while also making the text more lively and interesting to read. This is supported by punctuation and the types of script he uses, for example the capital letters in

"ILLEGAL" (ll. 32/33). On one occasion he goes so far as to shout the words "Survival, yes, survival!" (l. 23) at the reader to indicate what it is that drives people to immigrate. His play on words does this also. NAFTA, CAFTA, SHMAFTA (ll. 38/39) all go together one after the other and would be quite funny if it was not somewhat sad.

As is often the case in such articles, alliteration is a device used by the author to stress the point he is making. Alliteration refers to the repetition of initial sounds, usually consonants, within sentences or lines of poetry or fiction. Examples include "dirty, dangerous, difficult" (l. 29), "breaching its borders" (l. 36) and "pauperized the peasants" (l. 40). All three examples emphasise the importance and significance of what is being referred to. Sometimes Greenspan runs adjectives together or uses them in a short space of text to achieve the same effect, e. g. "substandard [...] meagre [...] destitute" (l. 30). In general his use of adjectives is very skilful. The manner in which, after describing the jobs the immigrant does as "dirty, dangerous and difficult" (l. 29), he goes on to refer to the immigrant's wife and children as "destitute" (l. 30) is quite convincing.

At the start of the text, Greenspan quotes from a poem by Emma Lazarus, which is very apt considering the theme of the essay. This quotation is partly an emotional appeal to the reader who is asked to recall the time when immigrants truly were welcome in America. This emotional side to the author's relationship with the reader is further reinforced by the use of personal stories. Therefore we are told of a trip he makes with his wife and of people he meets. These stories show us how difficult the position of immigrants sometimes is. The use of very negative vocabulary (e. g. "alien", "non-entity", "untermensch", ll. 32–34) and the use of hyperboles like "extremely depressing" (l. 32) or "his very survival" (l. 35) are other means of showing this. Greenspan adds to this with the very effective, climactic "He is demeaned, shunned, abused" (l. 27).

A final device worth mentioning is the manner in which Greenspan coldly and calmly appeals to the reader's sense of judgement and rationale. This is particularly the case at the end, where statistics are used to show how many illegal immigrants die fighting for their country. This is the author's final shot in a well-written article that sets out to convince the reader of the worth and value of immigrants to the USA.

(575 words)

3. ***Step 1*** *Ask yourself if there is any quotation or statistic you know of which you could use to start or finish your essay.*
Step 2 *Write down all the main points you wish to include in your answer. If you agree with Greenspan, then you need to make a list of all the positive contributions that foreigners make to British society. How do they help? What jobs do they do? What skills do they bring with them?*
Step 3 *Write your discussion. Make sure you have a good opening sentence. This sentence might be a direct statement of disagreement or agreement with Greenspan, or alternatively a simple introduction in which you do not reveal your opinion. When you conclued, be sure to make clear what your own personal stance on this matter is.*

In my opinion, there is little doubt that immigrants, like most British citizens, contribute greatly to British society today and will continue to do so. As we know, large numbers of people living in Britain have come from India, Pakistan, Ireland, Eastern Europe, Africa or the Caribbean. In this essay it will not be possible to refer to all these groups, so immigrants from Africa will serve as an example.

First of all, like all other groups in employment, African immigrants in Britain pay taxes, and in doing so pay towards the upkeep of British society. Africans contribute in the form of their work and also their culture, e. g. their own music, cultural activities, art forms and so on. In many parts of London, to take one city as an example, Africans have opened up their own businesses. These businesses range from restaurants to small retail and distribution businesses. Through their business activities Africans are supporting and encouraging trade between the UK and African countries. This is a positive contribution to the UK economy and increases its overall output.

Secondly, Africans, like all other immigrants in Britain, are often found working in Health and Social Care, as well as in the Medical Professions. These range from top consultants and specialists in the various hospitals to nurses and auxiliary workers in the health and medical field. Immigrants often fill employment gaps that many British citizens do not want to work in. These are very hard jobs, poorly paid, and without immigrants such as the Polish or the people from African countries this work would not be done.

Thirdly, many of Britain's most famous writers, sportsmen, TV celebrities and musicians are immigrants or come from an immigrant background. It is to be expected and to be hoped that the immigrant population continues to supply Britain with such talent as the likes of Andrea Levy, Kelly Holmes, Terry Wogan or Lenny Henry. This makes Britain a country of great variety, which it would not be if everyone was white and only English. Plus, as the saying goes, variety is the spice of life!

It is not just in the area of doing poorly-paid jobs that immigrants can contribute to British society. In the future I believe we will see more and more immigrants and the children of immigrants on TV, lecturing in universities, involved in banking and other well-paid jobs. Likewise, as travel becomes easier and easier, we can expect closer connections between countries, so that immigrants to a land such as Britain may, in fact, end up bringing schools and other institutions in different countries closer together. That would be a great achievement, and immigrants are best suited to help with accomplishing it.

Finally, I would like to conclude by pointing out that we are now starting to have Black, Muslim, Irish, Scottish, German and Caribbean people, to mention just a few, working as politicians in the British House of Commons. At some stage this influence will increase and we will see even greater and more significant contributions from members of these and other immigrant families and communities. I could even imagine a day when the Prime Minister might be Black, Turkish or Asian. Hopefully, the immigrant contribution will continue to grow and make Britain a healthier and stronger place. *(549 words)*

Teil A: Aufgabe zur Sprachmittlung

„Einen Gefährten auf Augenhöhe finden"

Der Soziologieprofessor Hans-Peter Blossfeld erklärt, warum sich mehr denn je Gleich zu Gleich gesellt.

FOCUS: Warum spielt bei der Partnerwahl das Sozialprestige eine so große Rolle?

BLOSSFELD: Sozialprestige meint ja nicht viel anderes als Einkommen und Berufsposition. Und diese beiden Kriterien waren bei der Partnerwahl immer ausschlaggebend. In der traditionellen Ehe war ein Mann gefragt, der die Rolle des Ernährers[1] ausfüllen konnte. Die Ausbildung und berufliche Stellung der Frau, die für Kinder und Haushalt verantwortlich war, spielte eine untergeordnete Rolle. Der Mann legte zwar Wert auf ein gewisses Bildungsniveau bei seiner Partnerin, andererseits sollte sie nicht allzu erwerbsorientiert sein.

FOCUS: Das hat sich nun allerdings geändert.

BLOSSFELD: Ja, denn in dem Maße, wie die Frauen durch die Bildungsexpansion zunehmend erwerbstätig werden und zum Familieneinkommen beitragen, erwarten auch junge Männer Partnerinnen, die gute berufliche Perspektiven mitbringen. [...]

FOCUS: Warum sind es aber ganz besonders die Frauen, die nicht bereit sind, „nach unten" zu heiraten?

BLOSSFELD: Das ist tatsächlich ein überraschendes Phänomen. Denn obwohl der Mann in vielen Familien und Partnerschaften als Alleinernährer ausgedient hat, erwarten Frauen nach wie vor einen Partner, der diese Funktion voll übernehmen kann. Dass sie trotz wachsender Unabhängigkeit nicht zunehmend bereit sind, jemanden von niedrigerem sozialem Rang zu wählen, weist darauf hin, dass die traditionellen Normen im Verborgenen weiterwirken. [...]

FOCUS: Der Traumpartner von heute definiert sich über seine solide Stellung in der Gesellschaft?

BLOSSFELD: Das Hauptanliegen besteht darin, einen Gefährten auf Augenhöhe zu finden, der wenig vom eigenen sozialen Status oder Bildungsniveau abweicht. Es lässt sich eine starke Tendenz zur Homogamie feststellen, also zur Heirat unter Gleichgesinnten und Gleichgestellten. Wer nämlich seine Wahl gemäß der alten Binsenweisheit „Gleich und Gleich gesellt sich gern" trifft, genießt entscheidende Vorteile.

FOCUS: Welche sind das?

BLOSSFELD: Alles, was Paare im Alltag abzuarbeiten haben, braucht nicht langwierig diskutiert zu werden, das Miteinander funktioniert reibungsärmer, die Interessen sind ähnlicher. Unterschiede dagegen verursachen Konflikte, kosten Anstrengungen.

FOCUS: Die Risikofreudigkeit bei der Partnerwahl schwindet also?

BLOSSFELD: Der große Trend weist eindeutig in eine einzige Richtung: Die individuellen Merkmale der Partner stimmen immer mehr überein. Diese Entwicklung hat drei

Hauptursachen. Erstens: Mehr Übereinstimmung verspricht auch bessere Übereinkunft. Zweitens: Weil das Geschlechterverhältnis auf Gymnasien, Universitäten und Fachhochschulen über die Jahre immer ausgeglichener wurde, finden sozial Gleichgestellte auch immer leichter zusammen. Früher warteten die Mädchen aus gutem Hause vor der Uni und versuchten, einen properen Studenten abzupassen. Heute brauchen sie das nicht mehr. Sie sitzen ja längst mit im Hörsaal. Die Bildungsanstalten fungieren als Heiratsmarkt. Und auch Freizeitaktivitäten wie Vereinszugehörigkeiten und Barbesuche finden ja in ihrem nahen Umfeld statt. Studenten besuchen kaum Arbeiterkneipen, was auch umgekehrt gilt. Also bleibt man unter sich. Drittens: Seit Frauen zunehmend erwerbstätig werden und zum finanziellen Gedeihen der Familie beitragen, wählen sich auch erfolgreiche Männer gern diejenigen unter ihnen aus, die besonders rosige Berufsaussichten haben. Also die am besten Ausgebildeten.

FOCUS: Männer erwarten also eine emanzipierte, unabhängige Partnerin?

BLOSSFELD: Nein, nicht unbedingt. Denn sobald das erste Kind kommt, fällt das ganze fortschrittliche System in sich zusammen und zurück in die traditionelle Arbeitsteilung. […] Die Elternzeit wird als großer Erfolg gefeiert, aber tatsächlich sind es ja doch nur zehn Prozent der Männer, die die Berufspause in Anspruch nehmen.

Focus 19/2008 (5. Mai 2008), S. 112 f. Interviewer: Sven F. Goergens. *(507 Wörter)*

1 breadwinner

Hans-Peter Blossfeld, Professor für Soziologie, Universität Bamberg

Assignment

You are participating in a project on the development of marriage in the U.S.A. and Germany. To keep your partners informed you summarize the interview from the German magazine 'Focus'.

Teil B: Verkürzte Textaufgabe

An Evening that Turned

In her novel 'The Man of My Dreams' Curtis Sittenfeld has Hannah remember scenes from her youth, especially scenes concerning her relationship with her father – before her mother escapes from that marriage taking her children with her.

Hannah's worst memory – not the episode of her father's greatest anger but the episode that makes Hannah saddest to think of – is a time when she was ten and Allison was thirteen and they were going with their father to pick up a pizza. The pizza place was about three miles from their house, owned by two Iranian brothers whose wives and young children were often behind the counter.

It was a Sunday night, and Hannah's mother had stayed at home to set the table. […] In the car, they came to an intersection, and Hannah's father braked for a red light. Just after the light changed to green, a guy who looked like a college student approached the crosswalk, and Allison reached out and touched their father's upper arm. "You see him, right?" Allison said, then gestured to the pedestrian to go ahead.

Immediately – their father bit his lips in a particular way – Hannah could tell that he was furious. Also, even though Hannah could see only the back of her sister's head, she could feel that Allison was oblivious to his fury. But not for long. After the pedestrian crossed, their father roared through the intersection and jerked the car to the side of the road. He turned to face Allison. "Don't you *ever* interfere with the driver like that again," he said. "What you did back there was stupid and dangerous."

"I wanted to make sure you saw him," Allison said quietly.

"It's not your business to make sure of anything!" their father thundered. "You don't tell the pedestrian if he can walk or not. I want to hear an apology from you, and I want to hear it now."

"I'm sorry."

For several seconds, he glared at Allison. Lowering his voice, though it still simmered with anger, he said, "We'll just go home tonight. You girls can have pizza some other time when you decide to behave yourselves."

"Dad, she said she was sorry," Hannah said from the backseat, and he whirled around.

"When I need your input, Hannah, I'll ask for it."

After that, none of them talked.

At home they filed silently into the front hall and their mother called from the kitchen, "Do I smell pizza?" then came out to greet them. Their father brushed past her and stormed into the den. The really hard part was explaining to her what had happened, observing her face as she grasped that the evening had turned.

Plenty of other evenings had 'turned' – the why and how were only variations on a theme – but their mother had usually been present for the turning. To have to tell her about it – it was awful. She wouldn't let Allison and Hannah find something in the refrigerator to eat because she wanted them to wait while she tried to coax her father out of the den (which Hannah knew wouldn't happen) and made offers to go and pick up the pizza herself (which Hannah knew he wouldn't let her do). After about forty minutes, their mother told them to make sandwiches and carry them up to their rooms. She and their father were going to have dinner at a restaurant, and he didn't want to see Hannah or Allison downstairs.

Hannah did not cry at all that night, but sometimes now, thinking of the table her mother had set, the blue plates, the striped napkins in their rings, and thinking of the brief segment of time after they weren't going to eat pizza together but before their mother knew they weren't, when she was still getting ready – that particular sadness of preparing for an ordinary, pleasant thing that doesn't happen is almost unbearable. Soon after her parents left the house, the phone rang, and when Hannah answered, a man's voice said, "It is Kamal calling about your pizza. I think it is getting cold and you want to come get it."

"Nobody here ordered a pizza," Hannah told him. *(659 words)*

Assignments

1. Summarize the text. (25 BE)
2. Analyse the father's behaviour and relate it to that of one of the characters in a text read in class. (40 BE)
3. Hannah wants to make her friend understand why this is her "worst memory" (l. 1). Write down her explanation. (35 BE)

In das Gesamtergebnis gehen die Bewertungen der Teilaufgaben A und B im Verhältnis 1 : 3 ein.

Lösungsvorschläge

Teaching Modules referred to:
The mediation material focuses on the teaching module social structures, social change *(12.2). The text to be dealt with refers to the main teaching module* Extreme situations *(12.2) with particular emphasis on the theme of* love and happiness. *Referring to other subjects and going beyond class,* Them and us *(12.1) is also of interest and in particular the issue of* values (human and civil rights).

Teil A: Aufgabe zur Sprachmittlung

Your summary in this case should be about 175 words or less. Try and concentrate on the information that refers to modern relationships and the role and function of partners nowadays. Mention how little things have changed in some ways. Do not forget to state the source.

In the course of this interview in *Focus* magazine (May 2008), Professor Blossfeld, a sociologist, talks about patterns in dating and modern relationships. He states that even though women nowadays are very well trained, they still try and find a husband who is a breadwinner. Men, also, are on the lookout for women whose job perspectives are good. Women expect to find someone at least on the same level as themselves, as far as social status, education and income go. Such a partner has a similar background, attitude and set of values. This tendency has become easier and more prominent lately. Today women have the same chances to access higher institutions of learning, which act as places to find a husband or wife, and the chances of meeting someone from other strands of the population are considerably lower. Men, however, do not want women to be too focused on their careers. Once children are born parents tend to revert to their traditional roles. Only very few fathers take time off to raise their kids. *(174 words)*

Teil B: Verkürzte Textaufgabe

1. *The summary of this text should not exceed a word count of 220 words which amounts to about one third of the text. As always use your own words wherever possible. Underline any words you find difficult to understand and consult a dictionary before starting your summary.*

   This extract from *The Man of My Dreams* by Curtis Sittenfield concerns a family of husband, wife and two daughters. The father is given to rages and Hannah, one of his daughters, recalls an episode when she was young. Hannah, her father and her sister Allison are on their way to pick up pizza when the father gets so furious about Allison telling him to mind a pedestrian that a major incident develops which ends with the father refusing to collect the pizza and taking the girls home again. As is often the case when he is angry the father disappears past the stunned mother into the den. The mother is left to pick up the pieces just as she often has to do when the father explodes. Eventually, the girls are told to make sandwiches and go up to their rooms. The father cannot even tolerate the sight of the girls on such occasions. As a grown woman thinking back on such events, Hannah finds that the thought of her mother looking forward to a happy event that then never takes place is more than she can put up with. Her last memory of that evening is the pizza company ringing to find out if the pizza will be collected but Hannah tells them no one ordered anything. *(219 words)*

2. *When analysing the father's behaviour be sure and refer to examples from the text. Ask yourself what adjectives might be useful, e. g. aggressive, domineering, bossy, selfish. Does he fit the picture of a bully? Do not forget the second part of the task. Pick a character you know a lot about and if you can, use a few quotations. You may also refer to how the daughters see their father when analysing him.*

The father's behaviour is quite disturbing because children are involved and he seems so unreasonable. It is clear that he is enraged by his daughter's action. He speeds through the crossroads and pulls to a sudden halt. This reaction sets in motion a train of events which cast a shadow on the entire evening. He scolds his daughter and demands an apology. Even though Allison apologises immediately he refuses to collect the pizza and storms off to his den. The family's evening disintegrates. This reaction is typical of the father and clearly over the top, particularly in view of the fact that he is dealing with a child who was only making her father aware of a pedestrian. It is likely that he did not see the pedestrian, and was annoyed by a young child pointing out his mistake.

The father is domineering and bossy, a tyrant of the worst kind who cannot stand his flaws and failings being pointed out in any way. This reminds me of the possessive and violent father in *Eveline*, the short story by James Joyce. Eveline fears that her father will beat her as he used to beat her brothers, and she does everything she can to keep the family together. In this sense her goodness reminds one of Hannah. Another similarity between the father in this story and Eveline's father is that the behaviour towards family members leads them to want to leave. Hannah's mother eventually does this. Eveline's journey is a circular journey, because she decides to go back to where their journey began, and the result of the journey is disappointment and a reluctance to travel. Similarly, Hannah's journey leads her back to the childhood events she found so upsetting, but she has a way out, a way back to the present day.

Hannah's father seems a more devious and unpredictable character than Eveline's. Eveline's father was once a good man – at least we learn that "he was not so bad then" – in the years before her mother's death, a death that drove him to drink. Eveline has to put up with her father's drinking, particularly on a Saturday night and also with his refusal to give her money for household costs. This father drives Eveline in search of a way out, much the way Hannah's father drives his wife and children away. Eveline finds Frank, her boyfriend, "a very kind, manly, open-hearted" chap. In the end her own paralysis means she cannot go with him.

To sum up, both fathers are unkind, both given to violent outbursts and both make those family members around them suffer. Especially Hannah's father's seems very difficult to live with due to his unpredictability and sulks. *(451 words)*

3. *Unlike those questions you have had to deal with so far, this task demands that you answer it in a creative way. Before you begin it is important to understand that you are Hannah and these are your thoughts, this is your explanation why this incident is your worst memory. Put yourself in her place. How does she feel when she thinks of this event? Why does it bring back such bad memories? Keep your language simple and your sentences short.*

Maria,
You asked me lately why the episode I told you about is my worst memory. It is very difficult to explain to people how terrible a childhood we had watching my mother suffer at the hands of my father. When a bully torments you, life becomes hell. We had many days and evenings which turned into nightmares because of his moods, temper, fury. Had you asked us as children about this, we could not have put our feelings into words, although I think we instinctively knew that such a situation was not normal. Now, as an adult, I can look back and understand so much more. I think that explains why the evening when we went to get a pizza has become so important. Imagine as a child you have been promised something as a treat, and then the person changes his mind because of behaviour that you feel is completely understandable and normal. For some reason I felt so bad that evening – I think I understood better than my sister that she had done nothing wrong – that my father was overreacting. I suppose younger sisters and brothers look up to their older siblings and when he scolded Allison I was offended too. I wanted to support her. I wanted to help her. Even then as a small child I knew he was wrong. I knew he was a tyrant and unfair. He was unfair beyond words. For my mother that must have been terrible. Now that I have been in adult relationships with men, some good, some less so, I can feel what she as a wife felt. He was our father after all; he was family. It never occurred to me to complain to anyone about his behaviour, or to tell the pizza guy that evening that it was all my father's fault.
I don't really know what it was about that particular evening – maybe it was that I could watch the whole event happen from the back of the car. I don't know. It could have been the injustice of his reaction, or the suddenness; the way you couldn't know it was coming. He was suddenly going to turn dangerous, to explode or to fly off the handle. We were always afraid. We prayed as children at night in bed to keep Daddy happy. You can only do that for so long before you lose hope that he will ever change. So when I think of losing the hope that he would change I think of that pizza, that evening and his anger. No other evening was as bad or as hopeless. That is the main reason why it has stayed with me as my worst memory from those days. It is also the day that made me ready to go with my mother when she decided to leave him. That day would be the best day and the first day of our new lives without him. I hope this explanation helps you understand everything I said a little better. *(504 words)*

Abiturprüfung Hessen 2010 – Englisch Leistungskurs
Vorschlag C – Violence

September 11

In his novel 'A Disorder Peculiar to the Country' (2006) Ken Kalfus takes up the traumatic events of September 11, 2001 in New York City.

[Joyce] went directly to her office. [...] About an hour later colleagues were trickling in, passing by her open door, and Joyce thought she heard someone say that a plane had flown into the World Trade Center[1]. The World Trade Center: the words provoked a thought like a small underground animal to dash from its burrow into the light before promptly scuttling back in retreat. She wasn't sure she had heard the news correctly; perhaps she had simply imagined it, or had even dozed off and dreamed it after less than five hours of sleep the night before. [...] At the same time she wondered whether something had just happened that would dominate the news for months to come, until everyone was sick of it. In that case there would be plenty of time to find out about what it was. She presumed the plane had been a small one, causing localized damage, if it was a plane at all, if the World Trade Center had been involved at all. The towers weren't visible from her office window, but she could see several of the company slackers in the adjacent roof garden, smoking cigarettes and looking downtown. She worked for a few minutes and then suddenly she heard screaming and shouts. She thought someone had fallen off the roof.

Even now Joyce moved without hurrying, careful first to save what was on her screen. If someone had fallen she would shortly learn who, and the consequences would play out either with or without her. But as she stepped through the door to the roof she understood from their continuing shrieks what her colleagues had just witnessed: *a second* plane striking the World Trade Center. Every face of every man and woman on the roof was twisted by fear and shock. One belonged to the unyielding, taciturn company director, who had never before been seen to express emotion; now his mouth dangled open and blood rushed to his face as if he were being choked. Among her colleagues tears had begun to flow only a moment earlier. Women buried their faces in the chests of coworkers with whom they were hardly friendly. "No, no, no, no," someone murmured.

Joyce turned and saw the two pillars, one with a fiery red gash in its midsection, the other with its upper stories sheathed in heavy gray smoke. Sirens keened below. She could hear the crackle and chuffing[2] of the burning buildings more than a mile away.

Nearly everyone in the firm had now come onto the roof, crowding shoulder to shoulder. Joyce stood among her colleagues rapt and numb and yet also acutely aware of the late summer morning's clear blue skies that mocked the city below. A portable radio was brought out. Joyce's colleagues haltingly speculated about what had happened, the size of the planes, how two planes could possibly have crashed in the same place at the same time. Their conversations withered in the heated confusion and terror spilling from the radio.

After a while one of the towers, the one farther south, appeared to exhale a terrific sigh of combustion products. They swirled away and half the building, about fifty or sixty stories, bowed forward on a newly manufactured hinge. And then the building fell in on itself in what seemed to be a single graceful motion, as if its solidity had been a mirage, as if the structure had been liquid all these years since it was built. Smoke and debris in all the possible shades of black, gray, and white billowed upward, flooding out around the neighboring buildings. You had to make an effort to keep before you the thought that thousands of people were losing their lives at precisely this moment.

Many of the roofs in the neighborhood were occupied, mostly by office workers. They had their hands to their faces, either at their mouths or at their temples, but none covered their eyes. They were unable to turn away. Joyce heard gasps and groans and appeals to God's absent mercy. A woman beside her sobbed without restraint. But Joyce felt something erupt inside her, something warm, very much like, yes it was, a pang of pleasure, so intense it was nearly like the appeasement of hunger. It was a giddiness, an elation. The deep-bellied roar of the tower's collapse finally reached her and went on for minutes, it seemed, followed by an unnaturally warm gust that pushed back her hair and ruffled her blouse.

The building turned into a rising mushroom-shaped column of smoke, dust, and perished life, and she felt a great sadness.

"Joyce, oh my God!" cried a colleague. "I just remembered. Doesn't your husband work there?"

She nodded slowly. His office was on the eighty-sixth floor of the south tower, which had just been removed whole from the face of the earth. She covered the lower part of her face to hide her fierce, protracted struggle against the emergence of a smile.

Ken Kalfus: A Disorder Peculiar to the Country, Pocket Books London 2006, pp. 1–3 (827 words)

1 The terrorist attack on the World Trade Center in New York took place on September 11, 2001.
2 *Brandgeräusche*

Assignments

1. Describe Joyce's and her colleagues' reactions to the terrorist attack on the World Trade Center. (25 BE)

2. "Joyce felt something erupt inside her, something warm, very much like, yes it was, a pang of pleasure, so intense it was nearly like the appeasement of hunger. It was a giddiness, an elation." (ll. 47–50)
   Analyse this reaction to an extreme situation – referring to your reading/viewing experience inside (and outside) the classroom. (40 BE)

3. 'The end justifies the means.'
   Discuss to what extent politically/religiously motivated violence can be considered a justified means to achieve one's aims in society. (35 BE)

Lösungsvorschläge

Teaching Modules referred to:
The material here focuses on a number of issues. Of primary concern is the main teaching module Ideals and reality *with particular reference to the issue of* violence. *(12.2) The text also concentrates on* Extreme situations *(12.2) and the related theme of* the troubled mind.

1. ***Step 1*** *To complete this task properly it is important to focus on the fact that you have to describe the reactions of the protagonist, Joyce, and all the others mentioned in the text. If the reactions are similar then this will allow you to write one answer that covers both Joyce and the others. First of all read the text carefully. Then underline any phrases or sentences which reveal the necessary information to you. Keep an eye out for strong adjectives or extreme language, phrases or terms. Collect this information in the form of short notes and then compare the points you have collected. Are the reactions the same or are they different? As you will see, there are considerable differences between the people and how they react to everything that is going on around them. This means you must contrast their different responses to the situation. Based on this you may begin your answer.*
   Step 2 *Start with a general introductory sentence and describe Joyce's first reaction. Then move on to deal with the reaction of Joyce's colleagues. This allows you to finish up with Joyce's rather unusual reaction when she finally realises what is going on. Of course it is also possible to do your answer the other way round.*

   This extract from *A Disorder Peculiar to the Country* by Ken Kalfus concentrates on the moment the planes crash into the World Trade Center and the reaction of various people to this event. Early on in the extract we are introduced to Joyce who, while in her office, hears that a plane has crashed. Initially, she does not believe the news. She does wonder if this can be true or if she has misunderstood something due to her lack of sleep. She also considers that this might be a news topic for months to come, but works on in peace and quiet. Only when she hears people scream and shout out on the roof does she go outside slowly. First, this sense of calm and disbelief remains with her, and she goes as far as to even save the work that she has been doing on the computer.
   It is up on the roof that she at last fully understands what is happening. The reaction of her colleagues to the events is one of screaming and shouting, their faces twisted in shock. The managing director, a man known not to show his feelings, looks as if someone is strangling him. Other workers are crying openly or burying their heads in their colleagues' arms. Some refuse to believe it, some pray to God for help. Some people have their heads in their hands and are gasping and groaning. One woman is sobbing helplessly. From the very start, Joyce's colleagues are terrified but at the same time interested in what is going on; they are fully tuned in to the events as they unfold – Joyce is not. She feels numb and is strangely aware of the blue sky in spite of the horrible events down in the city.

Finally, the reader sees the depth of these contrasting reactions as we get to the end of the extract. When a worker asks her if her husband works in the World Trade Center she replies, "yes," but the accompanying feeling, which should be one of shock and worry, is absent. In fact Joyce feels warm, giddy and happy. This happiness is so strong that she has to cover her face to hide the broad smile emerging across her face.

We are left in no doubt that unlike everybody around her Joyce is somehow pleased by the attack on the World Trade Center, and the reactions of her and her colleagues differ greatly. *(408 words)*

2. *Before considering your analysis of the reaction you need to decide on what works, either in film or written form, you are going to use in your answer. Draw up a list of films and books you think might be useful. Have you seen good disaster, science-fiction or catastrophe movies lately? What were the reactions of people in those films? The reactions to an extreme situation may be similar to those in this extract, or they may be distinctly different. That is a choice you may make at the start of your answer. Move from one example to the next, comparing or contrasting them to the situation Joyce faces here and the way she reacts. Do not forget that your main task is to analyse her reaction – references to your reading or viewing experiences are of secondary importance. Nevertheless, you have to include some reading and viewing experience, so pick your examples well.*

The first and most important thing to say about Joyce's reaction to the attacks on the twin towers is that it is an unusual reaction to an extreme event. As with car accidents, warfare and death or serious injury, the reader is entitled to expect Joyce to be shocked, to be emotionally traumatised, to cry, scream or shout. These are the reactions of her fellow workers, including her normally very serious and stern boss, a man not given to showing emotion. Joyce's reaction is quite different. At first she is disinterested and disbelieving, but her response then changes to an extreme reaction, one the reader does not expect. She feels something "erupt" inside her, but it is not anger, rage or shock. Joyce is pleased as if she has just eaten something she likes after being hungry for a long time. She realises her husband's office has been obliterated, but nevertheless she has to fight to suppress a smile. This is a woman who has just been widowed, yet she is almost happy, and this makes her reaction an unusual one.

A work we studied which may be compared to this extract is *War of the Worlds* by H. G. Wells. In that book Martians invade the earth and chaotic conditions break out in London. People cannot stay calm and try to flee the city in panic. The narrator finds a hiding place together with a curate who reacts wildly and evangelically and is finally dragged away by the Martians, who discover their hideout. London is deserted and conditions are desperate much the way inner New York was after 9/11. Much of the book is very bleak, more so than the extract we have here, but nevertheless reactions such as shock, horror, and desperation are common to the characters in the novel and Joyce's colleagues in the extract.

Likewise, in a number of extracts from Joseph Heller's *Catch 22* the reaction of a person in an extreme situation can be observed. The major theme is the dilemma of the main character, Yossarian, who has to cope with various horrible events in war. His reaction to the difficulties he experiences is also one of plain, naked fear.
Both the works referred to here place Joyce's reaction in a certain context. Hers really is an unusual reaction, and one that makes the reader curious to know the reason behind it. The fact that the death of her husband seems to make her happy clearly indicates problems in her personal life.
Finally, I would mention one film we watched in class which was *The Day After Tomorrow,* an American science fiction film that shows the catastrophic effects of global warming, which introduce a new ice age. Across the world, violent weather causes mass destruction. The USA has to be partially evacuated and while the overall consequences of the disaster are obviously blockbuster material, what is relevant here is the way in which the film is showcase for the increased unity of people when facing a disaster. As we know, this was also the reaction of New Yorkers and Americans in general after 9/11, and the extract from Ballard's novel indicates the same for Joyce's colleagues, who hold each other and all experience the same feelings of shock and terror. Only Joyce keeps apart from the others both physically and emotionally. She realises the inappropriateness of her pleasure, however, and covers her smile with her hand. She is aware, after all, that her reaction to this catastrophe is quite unusual. *(588 words)*

3. *A good essay should briefly explain the options people have when seeking political, social or religious change. Essentially, this issue offers two choices: violence or non-violence.*
   Step 1 *Think of examples that relate to both positions. The more examples you can find the better. Names that come to mind would be Niccolo Machiavelli, Brutus in* Julius Caesar, *Cortez, Ghandi, Michael Collins, Martin Luther King, Nelson Mandela and Malcolm X. Organisations that have used violence also come into the equation, e.g. the ANC, IRA, Islamic Revolutionary movements, Baader-Meinhof Group, and so on.*
   Step 2 *The central question you have to answer is whether the use of violence can be justified. Gather your thoughts in the form of notes before you start. Think of a good introduction – you may wish to use a quotation or a statistic, if you can remember a fitting one – and finish with a good conclusion that contains your opinion.*

According to Niccolo Machiavelli, the best way of achieving one's goal is to say that the end justifies the means. This means that as long as one can get what one wants in the end, it is reasonable to do anything to achieve an aim. This belief is very important once the idea of using violence is considered. This essay sets out to discuss whether or not such an approach is ever justifiable.
There are many examples in both history and literature of men and organisations using violence to achieve what they considered to be a good outcome, a change that would be good for society in general. In *Julius Caesar*, William Shakespeare

portrays the things man does just to get the desired result. The major character, Brutus, is scared of Caesar's power and how it will affect the people of Rome. Brutus loves Caesar, but he fears that if Caesar has more power he will turn his back on his loyal Roman subjects. After persuasion and justification, Brutus decides to assassinate the man he has been close to for years. In the end he is such an honourable character that he desires death for his own crime. The question to be discussed here troubles Brutus greatly and the fact that he wanted to do good is not enough to justify the crime he has committed. He clearly believes that, in this case, the end did not justify the means.

In real life we have had many examples of organisations deciding to use violence to change society for the good. The IRA leader Michael Collins in the 1920s, and successors such as Martin McGuinness, came to the conclusion that only violence could end British misrule and oppression in Ireland. For years constitutional politicians had tried to get justice for Ireland, and though they did come close to a solution, they never fully succeeded. Eventually, use of the gun helped establish the Republic of Ireland and when British troops began shooting Catholic citizens in Northern Ireland on occasions such as Bloody Sunday, the IRA decided to fight once more. Northern Ireland today is, relatively-speaking, free of violence, and Catholics now have something close to civil rights. There is no doubt that violence helped achieve that goal. The question that needs to be answered, however, is whether the deaths of so many people during the period were justified in order to achieve it.

One of the best examples of the theory of using violence to improve society occurred in Germany after 1970. The founding of the Baader-Meinhof Group, whose express aim was to attack what they saw as a fascist state, raised the whole idea of using violence and terrorism to achieve change in Europe. Were they justified in doing so?

Personally, I feel that the answer to this question is very subjective. It depends on your point of view. Justification for such acts needs proof of political, social or economic wrong-doing. If you have tried everything else, e.g. constitutional approach, legal methods, peaceful protest etc. and the great wrong a person sees being done is still present, then there are many people who will say it may be necessary to resort to violence. This is certainly the view of anti-American Islamic groups, such as the men responsible for the attack on the World Trade Center. Branded terrorists by George Bush, many of those men are heroes for large numbers of people. This makes clear that the point of view you have and the position you are in will dictate whether or not you feel the end justifies the means. When Cortez headed off on his travels to colonise South America he was a Spanish conquistador out to make money and conquer land. He was eventually responsible for the fall of the Aztec empire and use of violence was crucial in this. Was it justified? I am sure the monarchy that sent him thought it so; the people killed are not around to give their opinion.

It is, of course, possible to use non-violent protest and other peaceful methods to achieve change – the problem remains that it usually takes much longer than if you use violence. In my opinion violence can be justified as a means to an end only when the injustice being committed against a people is extreme – otherwise we should avoid violence, as it often creates more suffering than it stops. *(732 words)*

Abiturprüfung Hessen 2011 – Englisch Grundkurs
Vorschlag A – Basic Rights

Scholar Says Arrest Will Lead Him To Explore Race in Criminal Justice

by Krissah Thompson, Washington Post, Wednesday, July 22, 2009

Harvard scholar Henry Louis Gates Jr. has spent much of his life studying the complex history of race and culture in America, but until last week he had never had the experience that has left so many black men questioning the criminal justice system.

Gates was arrested outside his house in Cambridge, Mass., after a neighbor reported seeing two black men in the middle-class, predominantly white area pushing against the front door.

"I studied the history of racism. I know every incident in the history of racism from slavery to Jim Crow segregation," Gates told The Washington Post on Tuesday in his first interview about the episode. "I haven't even come close to being arrested. I would have said it was impossible."

Instead, in a country where one in nine young black men are in prison, where racial profiling is still practiced, the arrest of a renowned scholar on a charge of disorderly conduct in front of his house last Thursday has fueled an ongoing debate about race in America in the age of its first black president. The charge against him was dropped Tuesday, but Gates said he plans to use the attention and turn his intellectual heft and stature[1] to the issue of racial profiling. He now wants to create a documentary on the criminal justice system, informed by the experience of being arrested not as a famous academic but as an unrecognized black man.

Gates has come to see the incident as a modern lesson in racism and the criminal justice system. The police department views it as an "regrettable and unfortunate" incident that "should not be viewed as one that demeans[2] the character and reputation of Prof. Gates or the character of the Cambridge Police Department."

Here is Gates' account of what happened:

After returning from a week in China researching the genealogy[3] of cellist Yo-Yo Ma, Gates found himself locked out of his house, and he and his driver began pushing against the front door. The sight of two black men forcing open a door prompted an emergency call to [the] police.

The white officer who arrived found Gates in the house (the driver was gone) and asked him to step outside. Gates refused, and the officer followed him in. Gates showed him his ID, which included his address, then demanded that the officer identify himself. The officer did not comply, Gates said. He then followed the officer outside, saying repeatedly, "Is this how you treat a black man in America?" The police report said that Gates was "exhibiting loud and tumultuous behavior" and that the officer, Sgt. James Crowley, identified himself. "We stand by whatever the officer said in his report," said Sgt. James DeFrancesco, a spokesman for the Cambridge Police Department. He would not comment on Gates' version of his arrest.

The department said that Crowley tried to calm Gates, but that the professor would not cooperate and said, "You don't know who you're messing with."

"These actions on behalf of Gates served no legitimate purpose and caused citizens passing by this location to stop and take notice while appearing surprised and alarmed," the report said.

Gates said he does not think that anything he did justified the officer's actions. He walks with a cane and said he did not pose a threat. […]

He has no qualms about the neighbor who called the police.

"I'm glad that someone would care enough about my property to report what they thought was some untoward invasion," Gates said. "If she saw someone tomorrow that looked like they were breaking in, I would want her to call 911. I would want the police to come. What I would not want is to be presumed to be guilty. That's what the deal was. It didn't matter how I was dressed. It didn't matter how I talked. It didn't matter how I comported myself. That man was convinced that I was guilty."

[…]

(652 words)

http://www.washingtonpost.com/wp-dyn/content/article/2009/07/21/AR2009072101771_2.html?sid=ST2009072301777 [retrieved on July 13, 2010]

1 seine intellektuelle Kraft und seinen Einfluss
2 herabsetzen
3 Stammbaum

Assignments

1. Point out what seems to have happened on that summer night in Cambridge, MA. (30 BE)
2. To what extent can the way Mr. Gates is treated be seen as an act of discrimination? Explain by relating the incident to examples of racial discrimination dealt with in class. (35 BE)
3. In the text at hand the neighbor tries to be a good citizen by keeping an eye on Mr. Gates' property. It seems possible that in the future one will be able to ensure the security of each individual citizen by means of total electronic surveillance.
   Discuss the advantages and disadvantages of this development. Refer to texts read or films viewed in class. (35 BE)

Lösungsvorschläge

Teaching modules referred to:
The article at hand and questions 1 and 2 refer to the modules The Challenge of Individualism – USA *(Q1) in which the aspect of* living together *covers* ethnic groups *in general with special focus on* African Americans. *Question 3 is based on the modules* Science and Technology *(Q1) and* Order, Vision, Change *(Q3), which includes* utopian *and* dystopian *literature.*

1. *How to approach the task:*
   Step 1 *Read the text carefully and focus your attention on the events of the night in question. Underline what happened and take notes. Perhaps you will find a flow chart of the events helpful.*
   Step 2 *Make sure you do not include too much information. Gates' plans for the future, his general views on racism or the criminal justice system and what he thinks about his neighbour are not relevant in this context.*
   Step 3 *Use your own words to give a clear explanation of the incident and the people involved.*

   In the article the reader is informed that the African-American Harvard professor, Henry Louis Gates Jr., whose field of study focuses on race relations in the USA, claims that he became a victim of racist treatment by the police in July 2009.
   After returning home from a research trip to China he found himself locked out of his home in a mainly white middle class neighbourhood in Cambridge, Mass. Together with his driver he pushed open the front door of his house. This caused a neighbour to inform the police that two black men were intruding next door. Upon arrival a white police officer, James Crowley, ordered Gates to come out of the house. When Gates refused to do so, the policeman entered the building. Gates claims that he then identified himself and that the officer refused to show his ID. Later Gates followed the officer out of the house and complained about the unjust treatment of black men in the USA. Finally the professor was arrested for disorderly conduct.
   The white officer claims that Gates' behaviour had been disruptive, whereas he had identified himself and had tried to deescalate the conflict. *(192 words)*

2. *How to approach the task:*
   Step 1 *There are two aspects to this question and both must be approached carefully. The first part focuses on the incident described in the text. Try to determine whether Mr. Gates was arrested as a result of racial discrimination or regular criminal investigation.*
   Step 2 *Concentrate on the material dealt with in class, whether it is literary, non-literary or film material. Towards the end relate the obvious examples of racism to what happened to Mr. Gates and come to a conclusion.*

Racial discrimination is generally defined as intentional bad treatment on the basis of race or colour of skin. In the case at hand Mr. Gates was possibly confronted with racial bias from three sides: his neighbour, the policeman who arrested him and the police department. As far as the neighbour is concerned it is difficult to assess whether she called the police because Gates and his driver were black. She might also have rung an emergency call if the intruders had been white. That is probably the reason why Gates did not feel offended by her, but praised her vigilance instead. Yet, the fact that this neighbour informed the police that the alleged intruders were black might have influenced the policeman, who was allegedly prejudiced against the professor. According to Gates, the policeman violated the rights of the suspect by intruding the house and refusing to identify himself. He possibly gave a false report on the events. Finally, he arrested Gates, although he knew that he was not a burglar.

This unlawful treatment of a suspect is more likely to happen to a black suspect than to a white one. Possibly the officer reacted that way because he was sure that he was going to encounter a black perpetrator. The many recorded cases of police violence all over the country demonstrate that many officers consider black suspects guilty upon arrival at the scene of a crime. Although the charges against Gates were dropped later, the reaction of the police department can safely be identified as an act of racial discrimination. Despite the fact that the police officer and Mr. Gates contradicted each other concerning what really happened that night, the police department backed the version of the officer in public, instead of investigating the circumstances. Obviously, the department considers white officers more credible than black suspects. Additionally, the fact that the charges were dropped indicates that the department either realized that it had made a mistake or feared further negative publicity about racial discrimination.

In general, the obvious injustices of the segregation era have been overcome since the Civil Rights Movement led by Dr. Martin Luther King Jr. It is no longer the case that African Americans are barred from white society with the help of discriminatory Jim Crow Laws or literacy tests. Neither do African Americans experience the exclusion from white society, nor are they confronted with all white courts or juries any longer. Affirmative action and fervent efforts at integration have contributed to the progress that has been achieved concerning race relations.

Nevertheless, this does not mean that discrimination and racial stereotypes have been completely eradicated. The history of police violence as it manifested itself in the Rodney King incident in the 1990s shows that there is still enough prejudice against African Americans or members of other ethnic groups. In the film *Crash* the police officer Ryan harasses a black couple and molests the woman sexually while conducting a body search for weapons. In the course of the film he is presented as an opponent of affirmative action with a special bias against African Americans, since he feels that they are competing with the common white folks on the job market. Racial profiling is another example of the police considering members of certain ethnic groups more likely to commit crimes.

Many police departments across the USA have recently become sensitive to the issue of racial prejudices within the police force itself and have implemented anti-racism programs and workshops for their officers. This was, for example, the case in New

York after nooses had been found hanging in front of lockers that belonged to black police officers. All in all, the case of Mr. Gates shows that discrimination has not stopped completely. It has become more subtle and harder to detect. *(632 words)*

3. *How to approach the task:*
   Step 1 *Before you begin writing make notes on the advantages and disadvantages of total electronic surveillance. Consider its potential, as well as possible dangers. Your notes might look like this:*
   Advantages
   - *efficient technology*
   - *precise face recognition*
   - *cameras have become cheaper*
   - *widespread acceptance*
   - *convey a sense of security*
   - *help to reduce crime*
   - *help prevent terrorist attacks, e. g. at airports*
   - *helpful in criminal investigations*

   Disadvantages
   - *crime is committed elsewhere*
   - *it is intrusive*
   - *privacy is infringed*
   - *private lives can be minutely reconstructed*
   - *systems can be entered and personal information can be misused*
   - *positioning technology can be used to track somebody down*
   - *racial profiling undermines basic human rights and entails inequality*

   Step 2 *You are expected to discuss the question critically and to support your view on a differentiated basis. Keep in mind that your text should have a clear structure containing the advantages and disadvantages, as well as your personal opinion.*
   Step 3 *Consider the texts or films dealt with in class. Relevant fields of study in this context are biotechnology, electronic media and ecological developments. References to dystopian literature like e. g. George Orwell's* 1984 *or Ray Bradbury's* Fahrenheit 451 *will help you to prove that you do not turn a blind eye to the possible dangers of surveillance technology.*

The increasing number of surveillance cameras and other technological devices in so many public places like banks, parking lots, airports and even in schools and hospitals shows that this technology is rapidly spreading all over the world. One reason for the popularity of this new surveillance technology is that it has become cheaper. At the same time the quality has improved. Especially face recognition technology has become a lot more precise in recent years. Surveillance cameras are also widely approved of because people are convinced that they deter criminals from committing crimes. Especially since the terrorist attacks of 9/11 people have longed for a greater measure of security, most of all in air traffic. This is understandable and it has been proven that crime rates have decreased in areas where cameras are installed. Yet, critics point out that crimes are committed elsewhere and that suicide bombers do not mind being filmed before an attack. There is no doubt, though, that modern technology supports effective investigations once a crime has been committed. Camera footage helps police officials and private security to identify criminals. Supporters believe that total electronic surveillance will be able to guarantee the security of each individual in the near future.

Nevertheless, there are always two sides to a coin. Is it really true that the measure of security will be increased? In his novel *1984* George Orwell emphasizes the dangers of being observed day and night and of not even knowing when one was under scrutiny. The message the novel conveys is that surveillance technology can curtail individual liberty and freedom when it is used in the name of a totalitarian system. In *1984* the constant supervision and control of the Inner Party members with the help of spies, helicopters, Thought Police, as well as telescreens in public places and private homes are a means of exerting power. Orwell depicts a terrible scenario of a totalitarian state that monitors its elite for signs of Thoughtcrime. Suspects and even their names disappear. Everyone is pressed into Party-related activities which further eradicate individuality, the ultimate threat to the Party.

To prevent modern technology from becoming a means of social control it is essential to weigh anti-terrorism concerns against privacy and individual liberties. The American Civil Liberties Union and other privacy groups have been demanding limitations and strict control of collected data, so that they do not end up in the wrong hands. They point out that the majority of the millions of closed circuit cameras in the USA or Great Britain are operated by private companies, which might sell or unlawfully distribute the material. This can be just as dangerous as if a smart card that reveals the complete personal or medical history of an individual within seconds is misused for, e. g., pre-employment scanning to filter out ethnic groups or disabled persons.

Face recognition technology used to scan large crowds or body search scanning can be applied to certain ethnic groups for racial profiling. If modern technology is used for targeting certain individuals, we can fall victim to an Orwellian system that ensures conformity and, for example, racial homogeneity in the name of total security. Therefore, I do think that lawmakers should pay special attention to strict supervision of the lawful gathering and use of information, because there is the danger of national identity cards and racial profiling turning innocent Arab-Americans into terrorists or innocent African Americans into criminal suspects. It should definitely be ensured that modern technology is used to make all people safer without posing a threat to individual liberties and privacy. *(597 words)*

Abiturprüfung Hessen 2011 – Englisch Grundkurs
Vorschlag B – Hard Times

Going to work

Nalini, the first-person narrator of this extract from Preethi Nair's novel "One hundred shades of white", has been abandoned by her husband. Ashamed, she tells her two children that their father died on a trip abroad. She does not ask her family in India for help. Apart from her acquaintance Maggie she does not know anybody in London.

We had to move to a place in the East End of London, an area heavily populated by immigrants. It looked poor: filthy children were playing on the streets, fighting over whatever little toys they had. […]

I looked at the shabby home she [= Maggie] was offering us and I despaired. Smelly carpets, damp, peeling ceilings with a constant drip, drip, drip from the leaking roof. What kind of place was it to bring up children?

Having abundance brings many choices and when I am faced with decisions today, I relish[1] them, revelling and indulging in possibilities and consequences. Back then, there was none of this. Even contemplating momentarily how the children were feeling was an extravagance. It was a fight for survival and this eliminates the luxury of emotion: if you stop and contemplate you lose the battle and so I was grateful for the fact that there was no time. We arrived on Friday evening, I spent two sleepless nights learning how to sew and on Monday, I was taken to the factory.

The factory was situated on a run-down industrial estate a twenty-minute bus ride away. These twenty minutes were filled preparing myself mentally for the day ahead and then observing the actions of the workers who clambered on at the various stops. Some of them were Irish or Polish; most were Pakistani women dressed in salvar kamise[2] and shawls. A scattering[3] were Indian women in saris, socks and sandals who glared at me in my western clothes. All managed to find their respective countrywomen and huddled together chatting. The Irish made the most noise and livened up the dead journey with their laughter.

Maggie had taken me to see the boss, Mr Humphries, a fat, bald man who seemed happy to see her. He was about forty-five, chewed on a pencil which he kept behind his ear, and cleared his throat every five minutes. Maggie and this Humphries man had a conversation. I don't know exactly what they said but he showed me to a table with a machine.

Maggie took a piece of red material from the basket and placed it on the sewing machine. Manoeuvring it carefully, she produced the template of a skirt that I was to copy. After I had done a few, she smiled. The Humphries man came to inspect. He nodded and Maggie left.

It was 1978 and I was alone in a strange country at the age of twenty-six. This first place of employment, Humphries & Co, Bow, was a badly-lit factory, where I sat making shabby dreams for two small children. I would catch the bus, punch my card in at eight o'clock in the morning and sit at my machine, just sewing. The monotony of the noise would take me far away, with my children and mother, back to India, to a beautiful home with a veranda surrounded by mango trees. […] The noise would bore through the memories, but I would stitch them together with a fabric of sunshine and laughter. […]

I would be the first person on the bus and the first person off it, running home in the dark to see my children, but by the time I arrived, they would be almost asleep and then whilst they slept, I cooked. Cooked whatever they needed for the next day, cooked just to forget. Forget that somewhere I was losing them … I had to continue. There was no choice. At night, their warm bodies would cling to me as I stroked their hair and touched their sleeping faces, tears rolling down my cheeks, whispering over and over again, "I know I am not enough for you, not at all enough." *(614 words)*

Nair, Preethi: One hundred shades of white. London, Harper Collins, 2004, pp. 89–92

1 to enjoy
2 langes Hemd und Pluderhose
3 a small number

Assignments

1. Describe the narrator's situation after her arrival in London. (30 BE)
2. Compare Nalini's experiences either to those of immigrants to Australia or to the U.S.A. Include references to texts read/films viewed in class. (40 BE)
3. *"It was a fight for survival and this eliminates the luxury of emotion: If you stop and contemplate you lose the battle."*
   Explain the statement and discuss its implications. (30 BE)

Lösungsvorschläge

Teaching modules referred to:
The focus of the extract lies on the teaching module Work and industrialization *covered in (Q2), especially on* business, industry and the environment. *The context then extends to the module* Promised lands: dreams and realities, *looking at* social issues *in* Australia *(Q3), and to the concept of* the American Dream *in the* USA *(Q1).*

1. *How to approach the task:*
   Knowledge of the social, political and economic situation of Great Britain is not relevant in this first task. Instead, emphasis should be put on the emotional situation of the character and on the setting.

   The main theme of the extract taken from the novel *One hundred shades of white* by Preethi Nair is the terrible and desperate situation of Nalini, a young mother of twenty-six who has just been abandoned by her husband and struggles hard to make ends meet. In a flashback to 1987, Nalini, the first-person narrator, gives an accurate description of her emotional and material situation shortly after her husband has left her.
   Nalini finds herself in a desperate situation. She is penniless, jobless and has two little children. Her only friend Maggie helps her find a shabby flat in a rundown area of London "heavily populated by immigrants" (ll. 1/2). The setting is violent and threatening and even little children are affected by deficiencies of all kinds and are fighting for survival (ll. 2/3). Even more depressing is the flat she moves to, which is damp, smelly and dilapidated (ll. 4/5).
   Nalini immediately realizes that this new environment is hostile to the education and upbringing of her children (ll. 5/6) and is just about to despair (l. 4). But she quickly comes to the conclusion that feelings of remorse and desperation are a form of luxury she cannot afford in their "fight for survival" (l. 10). Her desperate external situation without material resources soon stands in contrast to her strong determination to overcome poverty and the stroke of fate (ll. 10–13). She is not willing to give up but accepts the challenge in an extraordinary way.
   Her friend Maggie arranges a job in a factory for Nalini (l. 22). She just has two days to learn how to sew (l. 12). She knows that she can only rely on herself and apparently isolates herself from her fellow countrymen (ll. 18–20). She starts work early in the morning and only gets back home late at night. Not willing to complain, she prefers to overcome the monotony of the tedious work by dreaming of a paradise-like home surrounded by trees and dominated by laughter and sunshine (ll. 34–36). Nevertheless, she sadly has to admit that her relationship to her children is suffering and that she is slowly losing them (ll. 40, 42). Still, knowing she has no choice, she accepts the unsatisfying situation (ll. 40–42) by trying to get some comfort at night when she is finally able to touch and stroke her children. Although she does everything in her power to be a good mother, she is still sad and haunted by strong feelings of guilt towards her children, who she is forced to neglect during the day (l. 44).

All in all, the narrator's situation seems sad and almost hopeless. She is an abandoned young mother of two children who struggles to survive in a hostile environment, but she does try to preserve their dignity and humanity. *(497 words)*

2. *How to approach the task:*
Before you deal with this assignment make a list of texts read, films viewed and the vocabulary learned in class concerning the topic of immigration. Then ask yourself what connection you can see between Nalini's situation and the situation of immigrants to Australia or the U.S.A., focusing on similarities but also differences. Limit the number of examples to three to four convincing ones. Structure your analytical essay carefully and explore what is typical in this situation.

The extract from the novel *One hundred shades of white* by Preethi Nair deals with the desperate situation of a mother of two little children in a strange social, economic and political environment. After emigrating from India to London, she is abandoned by her husband and thus confronted with poverty, unemployment and social insecurity. Close to desperation, she develops an unusually strong feeling of determination, suppresses her feelings of self-pity and looks for a job to support her family. She is offered help by an English friend, Maggie, who procures her a job in a factory. Nalini is rewarded for her determination to learn how to sew in only two days and is hired as a seamstress. Even though she takes the job for her children's sake, she is tortured by strong feelings of guilt because she feels that she is neglecting them as she can only see them at night.

Nalini is confronted with a number of negative but also positive experiences more or less typical of people who have immigrated to industrialized and economically superior countries. They are faced with unimaginable social and economic difficulties that can only be overcome by self-confidence, determination and the ability to suppress feelings of desperation or self-pity. Nevertheless, open societies seem to offer opportunities for people who are open-minded, strong and unwilling to give up and finally reward those people for their tenacity.

Nalini's situation can be compared to the situation of American immigrants today. Generally, one can say that the U.S.A. has always attracted people from all over the world dreaming of new social, political and economic opportunities. The new country has always promised liberty, equality and the pursuit of happiness. Liberated from the oppressive conditions of their former countries, many people have dreamt of a new beginning and have hoped to become successful examples of the American Dream.

Surveys show that the American Dream is still very much alive in all people willing to take the risk of a new beginning, even though the conditions have changed and the market has become more challenging. Sometimes, the dream turns into a nightmare.

Texts like *One Mom's Pursuit of the American Dream* by Dianne Hales show that people who immigrate to the USA have a clear vision of their future. Marinela, the protagonist, arrives in the USA when she is a little girl of thirteen. She takes intensive English lessons and becomes a very good student. After two years of college she gets married and starts a family. When divorced, she goes back to college knowing that

education and hard work are the key to success. Like Nalini, Marinela is very determined and hard to stop. Unimpressed by difficulties, she feels she has a responsibility towards herself and her children, who are the driving forces in her life.
At the beginning of every process of migration there is hope. Nevertheless, song writers like Bruce Springsteen seem to be more interested in exploring the dangers of the immigration process. His song *Sinaloa Cowboys* deals with illegal immigration from Mexico. The protagonists, two young brothers, are driven by great expectations. Unskilled and poorly educated, they come to California and earn much money by getting involved in illegal drug activities, risking their health and lives. When the illegal laboratory explodes, one of the brothers dies.
Bruce Springsteen prefers to show the dark side of immigration. He criticizes people who take advantage of the immigrants' hopeless and desperate situation and describes the dangers young immigrants are exposed to. They leave their families, cross the borders full of hope and, being attracted by the promise of easy made money, end up as drug dealers. Too late the surviving brother realizes that the effort committed exceeded the profits by far. Quite symbolically, he digs up the money they have saved and buries his brother in its place. The boys do not have Nalini's moral strength and resolve. Young and inexperienced, their prospect of living a self-determined life is rather limited, and their chances to change this, too.
Only recently, newspapers reported how immigrants from Mexico were exposed to the "state's crackdown" in Arizona and were forced to leave the country as the Senate Bill 1070, passed in April 2010, aimed at "turfing out" illegal immigrants. Additionally, legal immigrants were forced to always carry their ID papers with them. *World and Press*, for example, presented the story of Patricia Rosas, an undocumented worker, who had already lived and worked in Arizona for twelve years. She was suddenly forced to pack, leave her bungalow on the outskirts of Phoenix and head towards California to eventually start a new life. Fortunately, a few months later, judges decreed that the Senate Bill 1070 would no longer come into force. This example shows that deficient immigration laws can threaten everything one has worked and suffered for.
In conclusion, one can say that immigration is not free of risks – positive examples like Nalini's cannot hide this point – but offers opportunities to everybody who is self-confident, determined, open-minded and adapts successfully to the requirements of the new environment. *(843 words)*

3. *How to approach the task:*
Step 1 *Briefly explain the context of the statement and then look at the words and meanings in detail.*
Step 2 *Think about a more abstract interpretation: how could Nalini's statement refer to society in general?*

Nalini, the narrator and protagonist of the novel *One hundred shades of white* by Preethi Nair, describes the desperate situation of a single parent who, confronted with poverty and unemployment, cannot afford the luxury of contemplating the injustice of the world. The dramatic choice of words "fight for survival" underlines the serious-

ness of her situation, a situation in which people are dehumanized and reduced to behave by instinct.
The words "fight" and "battle" reveal the protagonist's desperate situation of existential dimensions. They allude to the fact that life is a constant threat and giving up not an option. Abandoned by her husband, too proud to ask for help and as a mother of two children she has to support and take care of, Nalini realizes that she cannot reflect on the causes of her hopeless situation but must take up the "fight for survival". The animalistic connotation of the word illustrates a world that seems to be governed by natural law, too brutal for civilized behavior.
Although Nalini is aware of the fact that emotions and contemplation are part of human existence, she prefers to suppress them and considers them as a hindering form of weakness.
Despite all that, the extract reveals that her existential situation makes her even more loving and develop a profound feeling of responsibility towards her children, who she seems to love more than anything else. Neither the inhuman living conditions nor the hard and tedious work can dehumanize Nalini and transform her into a selfish person. The extract shows that an existential threat can bring to light unexpected strength and outstanding, exceptional moral behavior in man. Too engaged in hard work and in the daily fight for survival, Nalini loses sight of her moral qualities and seems to perceive herself only as a mother who is neglecting her parental duties.
However, the statement carries strong negative implications, too. On a more general level, it also implies that our society only expects and rewards winners. It underlines that life in general is perceived as a constant fight that eliminates every kind of human and moral behavior. It indirectly shows that people are addicted to competition and fully comply to this kind of social and economic "law". Under the given circumstances, it is hard to imagine human relationships like friendship or partnership. It is more likely to imagine lose relationships of short duration basically based on short term interests.
A society which considers contemplation and emotion as a form of luxury has definitely lost its human and moral standards and has declared war to humanity. It will not be able to enjoy its great cultural achievements but perceives them as temporary and defective and in need of improvement in the daily battle for survival.
It reduces the complexity of human beings and transforms them into slaves of efficiency. Since winning seems to be everything and daily life a battle, people will not be able to enjoy art and beauty or social relationships which require a higher form of contemplation. Losers in the battle will not receive any attention and the danger of racism and discrimination increases.
In conclusion, one can say that a society governed by such a radical form of existence runs a great risk. It exposes people to a permanent threat, undesirable alienation, and destroys solidarity. *(551 words)*

Abiturprüfung Hessen 2011 – Englisch Grundkurs
Vorschlag C – Kombinierte Aufgabe: Electronic Games/Genetic Testing

Teil A: Aufgabe zur Sprachmittlung

Deutschlands heimliche Boombranche

von Carsten Görig, 05. August 2007

Kleine Mädchen spielen anders. Diese Erfahrung durfte gerade der Spielehersteller Eidos machen. Während der englische Hersteller bisher hauptsächlich Actiontitel wie „Tomb Raider", „Hitman" oder „Just Cause" vertrieben hat, ist mit „Ponyfriends" gerade das erste Pferdespiel erschienen. Und damit mussten sich die Mitarbeiter der Hamburger Niederlassung[1] ganz neuen Herausforderungen stellen. Zum Beispiel, dass bei einem Preisausschreiben[2] mit Malwettbewerb Postkörbe voller Einsendungen kommen.

„Sowas habe ich hier noch nicht erlebt", staunt PR-Manager Theodossios Theodoridis und erzählt von kunstvoll gemalten Bildern und aufwändig gestalteten Bastelarbeiten[3], die eingeschickt werden.

Marina Selikowitsch hat das Staunen schon länger hinter sich. Sie vertritt das Hamburger Softwarehaus dtp, das mit Titeln wie „Meine Tierpension" oder „Meine Tierarztpraxis" Marktführer[4] im Bereich der Mädchenspiele ist. Und davon Mengen verkauft, über die die meisten Anbieter erwachsenerer Games mehr als glücklich wären. Im niedrigen sechsstelligen Bereich liegen die Verkaufszahlen vieler der Tierspiele. Das sind Zahlen, die nur wenige Actiontitel erreichen.

Mundpropaganda statt Marketing

Dazu kommt eine Verkaufskurve[5], von der die meisten Spielehersteller träumen. Denn eigentlich gilt im Spielemarkt: Was sich in den ersten drei Wochen nach Veröffentlichung nicht verkauft hat, bleibt liegen und verkauft sich erst wieder, wenn der Preis gesenkt wird. Bei den Tierspielen ist es umgekehrt: Sie erreichen die besten Verkäufe erst Wochen nach dem Erscheinen und verkaufen sich auch Monate später noch gut. Eine treue Fanbasis macht es möglich. Empfehlungen werden auf dem Schulhof ausgetauscht. Weshalb sich beispielsweise „Ponyfriends" erst ab der dritten Woche richtig gut verkauft hat. […]

Bei „Meine Tierpension" geht es darum, eine ebensolche zu betreiben und auszubauen. Angefangen wird mit einer Schildkrötenschlafstelle, am Ende ist es ein ganzes Tierhotel. Managementfähigkeiten werden mit Tierliebe verknüpft, denn natürlich darf keiner der Gäste vernachlässigt werden. Hunde brauchen Auslauf, Katzen müssen geknuddelt werden und Pferde gestriegelt. Jungs werden sich mit Grausen abwenden, die Mädchen finden es toll. […]

Zur Abwechslung haben die Deutschen die Nase vorn

Bei vielen dieser Spiele handelt es sich um deutsche Produkte. Kleine Entwicklerstudios aus der ganzen Republik arbeiten mit vergleichsweise niedrigen Budgets an diesen Titeln – und liefern gute Qualität ab. Das müssen sie auch: „Es spricht sich sehr schnell rum, wenn ein Spiel nicht gut ist", sagt Selikowitsch. Weshalb es für die Firmen auch wichtig ist, ein offenes Ohr für Kundinnenwünsche zu haben. „Die Mädchen sind sehr mitteilsam", erzählt sie, „weshalb wir unsere Foren[6] sehr genau lesen und auch schnell reagieren, wenn Fragen aufkommen." […] *(387 Wörter)*

http://www.spiegel.de/netzwelt/spielzeug/0,1518,497981,00.html [retrieved on July 13, 2010]

1 branch
2 competition
3 handicrafts
4 market leader
5 sales curve
6 discussion forum

Assignment

You are doing an internship with Game Developer Cobra Mobile Ltd in Dundee.
Write a summary of the article for your boss to help him decide about investing in a new game from Germany.

Teil B: Verkürzte Textaufgabe

FTC[1] Facts for Consumers

JULY 2006 – At-Home Genetic Tests: A Healthy Dose of Skepticism May Be the Best Prescription

Could a simple medical test tell you if you are likely to get a particular disease? Could it evaluate your health risks and even suggest a specific treatment? Could you take this test in the privacy of your home, without a doctor's prescription or guidance?

Some companies say genetic testing can do all this and more. They claim that at-home genetic testing can screen for diseases and provide a basis for choosing a particular diet, dietary supplement, lifestyle change, or medication. They sell their tests in supermarkets and drugstores, and they advertise their services in print, on television, and online. […]

Interpreting Test Results
Most genetic tests look at only a small number of the more than 20,000 genes in the human body. A positive result means that the testing laboratory found unusual characteristics or changes in the genes it tested. […] A negative result means that the laboratory found no unusual characteristics or changes in the genes it tested. This could mean that a person doesn't have a particular disease, doesn't have an increased risk of developing the disease, or isn't a carrier of the disease. Or it could mean that the test missed the specific genetic changes associated with a particular disease. […]

Company Claims
Be wary of claims about the benefits these products supposedly offer. Some companies claim that at-home genetic tests can measure the risk of developing a particular disease, like heart disease, diabetes, cancer, or Alzheimer's. But the FDA[2] and CDC[3] say they

aren't aware of any valid studies that prove these tests give accurate results. Having a particular gene doesn't necessarily mean that a disease will develop; not having a particular gene doesn't necessarily mean that the disease will not.

Some companies also may claim that a person can protect against serious disease by choosing special foods and nutritional supplements[4]. Consequently, the results of their at-home tests often include dietary advice and sales offers for "customized" dietary supplements. But the advice rarely goes beyond standard sensible dietary recommendations. The FDA and CDC say they know of no valid scientific studies showing that genetic tests can be used safely or effectively to recommend nutritional choices.

Be skeptical of claims that the tests can assess a person's ability to withstand certain environmental exposures, like particular toxins or cigarette smoke. The FDA and CDC aren't aware of any valid scientific studies that show that genetic tests can be used to predict whether a person can withstand environmental exposures.

Recently, some companies have claimed their at-home tests can give information about how a person's body will respond to a certain treatment, and how well people will respond to a particular drug. This claim is based on current medical research that shows differences in drug effectiveness based on genetic make-up. But, say federal experts, while these tests may provide some information your doctor needs or uses to make treatment decisions for a specific condition, they are not a substitute for a physician's judgment and clinical experience. *(495 words)*

1 FTC – Federal Trade Commission: U.S. government agency for consumer protection
2 FDA – U.S. Food and Drug Administration: government agency for health protection
3 CDC – Center for Disease Control and Prevention: government agency for disease control
4 nutritional supplements: Nahrungsergänzungsmittel

Assignments

1. Point out what the text says about at-home genetic tests. (30 BE)
2. Compare the attitude favoured in the text at hand to attitudes towards genetic testing and engineering in a utopia or dystopia encountered in class. (40 BE)
3. Discuss the roles of consumers, business and government, especially considering the role you would expect the government to play in regard to profit-driven genetic testing. (30 BE)

In die Gesamtwertung gehen die Ergebnisse der Teilaufgaben A und B im Verhältnis 3:1 ein.

Lösungsvorschläge

Teaching Modules referred to:
The mediation material refers to the teaching module Science and technology *(Q1), especially in respect of* electronic media. *The second text is concerned with* utopias *and* progress in the natural sciences *from the module* Order, vision, change *(Q3). The topic* Work and industrialization *(Q2) with its issues* business, industry and the environment *is also an important point of reference.*

Teil A: Aufgabe zur Sprachmittlung

Your summary should not exceed one third of the original text, which would make up 100 to 130 words in this case. You may want to add a title to your mediation.

Girls find their way into game world
In his *Spiegel* article "Deutschlands heimliche Boombranche", published online on July 13th, 2010, Carsten Görig illustrates how gender based preferences influence the game industry.
Manufacturers so far specialized in action and war games are highly surprised by the success of games like "Ponyfriends" and the active fan base formed by girls, a new target group. Some companies now offer games strictly for girls, exceeding the sales figures of games for boys by far. The increasing demand and the ascending sales curves of games for girls indicate that this new branch is influenced by word of mouth instead of price. Animal games – strongly rejected by boys – are particularly successful.
Many of these new games are developed by German low budget manufacturers sensitive to girls' expectations and providing good quality. *(135 words)*

Teil B: Verkürzte Textaufgabe

1. *How to approach the task:*
   Before you deal with the assignment read the text carefully, underline the key facts and plan carefully. Since the text opposes two very antagonistic points of view, information can be collected in two columns and then brought together in one text.

   The text "At-Home Genetic Tests: A Healthy Dose of Skepticism May Be the Best Prescription" by the FTC from July 2006, contrasts the views of companies that claim the success of genetic home-tests with the warnings of government agencies for consumer and health protection that question the seriousness and validity of these tests.
   The text illustrates how companies claim that they are able to evaluate health risks and recommend a specific treatment or diet, although they test and verify only a small amount of the existing genetic material. Not only can they predict the risks of contracting certain diseases or illnesses but in their view they can also calculate the risk of getting a disease, offer strategies for protection and even predict how people will re-

spond to a certain form of treatment. Subsequently, they offer food and nutritional supplements to avoid a particular disease like cancer or diabetes.
In contrast to these companies, U.S. government agencies for consumer and health protection warn of the companies' claims and their very optimistic way of interpreting test results, which do not seem to be representative and have not been scientifically verified. Moreover, they suspect the companies of manipulating the consumer with their optimistic health forecast.
Although government agencies admit that such tests may have a certain explanatory power, they suggest to also consult specialized personnel like physicians with clinical experience and double-check the validity of the at-home test. *(235 words)*

2. *How to approach the task:*
Step 1 *The question implies that there are at least two different opinions on the matter of genetic testing, and one of them is preferred in the text at hand. Therefore, illustrate the contrasting opinions briefly and point out which one is favoured and why.*
Step 2 *Think of novels read in class which are concerned with the same issues emphasised in the text. In the context of utopia and dystopia, the influence of big companies on the behaviour of people who are exposed to constant and subtle forms of manipulation iseespecially relevant. Make a list of arguments and find criteria to establish connections.*
Step 3 *Structure your arguments logically and start writing. You should contrast the pros and cons based on convincing examples and use suitable linking words (conjunctions) to mark logical transitions.*

The given article contrasts two different views on genetic tests. On the one hand, some companies specialized in genetic testing understandably argue that their tests can help anticipate a certain disease (ll. 16–19), protect people from getting a disease (ll. 23–26), and even predict whether a person can resist environmental influences (l. 32). On the other hand, governmental agencies for consumer and health protection warn consumers not to believe in the optimistic pledge of these companies. They argue that the tests have only very limited explanatory power (l. 9) and have not been scientifically confirmed (ll. 20, 27).
Although the article offers two different views, it is not necessarily neutral. The attitude favored is that of skepticism and concern. The text intends to warn the reader and probable consumer of risks and too high expectations regarding genetic test results. Its critical attitude is revealed when the text questions the explanatory power of the tests (ll. 11–15). Its warning attitude is also reflected in the syntactic construction with imperatives like "be wary of claims" (l. 17), "be skeptical of claims" (l. 29) and the normative references underlining the lack of valid scientific studies (l. 20). The tests' supposedly predictive force is a rather limited view on the matter ("look at only a small number", l. 9; "some information", l. 37). Finally, government agencies express their warnings openly and directly when questioning or denying the scientific seriousness of the tests (ll. 20, 27–28). That commercial interests dominate over health concerns

is illustrated by the fact that the companies mentioned offer these tests in supermarkets supported by extensive advertising (ll. 6/7).
In the dystopian novel *Brave New World* by Aldous Huxley this critical attitude of concern has been replaced by a form of authoritarian belief in the scientific possibilities of genetic engineering used by the government for social, economic and political reasons. The action of the novel is set in a technologically advanced society, ruled by an authoritarian government and based on a restrictive ideology. In contrast to the article, which refers to the state of our world at present, the balance between political and economic powers has been abolished in favor of the political ruling class in *Brave New World*. Science, mainly genetic engineering, is abused by the political rulers to exclude individuality, to create subordination and to make people love their servitude. The government takes massive advantage of the scientific progress to secure their power and create a uniform society in a highly controlled standardized production process.
The warnings of political organizations illustrated in the text at hand can be perceived as a contribution to self-determination and thus a lively, democratic society, whereas in *Brave New World* individuality as a vivid example of self-determination has been completely abolished and replaced by uniform human beings, conditioned to accept their destiny, unable to experience the burden or blessing of the free will that is alluded to in the text above. Mustapha Mond, the World Controller justifies his oppressive ideology of genetically engineering, conditioning and manipulating people as a way to maintain social stability.
The warnings of the governmental organizations can also be seen as an attempt to undermine the subtle form of manipulation by commercial companies who try to influence the habitual buying behavior of the consumer prone to suggestions. The government seems to have an interest in a consumer who is mentally and physically healthy, knowing that any form of manipulation is a step towards alienation and a social danger.
All in all, the novel shows how people have created a highly sterile world under the influence of science, and genetic engineering has become a powerful instrument of manipulation and adaptation. It stands in contrast to the content of the article above which – with all its frightening tendencies – creates an image of stable political circumstances.

(639 words)

3. *How to approach the task:*
The assignment expects you to come up with ideas which should reflect the role of the basic market players: consumer, business, government in a difficult, highly sensitive market situation. The first part of the assignment has a more descriptive orientation, so start from a wide, general point of view and include positive and negative aspects of genetic testing. Then you can become more specific and critical by including economic, religious and moral aspects as well as thoughts regarding health. Contrast the different issues and offer your view on the government's role in all this.

Genetic testing has become one of the most controversially discussed topics in public life all over the world. It is a highly sensitive issue since it touches and is able to considerably shake moral and religious beliefs. The advocates of genetic testing argue that it is an outstanding scientific achievement because it can predict and even "measure the risk of developing a particular disease" (l. 18). The opposition not only questions such claims, but also warns of consequences of all kind. But what role should each and every market participant play in regard to profit-driven genetic testing?

The companies involved understandably argue that genetic testing is a contribution to scientific progress which cannot be stopped. It is a result of complex team-work between different scientific branches. It has taken years of scientific work, set-backs and considerable capital investment. Although companies have invested millions in research and should have the right to recuperate their money, they claim they are most concerned in people's well-being.

The possibility to predict diseases is appreciated mostly by people who suffer from genetically conditioned diseases and are afraid that their offspring will have to suffer, too. They embrace scientific progress like pre-implantation genetic diagnosis (PGD) as a way of easing and even eliminating unnecessary suffering. From their point of view it is a basic human right to receive medical and scientific assistance and take advantage of scientific progress.

Even people addicted to drinking and smoking might have an interest in genetic testing. The knowledge that one is not able to withstand a certain form of toxin can possibly affect one's behavior in a positive way. At the same time, however, the information that one is resistant to harmful substances could encourage behavior detrimental to one's health.

Organizations for consumer protection warn of a business that could easily get out of control because the prospect of being able to predict one's future arouses an enormous interest and can be financially very stimulating. This could affect the moral standards of our society. Companies could stoke fears and could easily take advantage of anxious and hopeful people. Doctors and scientists could become neglectful and develop more economic interests. Additionally, the ability to eliminate diseases and the prospect of creating a "healthy" society in the future could create a lack of solidarity towards the less fortunate members of society.

Until recently governments have been able to cope with this delicate matter. They have given the required consideration to the problem and warned people of the risks and limited possibilities of genetic testing.

In my opinion companies should have the right to offer profit-driven genetic testing. If general consent was required for every scientific and medical intervention, progress would not be possible. Scientists and doctors do not become less caring only because they are paid for their services. Recent medical advancement makes it reasonable to allow such a market.

However, the government should strictly check the effectiveness of genetic testing and allow only highly reliable products. The government should also define the moral standards according to which genetic testing is justifiable. I would completely oppose a liberalization of the market where naïve or unsuspecting customers could become victims of economic interests. Governments should also be able to set a framework for expenditures and protect the consumer against unaffordable costs. A highly regulated market could frighten companies, though, and hinder scientific work if companies feel they are not rewarded for their endeavors.

The government should also set a legal framework for genetic testing. It should only be allowed under strict medical observation and by consent. Sales of genetic tests in supermarkets should definitely be prohibited, because not everyone has the knowledge to understand the results and the recommendations offered.

In conclusion, one can say that profit-driven genetic testing cannot be stopped. It is the result of scientific progress and a helpful instrument for improving the state of health within society. It can also be perceived as a cultural achievement and has a right to exist. Yet in spite of all the advantages it can offer, governments should still interfere actively and offer the moral and financial framework for such a delicate matter.

(690 words)

Abiturprüfung Hessen 2011 – Englisch Leistungskurs
Vorschlag A – Redefining the Melting Pot

Immigrants Shunning Idea of Assimilation

By William Branigin, Washington Post Staff Writer, Monday, May 25, 1998

OMAHA – Night is falling on South Omaha, and Maria Jacinto is patting tortillas for the evening meal in the kitchen of the small house she shares with her husband and five children. Like many others in her neighborhood, where most of the residents are Mexican immigrants, the Jacinto household mixes the old country with the new.

As Jacinto, who speaks only Spanish, stresses a need to maintain the family's Mexican heritage, her eldest son, a bilingual 11-year-old who wears a San Francisco 49ers jacket and has a paper route, comes in and joins his brothers and sisters in the living room to watch "The Simpsons".

Jacinto became a U.S. citizen last April, but she does not feel like an American. In fact, she seems resistant to the idea of assimilating into U.S. society.

"I think I'm still a Mexican," she says. "When my skin turns white and my hair turns blonde, then I'll be an American."

In many ways, the experiences of the Jacinto family are typical of the gradual process of assimilation that has pulled generations of immigrants into the American mainstream. That process is nothing new to Omaha, which drew waves of Czech, German and Irish immigrants early this century.

But in the current immigration wave, something markedly different is happening here in the middle of the great American "melting pot".

Not only are the demographics of the United States changing in profound and unprecedented ways, but so too are the very notions of assimilation and the melting pot that have been articles of faith in the American self-image for generations. *E Pluribus Unum* (From Many, One) remains the national motto, but there no longer seems to be a consensus about what that should mean.

There is a sense that, especially as immigrant populations reach a critical mass in many communities, it is no longer the melting pot that is transforming them, but they who are transforming American society.

American culture remains a powerful force – for better or worse – that influences people both here and around the world in countless ways. But several factors have combined in recent years to allow immigrants to resist, if they choose, the Americanization that had once been considered irresistible.

In fact, the very concept of assimilation is being called into question as never before. Some sociologists argue that the melting pot often means little more than "Anglo conformity" and that assimilation is not always a positive experience – for either society or the immigrants themselves. And with today's emphasis on diversity and ethnicity, it has become easier than ever for immigrants to avoid the melting pot entirely. Even the metaphor itself is changing, having fallen out of fashion completely with many immigration advocacy and ethnic groups. They prefer such terms as the "salad bowl" and the "mosaic", metaphors that convey more of a sense of separateness in describing this nation of immigrants.

"It's difficult to adapt to the culture here," said Maria Jacinto, 32, who moved to the United States 10 years ago with her husband, Aristeo Jacinto, 36. "In the Hispanic tradition, the family comes first, not money. It's important for our children not to be influenced too much by the *gueros*," she said, using a term that means "blondies" but that she employs generally in reference to Americans. "I don't want my children to be influenced by immoral things." […]

Among socially conservative families such as the Jacintos, who initially moved to California from their village in Mexico's Guanajuato state, then migrated here in 1988 to find jobs in the meatpacking industry, bad influences are a constant concern. They see their children assimilating, but often to the worst aspects of American culture. […]

Immigrants such as the Jacintos are here to stay but remain wary of their adoptive country. According to sociologists, they are right to be concerned.

"If assimilation is a learning process, it involves learning good things and bad things," said Ruben G. Rumbaut, a sociology professor at Michigan State University. "It doesn't always lead to something better."

At work, not only in Omaha but in immigrant communities across the country, is a process often referred to as "segmented" assimilation, in which immigrants follow different paths to incorporation in U.S. society. These range from the classic American ideal of blending into the vast middle class, to a "downward assimilation" into an adversarial underclass, to a buffered integration into "immigrant enclaves". Sometimes, members of the same family end up taking sharply divergent paths, especially children and their parents.

The ambivalence of assimilation can cut both ways. Many native-born Americans also seem to harbor mixed feelings about the process. As a nation, the United States increasingly promotes diversity, but there are underlying concerns that the more emphasis there is on the factors that set people apart, the more likely that society will end up divided.

With Hispanics, especially Mexicans, accounting for an increasing proportion of U.S. population growth, it is this group, more than any other, that is redefining the melting pot.

(829 words)

http://www.washingtonpost.com/wp-srv/national/longterm/meltingpot/meltingpot.htm [retrieved on July 13, 2010]

Assignments

1. Summarize the text. (25 BE)
2. Taking the given text as a starting point, examine central aspects of the American Dream, including its historical roots. (35 BE)
3. *"Immigration Without Assimilation Equals Invasion"*
(The American Daily, March 24, 2005)
Comment on this headline taking into account the situation in Great Britain. (40 BE)

Lösungsvorschläge

Teaching modules referred to:
The topics dealt with here mainly concern the teaching module The Challenge of Individualism – USA *(Q1). The second task also requires a profound knowledge of the* American Dream *and its historical roots. The third task focuses on the assimilation of immigrants in Great Britain, which is a central issue in the module* Tradition and Change – The UK *in Q2. The themes of multiculturalism and social change are also dealt with in the module* Promised Lands *in Q3.*

1. ***Step 1*** *Read the text very carefully and underline the most important statements. Concentrate on these statements and on the line of argumentation because the summary must not exceed one fourth to one third of the original number of words, i. e. 210–280 words.*
   Step 2 *Start by writing an umbrella sentence that includes the author, date, source and topic of the newspaper article. Be careful to use your own words as far as possible and to make the line of argumentation clear. Your summary must neither contain quotations nor your personal opinion.*

   The article at hand by W. Branigin, which was published in the *Washington Post* on May 25, 1998, deals with the increasing reluctance of immigrants to adopt mainstream American culture.
   At first the author gives the example of a Mexican family living in an ethnic neighbourhood in Omaha. Whereas the mother, who speaks Spanish only and does not feel like an American, seems to resist integration despite being naturalized, the children grow up bilingually and live like other American youths.
   In the past immigrants from Europe gradually assimilated to mainstream American culture, yet, nowadays, with changing patterns of immigration, people no longer believe in the traditional concept of the melting pot. The large group of Hispanic immigrants even seems to be altering their host society and the melting pot.
   Although American culture has a worldwide impact, it is often rejected by immigrants. Branigin gives several reasons for this. While the melting pot concept is often equated with conformity and viewed as negative, the concepts of diversity and ethnicity, as well as the metaphors of the salad bowl or the mosaic, have gained popularity. Some immigrants fear the loss of their cultural heritage and family values and, therefore, want to protect their children from immoral influences. They are supported by sociologists who stress negative experiences in the assimilation process.
   Assimilation increasingly takes place in a segmented way, either to the middle class, to an underclass or to a parallel society. This has caused many native born Americans who fear a fragmented society to become sceptical about these developments.

   (257 words)

2. ***Step 1*** *Make a mind map or a list of the different tenets of the American Dream you dealt with in class. It should include the melting pot, the hopes of immigrants to obtain freedom from political or religious oppression, liberty and equal opportunity, as well as the idea of becoming successful on the basis of hard work.*
Step 2 *Add notes on the historical dimension of these central tenets of the American Dream and keep in mind that these are aspects of a dream which did not come true for everyone, although it is still widely accepted and continues to attract people who want to start anew. Add ideas which illustrate that the American Dream does not reflect reality. Remember that e. g. slaves, women and Native Americans were excluded and that many hopeful immigrants ended up in poverty. You may refer to texts and films dealt with in class.*
Step 3 *Be careful to write a coherent answer and to structure your text effectively with the help of paragraphs. You can take the article's central issue, the melting pot, as a starting point.*

The concept of the melting pot, which is currently changing due to changing patterns of assimilation, as depicted in the text, is a central element of the American Dream. The idea that immigrants from Europe were melted into a new race of Americans dates back to J. Hector St. John de Crèvecoeur, who published his notes on American society in his "Letters from an American Farmer" in 1782. Crèvecoeur defined Americans as people who had left behind their old heritage and manners when they came to America. He emphasized that individuals of all nationalities were melted into a new race of men who acted upon new principles because they were allowed to harvest the fruits of their labour without being exploited by aristocrats or the church. Crèvecoeur observed that people in the new world were happier and more self-reliant and independent than in Europe.

After the successful breakaway from England many writers documented the great optimism concerning the liberal ideas of life, liberty and happiness that Thomas Jefferson had written in the Declaration of Independence in 1776. The fact that the Founding Fathers succeeded in setting up a democracy led may people to believe that life in classless American society stood in contrast to the unjust conditions in Europe. Of course, people overlooked the fact that these rights mainly applied to white male settlers. Women, slaves in the southern states, indentured servants and Native Americans were excluded.

Yet, the conception of the new world as a model society dates back to the very first settlers, the Pilgrims, who had set out to escape from religious persecution and to build a society that would serve as a beacon light to the rest of the world. The male passengers aboard the Mayflower signed the so-called Mayflower Compact in 1620, in which they agreed to form a government and to be bound by its rules. Many central tenets of the American Dream had their origin in Puritan religion, which stressed commitment to individualism and equality, hard work and the responsibility for one's personal success or failure in life.

Throughout the 19th century many immigrants were attracted to the United States by the promise of being freed from bondage or exploitation and abuse by feudal lords. Immigration to America seemed to promise individual liberty and freedom from con-

trol and, in fact, many immigrants did find better chances to succeed than in their home countries. As the frontier was gradually pushed further west, cheap land was available. In their letters home many immigrants idealized America as a land of plenty where every individual could start anew. As a consequence, countrymen in Europe increasingly attempted to escape from famines, unsuccessful democratic revolutions and religious and political persecution. Nevertheless, life turned out to be hard and dangerous. For many it was not the land of milk and honey that was propagated in pamphlets and letters.
During the industrial revolution and after the closing of the Frontier in 1890, the careers of inventive businessmen who proceeded "from rags to riches" promoted the idea that everyone could strike it rich in America if they only worked hard enough. The belief in equal opportunity in a classless society continued to attract immigrants to the United States. By that time the structure of immigration had changed. The new immigrants increasingly came from southern and eastern Europe in great numbers. These people found it harder to fit in and to adapt to American culture. They often encountered bad working conditions in sweatshops, slaughterhouses and factories and many of them ended up living in slums. At the same time Americans became sceptical about the "huddled masses" that tried to enter the U.S. As a result, the first anti-immigration legislation was passed. Ellis Island, the "isle of tears", was set up to curb the high immigration rates. Those who were accepted found out that the chances of social mobility had decreased and that prospects had become bleak. Many experienced severe competition, tenement housing, gang wars among ethnic groups and life in poverty. Others found it hard to deal with so much freedom, individuality, and moral liberty, like the text at hand indicates for the Jacinto family (ll. 40–49). The situation today is quite similar concerning the influx of immigrants from Mexico and South America.
All in all, the American Dream has reflected the hopes and wishes of immigrants and Americans alike since the days of the first settlement. Although people tend to overlook the fact that reality can turn out to be strikingly different from ideals and that they might have to pay a high price for a new beginning, the Dream still continues to attract many immigrants to the USA. Today the wish to make a decent living, to have a house and a car of your own is especially attractive to immigrants who are trying to escape the third world conditions in their home countries. *(814 words)*

3. ***Step 1*** *Concentrate on the quotation from the American Daily and its meaning. It basically implies that people feel threatened if immigrants are not willing to assimilate to mainstream culture.*
   Step 2 *Consider the literary and non-literary texts on assimilation and integration dealt with in class. Remember that the task requires you to focus on assimilation in Great Britain.*
   Step 3 *Develop a structure for a convincing comment and be prepared to come to a conclusion on whether or not you agree with the headline. You should consider the following aspects:*
   - *the meaning of the quotation*
   - *definition of assimilation*

- *obstacles to assimilation*
- *immigration to Great Britain before and after 1962*
- *impact on multicultural society*
- *your personal opinion*

In the given quotation immigration is equated with invasion of the host country if the immigrants fail or refuse to assimilate. It underlines that some native people obviously reject the idea of a multicultural society in which everyone may keep their cultural heritage and customs. Assimilation as it is demanded in the quotation is a rather strict concept that requires immigrants to sever their cultural ties and to fully accept the mainstream culture of their host country. At the same time it has to be considered that the speed and degree of assimilation strongly depend on the cultural background and on the amount of education or professional training a new immigrant has. Knowledge of the language also makes it easier to adapt to new surroundings. Many first generation immigrants, especially from developing countries, are confronted with a fight for survival if they have little or no education and do not speak the language. They are often discriminated against, work in badly paid jobs and remain living in their ethnic neighbourhoods, which are referred to as parallel societies. They keep their traditions and their language without leaving the neighbourhood, since they even find their native food stores there. Many older people and women do not feel the need to assimilate. Younger family members may encounter fewer problems concerning the language or establishing contacts outside of the ethnic neighbourhood, which often leads to collisions with traditional family values. In Great Britain, for example, young girls from traditional Asian families find it extremely difficult to fit in if their parents insist on traditional clothing or arranged marriages.

Conflicts like these and other social and economic problems, as well as high crime rates fuel anti-immigration sentiment and even xenophobia. This is especially the case in times of economic crisis when competition is feared on the labour market.

Great Britain developed into a multicultural society after the breakdown of the British Empire. After World War II the government encouraged immigration because of acute labour shortages. Many immigrants were attracted from the Caribbean or from the Indian subcontinent. Until 1962 people from all over the Commonwealth were free to enter Britain and to obtain British citizenship. When the economic situation changed, many British people complained about massive immigration allegedly undermining Anglo-Saxon society. As a result, the government decided to limit the influx of immigrants. In 1968 Enoch Powell, the conservative politician, summed up the fears that were spreading, especially among members of the working class. In his famous speech "I seem to see the River Tiber foaming with much blood" he depicted a scenario in which the English would soon be outnumbered by countless immigrants and their descendants, who would be competing for hospital beds or jobs. Powell warned the public of an upcoming fragmentation of society in first and second class citizens and encouraged re-emigration with the help of generous grants. The stigmatization of immigrants as mass invaders contributed to an increase in racial tensions within multicultural Britain. Since the riots in Brixton, Birmingham and Liverpool in the 1980s, mutual trust between the police and ethnic minorities has been strongly affected.

Nowadays many people feel particularly threatened by members of Muslim communities due to the attacks of 9/11 and bombings in England. The British author of Pakistani descent Hanif Kureishi points out that many younger Muslim teenagers feel exposed to mistrust and feel rejected. According to Kureishi it is the suspicion they are confronted with that makes it hard for them to assimilate. In addition, they feel underprivileged in schools and fear for their future careers. Some of these young people who were almost fully integrated in society are now looking for new traditional ethnic identities. In Kureishi's short story *My Son the Fanatic* the protagonist, Ali, the son of a taxi driver of Pakistani origin, gives up his western lifestyle, his English girlfriend and a promising career in favour of radical Muslim fundamentalism. Ali finally preaches holy war against the corrupt western culture, which he considers to be based on prostitution, materialism and drug abuse.

To come to a conclusion, I would say that it is unrealistic and somewhat intolerant to demand complete assimilation. This demand actually implies the idea that mainstream culture is superior to others. Personally, I feel that everybody should be allowed to make his or her choices as freely as possible and to keep the heritage he or she feels comfortable with, as long as others are not harmed in any way. Multicultural society creates a colourful pluralism which we all benefit from in different fields of everyday life. Notwithstanding, I am convinced that multicultural society can only work out if it is based on mutual tolerance and on the general acceptance of the laws based on human rights. Consequently, I favour concepts that integrate different cultures into society without demanding full assimilation. *(805 words)*

Abiturprüfung Hessen 2011 – Englisch Leistungskurs
Vorschlag B – Integration

Uncle Sam's Guests

In the novel 'Small Island' by Andrea Levy a group of black Jamaican WW II Royal Air Force volunteers are trained in an American air force camp in Virginia.

'Okay, boys, now listen up here,' was how he began, this officer from the US military. Perched[1] informal on the edge of a desk he was relaxed, the only white man in this room full of volunteer servicemen from the Caribbean.

'Pay attention, you lot,' our British NCO[2], Corporal Baxter, had warned us while we waited for this American officer. 'He's got something he has to say and you're guests here, so listen to him politely. All right.'

This American officer's head was angular – a square jaw is not unusual especially for an officer, but a square skull! Lenval whispered, 'Him mummy still cross eye from giving birth,' and my smile made this officer pin two penetrating blue eyes on me and me alone.

'You are now the guest of Uncle Sam.'

Resting easy – some of the boys even smoking – our bellies full, looking forward to a few days in the land of the free, some of us, as Jamaicans are prone[3] to do, concurred[4] verbally: 'Yes, sir – umm, umm.'

This momentarily took the officer by surprise, his back stiffening before carrying on. 'While you are here, all facilities pertinent to your rank will be open to you.' He stopped here, waiting for a reaction more animated than just the nodding and grinning he received. 'You will be able to use the movie theatre, the playing fields, all mess facilities, et cetera, et cetera.' […]

'But …' I was not the only one waiting for this first catch[5] '… you will be, for the duration of your stay, confined to the camp'.

Oh there was much sucking of teeth and moaning, 'Cha … cha … cha …' snapping around like firecrackers. There was no eyebrow left unknitted.

The officer had to put up his hand to settle the room. 'The reason …'

'Cha … cha … cha …'

'Your attention, please. The reason for this decision, which your NCOs can go into in more detail – but the reason for this is to minimise the risk of contracting disease. The British military authorities are quite clear that any serviceman contracting a disease while here will not be allowed to travel any further and will be returned to his country of origin forthwith.'

This did not settle us. With stomachs full, our thoughts had all returned to women. Although I did not want to be turned round having come so far, this war business was getting me down. No one knew how long we would be immured on this camp without seeing a curvaceous[6] bosom, a rounded hip, a shapely leg. How long without female company? No American girl was to see me in uniform – oh, boy, this was serious. The room hummed – this officer had put his finger in and stirred up the nest.

'I know, I know, you're all disappointed. But while you are at this military establishment,' his voice was rising, 'and guests of the Government of the United States of America you will have the run of this camp. Everyone here has been ordered to see that your stay with us is the best welcome Uncle Sam could give to the negroes of an ally.' He was shouting now. 'You will mix with white service personnel. Have you boys any idea how lucky you are? You will not be treated as negroes!' [...]

Now, from what I could understand, this American officer with the angular head was telling us that we West Indians, being subjects of His Majesty King George VI, had, for the time being, superior black skin. We were allowed to live with white soldiers, while the inferior American negro was not. I was perplexed. No, we were all perplexed. We Jamaicans, knowing our island is one of the largest in the Caribbean, think ourselves sophisticated men of the world. Better than the 'small islanders' whose universe only runs a few miles in either direction before it falls into the sea. But even the most feebleminded small islanders could detect something odd about the situation. While being shown round the camp a smiling face would tell us, 'You see, your American nigger don't work. If his belly's full he won't work. When he's hungry again then he'll do just enough. Same kinda thing happens in the animal kingdom. But you boys being British are different.' While being shown to our seats in the all-white picture show, handed bars of chocolate and cigarettes to share, men would say, 'I am loyal to my flag but you would never catch no self-respecting white man going into battle with a nigger.' At a dance in the mess being persuaded to boogie-woogie and jive – to let go, man, go! – into our black faces, up against our black skin they said, 'We do not mix the negro and the white races here because it lowers the efficiency of our fighting units. Your American nigger ain't really cut out to fight.'

Apparently our hosts had tried every solution to their nigger problem. 'Only one that works in this country, and certainly in the military, is segregation.' This was apparently how everyone liked it – black man as well as white. They had a name for it – no, not master-race theory: Jim Crow![7]

(862 words)

Andrea Levy: Small Island, Headline Publications, London 2004, pp. 127–312

1 perched on – lässig sitzend
2 NCO – non-commissioned officer (Unteroffizier)
3 prone to – dazu neigen etwas zu tun
4 to concur – to agree
5 catch – der Haken (an einer Sache)
6 curvaceous – kurvenreich
7 Jim Crow laws: a system of laws and regulations in the southern states of the U.S. after the Civil War, making segregation seemingly legal

Assignments

1. Describe what the narrator learns about the way black soldiers are seen. (25 BE)

2. Explain the system of racial discrimination and segregation that developed in the U.S. in the past and that lasted well up to the time referred to in the text at hand (World War II). (35 BE)

3. *"Multiculturalism makes our country more diverse, but does it actually make it any better?"*
   (from a letter to the BBC in reaction to Prime Minister Blair's 'Multiculturalism Speech', December 8, 2006)
   Based on the comment cited above, discuss the situation of ethnic minorities in the United Kingdom. Refer to your reading/viewing experience in class. (40 BE)

Lösungsvorschläge

Teaching modules referred to:
The literary excerpt and the first two tasks deal with the module USA *(Q1) and take a closer look at the concept of the* American Dream *and the issue of* living together (African Americans). *The third task extends the focus to* The United Kingdom *(Q2) and the module* social structures, social change.

1. ***Step 1*** *Scan the text carefully for relevant information and highlight all important points that refer to the American image of the black man. Other items mentioned in the text are not relevant to your answer. Consider briefly who the narrator is (in this case, a black Jamaican soldier).*
   Step 2 *Think of an introductory sentence: in many cases, it is a safe start to use the wording given in the question itself. Answer the given task using the points you have just highlighted. Use your own words as far as it is appropriate and do not forget to give evidence from the text (line numbers).*

   When being trained in an American air force camp in Virginia during the Second World War, the narrator, a black Jamaican Royal Air Force volunteer, learns about the way black soldiers are seen in the United States of America.
   Apparently, black men are expected to not have the same manners as whites do and even have to be told how to behave when dealing with a white person (ll. 4–6, 10). Consequently, the white American officer seems rather surprised when the group of colored Caribbean servicemen answers him politely (l. 14).
   Additionally, it is a big step for US military authorities to give the black Jamaican soldiers access to all military facilities, such as the movie theater, the playing fields and much more. Therefore, the U.S. officer is quite astonished that the Jamaicans seem to take this permission for granted and do not show the expected enthusiasm and joyous surprise (ll. 15–18).
   Despite the permissions to use all entertainment facilities they want to, the Jamaican soldiers are disappointed because they will not be allowed to leave the camp and, thus, have no opportunity to meet any women. The reason they are given for this prohibition is "to minimise the risk of contracting disease" (l. 26); yet, it remains uncertain if this is the only explanation why blacks have to stay in the camp; other possible motives remain untold. The Jamaicans' negative reaction to this confinement shows that they are probably used to different, more liberal rules in their home country (ll. 30–35).
   In general, the narrator learns that black people in the United States are considered to be of lesser value and abilities than white people, so American authorities do not hesitate to point out that the black soldiers from Jamaica should consider themselves lucky to be allowed to "mix with white service personnel" (l. 40) and "not be treated as negroes" (l. 41). This takes the narrator quite by surprise, because it seems totally paradoxical to him that British blacks are actually considered to be worth more than the

"American negro" and are, in turn, allowed to do more than American blacks are (ll. 42–45).
On top of that, the narrator and his fellow soldiers encounter open discrimination and intolerance in Virginia, such as racist statements from American military personnel. For instance, they are told that a white man would never go into battle with blacks, because they diminish the "efficiency of [American] fighting units" (ll. 57/58). Even though Americans tell the Jamaicans that these restrictions only apply to American blacks, who "ain't really cut out to fight" (ll. 58/59), and not to the British blacks, the narrator seems to be offended by such statements being told straight to his face (ll. 50–59).
Finally, the narrator states in a rather ironic way that American whites, in accordance with blacks, have resorted to some kind of "master-race theory" after having unsuccessfully approached the "problem" with blacks in other ways: segregation in the military, as well as in American society in general seems to be the only effective solution to the black-and-white issues (ll. 60–63). *(528 words)*

2. *Make a short list / take some notes on a separate piece of paper listing all the important events and issues that have defined and shaped the role of black Americans in the past and up to World War II.*
It is strongly advisable to answer the question in the chronological order of events.

Racial discrimination against African Americans began a couple of centuries ago: from the 1600s well up to the early 1800s, Africans were brought to North America and sold as slaves to work on the huge plantations in the American South. These black slaves were considered cheap farm labourers and had no rights, since most of their owners did not treat them as human beings, but as an object that could be owned; some "masters" even put collars on their "possessions", the slaves. The slaves had to work extremely hard and were often punished, whipped or even hanged straight away if they disobeyed their owners or did not do their work right. Understandably, in the 19th century more and more people – mainly in the North of the United States – felt that slavery should be abolished and wanted to ship the slaves back to Africa. These people were called "abolitionists". The primarily agricultural South protested strongly against these plans, because in contrast to the more industrialized North, its economic prosperity relied heavily on slavery, so Southerners opposed any call for change. Although slave trade was officially ended in 1808, slavery itself was not.
The different attitude towards the issue of slavery is one of the reasons why the American Civil War broke out between the North and the South in 1861. During this war, eleven slave-holding Southern states left the Union and founded the Confederate States of America, since no compromise on slavery could be found between the North and the South. President Abraham Lincoln's "Emancipation Proclamation" in 1863 promised freedom for slaves and made the abolishment of slavery an official war goal for the Union. Indeed, the Union's victory and the defeat of the Confederate South in 1865 brought the official abolition of slavery, which is written down in the 13th amendment of the US Constitution and marked the end of the American Civil War.

However, life for black people did not considerably improve after the war: although they became free men, blacks were freed into a racist society. Often working as cotton pickers on the same plantation as before, they were hardly better off. In those days, blacks had to defend themselves against white racists, who for example in 1865 had founded the Ku Klux Klan, an organization that aimed at terrorizing black people. The Ku Klux Klan has become the epitome of white racism against black people and can be held responsible for thousands of illegal whippings and lynchings.
At the end of the 19th century, it became more and more obvious that blacks were still not considered equal members of American society. For instance, special new laws, called Jim Crow laws, were created which stopped blacks from voting and, in general, supported the "separate but equal" policy, which the Supreme Court ruled on in the court case Plessy vs. Ferguson. It can be said that at this point, slavery had been replaced by segregation. This term is similar to the concept of South African apartheid and meant that black Americans had to go to other hospitals, schools and churches than white Americans; they even had to use different buses and bathrooms and were not given any access to "white" facilities at all: racism was now written down in US law.
Consequently, black people were not able to lead the same life as white people: they did not stand a chance in attending good schools or universities and were subsequently denied well-paid jobs, which again prevented them from being accepted or rising to a higher level in society. Whites did not want (former) slaves to attain the same status as they had. Giving black people access to "white" parts of society, such as politics, would have required whites to give some of that power up and hand it over to blacks – hardly any white person at the time was willing to do that. It was (and maybe still is) a long process for blacks to be seen as equals. Not until 2008 did a black man hold the highest political office of the country, the US presidency. *(678 words)*

3. ***Step 1*** *Make sure you understand the task including the quote given in it: what is said here? Where is the connection to the issue of multiculturalism? Is multiculturalism seen as something positive or negative?*
Step 2 *Think of the issues that ethnic minorities in the UK have to deal with (draw up a list on a separate piece of paper). To illustrate your points, think of any book or movie you dealt with in class that might provide useful examples for your arguments. You might want to elaborate on about three to four points/arguments. Remember that you have to provide arguments for either side (pros and cons) of the issue.*
Step 3 *Arrange a logical structure for your arguments and start writing. A good way to introduce a topic can be historical facts, surveys or quotes – maybe there is something you know of in connection with the topic? You may also want to give your comment a title.*

Multiculturalism – blessing or curse?
In the previous decades, the United Kingdom has been a country of increasing ethnic diversity: since the Second World War, large numbers of people have entered the country as immigrants or to seek asylum. Almost eight percent of the British popula-

tion is non-white; fifty percent of the members of ethnic minorities were already born in Great Britain. The UK has long adopted a policy of multiculturalism in relation to immigrants, meaning that the government allows people from different cultures to live in the UK and continue to practice their own cultural traditions in addition to adapting to British ways. As a result, the country has become a vibrant mixture of cultures and a centre of financial and cultural exchange, but the question whether this diversity is a blessing or a curse for British society still remains.
On the one hand, ethnic minorities can definitely be seen as a gain for British society in general: by adding their cultural background, traditions and ways of life to the British one, they have made the country more complex and diverse. Numerous immigrants have integrated into British society quite well and have preserved aspects of their language, religion and culture at the same time. Many of them hold British citizenship; some of them have even made considerable careers as politicians, artists, athletes or in other professions. A lot of immigrant children feel British, as well as Indian, Pakistani or African, one of the issues that the movie *Bend it like Beckham* deals with. In this movie, a girl of Indian descent has adapted an English name (Jess) alongside her Indian one (Jesminder), is a soccer fan and is trying to combine British and Asian lifestyle.
On the other hand, British society is not always tolerant and understanding. Many immigrants and their descendants have also experienced prejudice, racism and xenophobia. Research has shown that members of ethnic minorities as a whole experience a greater number of social disadvantages than other groups. For example, their children are more likely to need additional help in education; also, the unemployment rate is higher among ethnic minorities than among the native population in general. Moreover, in the late 20th century, race riots have occurred in Brixton, Birmingham, Liverpool and other industrial cities. On top of that, many non-whites in Great Britain experience racial discrimination on a daily basis. This issue is dealt with in Zadie Smith's novel *White Teeth*. Alsana for example, a Bangladeshi woman, has to face the prejudices of London society many times, as do other characters. Doubtlessly, Zadie Smith, daughter of a Jamaican mother and a (white) English father, had to face similar issues herself and includes her own experiences in the novel.
From time to time, Jess in *Bend it like Beckham* is also an outsider who encounters discrimination, which she will ultimately overcome as a member of the soccer team.
Such conflicts highlight the lack of trust and understanding between the white and non-white communities, including their authorities such as the police. Consequently, several anti-discrimination laws have been passed by the British government in recent years. These developments seem to argue against multiculturalism as a blessing, and rather present it as a concept that confronts the United Kingdom with many problems to be dealt with when it comes to the issue of race.
In addition to having to face discrimination from the outside world or society, many members of British racial minorities have to deal with an inner conflict of identity and belonging: they are caught between assimilating and preserving their cultures. This conflict is shown in *White Teeth* as well: although the main families attempt to create lives for themselves in Great Britain, there is still a struggle to hold on to their past. Samad, for example, feels that English life is not good for an adequate Islamic up-

bringing, which is why he sends his son Magid to preserve and strengthen his Muslim heritage. At the same time, Samad has accepted Britain as his home country. In the movie *Bend it like Beckham*, the same dilemma can be observed: Jess is from a traditional Pakistani family who does not approve of her Western ways of behavior and lifestyle; they even forbid her to play soccer at some point, although her biggest dream is to become a famous soccer player. Her family wants her to dress appropriately, marry within her ethnic group and behave like a good Pakistani woman.

As a conclusion, it can be said that the question “Multiculturalism makes our country more diverse, but does it actually make it any better?” cannot be answered clearly. People from all over the world with different cultures, languages and traditions enrich a nation on the one hand, but on the other definitely add to already existing problems. Nevertheless, a BBC poll from 2005 states that the majority of British people do think that multiculturalism makes their country a better place – certainly a promising basis and maybe even an offer of support for tackling the issues concerning multicultural society in the future. *(840 words)*

Abiturprüfung Hessen 2011 – Englisch Leistungskurs
Vorschlag C – Kombinierte Aufgabe: Ideals and Reality

Teil A: Aufgabe zur Sprachmittlung

Die Jugend wird wieder politischer

Klaus Hurrelmann, Leiter der neuen Shell-Studie, spricht im Interview über die Jugend in der Krise.

ZEIT ONLINE: Was ist Ihre Prognose: Wie tickt die Jugend 2010? […]

HURRELMANN: Heute beginnt die Jugend wesentlich früher – mit zwölf. Dann hat bereits mehr als die Hälfte eines Jahrgangs die biologische Geschlechtsreife erlangt. Generell gilt inzwischen die Definition: Man ist kein Kind mehr, wenn man selbst Kinder bekommen kann. Noch viel schwieriger ist es, das Austrittsalter aus der Jugend zu definieren: Dafür gibt es nämlich kein biologisches Kriterium. Wir setzen es, eine Hilfskonstruktion, bei 25 Jahren an: Dann ist die Mehrheit mit der Ausbildung fertig, verdient Geld, denkt über Familiengründung nach.

ZEIT ONLINE: Jugendlich ist man heute also gut 13 Jahre lang?

HURRELMANN: Ja, Jugend beginnt so früh und endet so spät wie nie seit Menschengedenken. Wann ist man endlich ein vollwertiger Gesellschaftsbürger? Anders als früher garantiert heute schließlich eine gute Ausbildung nicht mehr unbedingt ein hohes Gehalt oder eine feste Anstellung. Wir konstatieren, soziologisch gesprochen, eine lang anhaltende, tief sitzende strukturelle Unsicherheit. Das war schon bei unserer letzten Shell-Studie, 2006, ein zentrales Ergebnis.

ZEIT ONLINE: Wie geht die junge Generation damit um?

HURRELMANN: Zu unserer Überraschung: ungeheuer sachlich. „Pragmatische Generation" haben wir sie 2006 genannt. Es gab damals eine unheimlich hohe Bereitschaft, in die eigene Bildung zu investieren. Man konnte von einer auffallend hohen Karriereorientiertheit sprechen, fast von einem Schuss Opportunismus. Nach Kritik und Unzufriedenheit mussten wir fast mit der Lupe suchen. Was wir allerdings festgestellt haben, war ein ziemlich hoher Angstpegel. 50 Prozent der Jugendlichen spürten Druck im Alltag.

ZEIT ONLINE: Dabei war 2006 die Krise noch nicht einmal so allgegenwärtig wie heute …

HURRELMANN: Eben. Eine Vermutung ist, dass der gefühlte Druck zugenommen haben dürfte.

ZEIT ONLINE: Irgendwann muss sich doch der Druck entladen oder ein Ventil suchen. Rechnen Sie mit einer Repolitisierung oder gar Radikalisierung der Jugend?

HURRELMANN: Es gibt verschiedene Ventile: Das abgespaltene untere Fünftel der Generation ist aggressiver als früher. Sie suchen Sündenböcke, verarbeiten den Druck nach außen. Es ist sicher kein Zufall, dass fremdenfeindliche Gewalt zunimmt. Auch die jüngsten linken Ausschreitungen, etwa in Berlin, weisen allgemein auf ein gestiegenes Gewaltpotenzial bei den Jüngeren hin. Andere weichen vor dem Druck aus, nehmen Drogen, flüchten sich in Computerspiele. Ebenfalls ansteigend und noch wenig untersucht ist die Anzahl depressiver Jugendlicher.

ZEIT ONLINE: Aber politisch …

HURRELMANN: Politisch im klassischen Sinn ist die heutige Jugend nicht. Im Gegenteil. Das Interesse für Politik ist auf einem historischen Tiefpunkt: Heute schätzt sich nur noch ein Drittel als politisch ein, in den siebziger Jahren waren es noch zwei Drittel einer Generation. Aber, meine Hypothese ist: Das Politische wird wieder zunehmen.

ZEIT ONLINE: Wieso?

HURRELMANN: Es gibt neuen Zündstoff: etwa durch die doppelten Abiturjahrgänge in Folge der Gymnasial-Verkürzung auf acht Jahre, die jetzt die Schulen verlassen. Dadurch, und durch den Bologna-Hochschul-Prozess, kommt es zu einem großen Konkurrenzkampf und zu einer Verstopfung der Uni-Zugänge. Nicht einmal mehr die Besten eines Jahrgangs können sich sicher sein, den bevorzugten Studienplatz zu erhalten. Das provoziert eine Gegenbewegung, wie wir in diesem Wintersemester bei den Hochschul-Streiks gesehen haben. Auch die neu aufgelebten Anti-AKW- und Friedens-Demos, an denen übrigens mehr Frauen als früher teilgenommen haben, sind mögliche erste Signale einer neuen Protestkultur. *(538 Wörter)*

ZEIT ONLINE; Michael Schlieben, 30.12.2009
http://www.zeit.de/gesellschaft/generationen/2009-12/interview-hurrelmann-shell-studie-2010
[retrieved on Jan. 16, 2010]; orthografische Fehler wurden korrigiert.

Assignment

As an exchange student in GB, you are doing comparative sociological studies on the problems of young adults in Great Britain and Germany. Summarize the given text in English for your fellow students.

Teil B: Verkürzte Textaufgabe

Rabbit-Proof Fence

In this excerpt from a novel Constable Riggs has just received the order to remove the Aboriginal girls Molly, Gracie and Daisy from their home at Jigalong to Moore River, a settlement where half-caste children are kept and trained to be domestic servants or farm labourers for the whites.

Molly and Daisy finished their breakfast and decided to take all their dirty clothes and wash them in the soak further down the river. They returned to the camp looking clean and refreshed and joined the rest of the family in the shade for lunch of tinned corned beef, damper and tea. The family had just finished eating when all the camp dogs began barking, making a terrible din.

"Shut up," yelled their owners, throwing stones at them. The dogs whinged and skulked away. Then all eyes turned to the cause of the commotion. A tall, rugged white man stood on the bank above them. He could easily have been mistaken for a pastoralist or a grazier with his tanned complexion except that he was wearing khaki clothing. Fear and anxiety swept over them when they realised that the fateful day they had been dreading had come at last. They always knew that it would only be a matter of time before the government would track them down. When Constable Riggs, Protector of Aborigines, finally spoke his voice was full of authority and purpose. They knew without a doubt that he was the one who took their children in broad daylight – not like the evil spirits who came into their camps in the night.

"I've come to take Molly, Gracie and Daisy, the three half-caste girls, with me to go to school at the Moore River Native Settlement," he informed the family.

The old man nodded to show that he understood what Riggs was saying. The rest of the family just hung their heads refusing to face the man who was taking their daughters away from them. Silent tears welled in their eyes and trickled down their cheeks.

"Come on, you girls," he ordered. "Don't worry about taking anything. We'll pick up what you need later."

When the two girls stood up, he noticed that the third girl was missing. "Where's the other one, Daisy?" he asked anxiously.

"She's with her mummy and daddy at Murra Munda Station," the old man informed him.

"She's not at Murra Munda or at Jimbalbar goldfields. I called into those places before I came here," said the Constable. "Hurry up then, I want to get started. We've got a long way to go yet. You girls can ride this horse back to the depot," he said, handing the reins over to Molly. Riggs was annoyed that he had to go miles out of his way to find these girls.

Molly and Gracie sat silently on the horse, tears streaming down their cheeks as Constable Riggs turned the big bay stallion and led the way back to the depot. A high pitched wail broke out. The cries of agonised mothers and the women, and the deep sobs of grandfathers, uncles and cousins, filled the air. Molly and Gracie looked back just once before they disappeared through the river gums[1]. Behind them, those remaining in the camp found strong sharp objects and gashed themselves and inflicted wounds to their heads and bodies as an expression of their sorrow.

The two frightened and miserable girls began to cry, silently at first, then uncontrollably; their grief made worse by the lamentations of their loved ones and the visions of them sitting on the ground in their camp letting their tears mix with red blood that flowed from the cuts on their heads. This reaction to their children's abduction showed that the family were now in mourning. They were grieving for their abducted children and their relief would come only when the tears ceased to fall, and that will be a long time yet.

(625 words)

Doris Pilkington/Nugi Garimara, Rabbit-Proof Fence. Hyperion Books, NY 2002, pp. 43–45

1 river redgum, a eucalyptus tree

Assignments

1. Summarize the text. (25 BE)
2. Compare the policy behind the systematic abduction of Aboriginal children to the attitudes that minorities in the USA were and are exposed to. (40 BE)
3. Discuss the concepts of assimilation and multiculturalism including references to Australian and non-Australian contexts. (35 BE)

Lösungsvorschläge

Teaching modules referred to:
The mediation text focuses on the teaching module Ideals and reality *(Q3), in particular on* structural problems *during times of change. The second text deals with the topic* Promised lands: dreams and realities *(Q3) in relation to* Australia. *The wider context is that of* the one-track mind (prejudice, intolerance) *concerning the relations between* Them and us *(Q1).*

Teil A: Aufgabe zur Sprachmittlung

Your English summary should be much shorter than the German article (between one third and one fourth of the original, which is 135–180 words). Try to concentrate on the information that refers to the issues concerning young adults in Germany. (Highlight them in your copy or take notes before you start writing). Mention problems and changes that affect these people.
Do not forget to state the topic, author, source, and date in an umbrella sentence at the beginning and try to find an appropriate heading for your summary.

Young people's interest in politics increasing
In an interview for ZEIT ONLINE published on December 30, 2009, Klaus Hurrelmann, director of the latest Shell Study, talks about the recent changes among young German adults, such as their attitude towards education and politics.
For Hurrelmann, youth starts with biological maturity at 12 and ends with social maturity at 25. Since well-paid and secure jobs have become increasingly rare, young people nowadays invest in quality education to increase their chances and are, therefore, often called the "pragmatic generation". Yet, they are insecure and afraid, too. To cope with the pressure, some direct it towards other people, often foreigners, in an aggressive way or seek comfort and distraction in drugs or computer games; the number of young people suffering from clinical depression has increased also. This pressure does not lead to increased political commitment, however.
Nevertheless, Hurrelmann thinks that the young generation will eventually rediscover politics as competition at universities and on the labor market will become even tougher due to the Bologna process and higher numbers of graduates after G8. *(178 words)*

Teil B: Verkürzte Textaufgabe

1. *Highlight or take notes of the information that is relevant and important to understand the whole context. Eliminate insignificant details that do not contribute to the understanding of the action.*
   Create an umbrella sentence again, including the name of the author, the title and the publication date. In this introductory sentence you can also refer to the main characters and the setting.

Produce a summary in complete sentences that is about one third of the total length of the text (160–215 words). Use your own words as much as possible. Remember that you are not allowed to quote in a summary.

The excerpt from the novel *Rabbit-Proof Fence*, written by Doris Pilkington and Nugi Garimara and published in 2002, describes a scene in which two Australian Aborigine girls, Molly and Gracie, are taken away from their families on the order of the Australian government to be raised in a settlement where Aborigine children are trained to be servants or farm workers for white Australians.
One day after lunch, a representative of the Australian government, Constable Riggs, shows up at the Aborigine camp where three girls, Molly, Gracie and Daisy, live, to bring them to a white institution to be raised there. Two of the three girls are at the camp when Riggs arrives, and, already having expected his visit, their families sadly give in and, in silent tears, hand over Molly and Gracie to the authorities.
When leaving their home on horseback, the two girls can hear the agonized cries of their families, who react to the abduction by inflicting wounds to themselves to express their mourning. This makes the girls cry also, since Molly and Gracie picture their loved ones in physical and mental pain out of grief for their lost children, which will not be overcome for a long time. *(201 words)*

2. ***Step 1*** *Note that the question consists of two parts: you have to write about the Australian policies of systematic abduction of Aboriginal children and, as a second step, compare this policy to the issues that concern ethnic minorities in the US.*
Step 2 *Take notes on a separate sheet of paper, structure them and arrange them in a logical order.*
Step 3 *Answer the task in complete sentences and use appropriate language. Do not forget to structure your answer by applying paragraphs and linking words. Feel free to be critical toward the task and do not hesitate to express your personal opinion.*

When white people first arrived in Australia in the 18th century, it soon became clear that they did not consider the indigenous population, the Aborigines, as equals. The whites considered themselves superior to the indigenous population at any time, taking their land, treating them brutally and offering them badly paid jobs in dangerous and hard working conditions. The discrimination of Aborigines reached its sad peak when, from the early 1800s on, most Australian states and territories carried out a policy of forcibly removing Aboriginal children from their parents, placing them in foster families or institutions. These children became known as the "Stolen Generations" and were deliberately kept separate from their culture in the hope that they would eventually assimilate into white society and culture, losing their Aboriginality. The white government claimed rather cynically that this method, officially called the "indigenous child welfare system", was the only way of saving the indigenous race from dying out and served only for its protection. The "Stolen Generations" doubtlessly are one of the most controversial chapters in the country's history. It was not until the 1960s that Aborigines were finally recognized as Australian citizens with equal rights. Functioning well up to the 1970s, the agencies carrying out the abductions

hardly kept any records of children's origins. Others were lost and destroyed, so up to today, thousands of Aborigines know little about their original tribes or families and have not overcome the emotional and psychological torments of family separation.
To add to the problem, the Australian government was rather slow when it came to apologizing to the Aborigines for what had happened; some efforts to compensate them were made, but in many cases were not sufficient to improve the situation of many Aborigines. Even if the "Stolen Generations" are an element of the past, Aborigines suffer from many social disadvantages, such as limited access to education, health and substance abuse problems, high rates of poverty and they have the highest unemployment rate among Australians.
The latter is also true for ethnic minorities in the United States: although their situation is not as extreme as that of Australian Aborigines, compared to the white population, African Americans and Hispanics in America still are at an economic, educational and social disadvantage. Issues such as crime, insufficient health care and poverty still prevail among these groups in American society. Moreover, racism and discrimination against ethnic minorities may have been officially abolished, but sadly keep persisting in the minds of many white Americans.
African Americans especially have suffered greatly during the course of American history. From 1600 to 1800, black Africans were brought to North America as slaves to work on the huge plantations in the American South. They were neither treated as human beings, nor did they have any rights: masters saw them as their "possessions", nothing more. If they did not work properly or disobeyed their owners, slaves were often punished, whipped or hanged.
This racist attitude that made white Americans assume they were superior to non-white people is quite similar to the one British settlers showed when they came to Australia. White Americans not only applied it to blacks who were brought to the country after whites had come, but also to the ones that were already there, such as the Native Americans: white settlers took away the Native American lands without hesitation or remorse as well and treated the native population as a less valuable race that had to be "civilized" by the superior white race.
Although something like the "Stolen Generations" never existed in the US, ethnic minorities, particularly blacks, had been far from equal for a long time. After abolishing slavery as a result of the Civil War (1861–1865), life for black people did not considerably improve for a long time. Even if blacks were free now, the society they lived in was racist. It was even established by law that they were not considered equal members of American society. The Jim Crow laws were created to stop them from voting, for example. A Supreme Court ruling allowed whites to force blacks to go to different schools, hospitals and churches. At this point, their legal status was defined as "separate but equal" – white people were not ready to welcome black people in society.
In the 1950s, many black people felt that it was time to take action to end the denial of civil rights and stop discrimination. In Montgomery, Alabama in 1954, a black woman called Rosa Parks refused to give up her seat in a bus for a white person – this act of defiance triggered the Civil Rights Movement, which took thousands of black people to the streets, demanding equal rights as whites and the end of discrimination. Dr. Martin Luther King Jr. was one of the most prominent figures of the Civil Rights

Movement, leading non-violent protests for civil rights in all parts of the country. Change did not come easily and racial violence took the lives of a great number of mainly black people, among them Martin Luther King himself. Nevertheless, blacks slowly but surely made their way into American society.
All in all, American minorities seem to have made greater progress towards equality than Aborigines in Australia and have significantly improved their social status and economic standing. Similar efforts have been made in Australia and civil rights groups did and do exist, yet they have never had the huge impact the Civil Rights Movement had in the United States. Still, Aborigines have achieved official equality to the rest of the Australian population and, officially at least, have the same chances and opportunities as other Australians. Sadly, this remains a theory in many cases, because many Aborigines have not overcome their dark past yet – it can only be hoped that they soon will. *(962 words)*

3. ***Step 1*** *Make sure you understand the task: you will have to explain both the terms "assimilation" and "multiculturalism" (a dictionary might help you with a good definition), as well as clarify them with Australian and non-Australian examples. Take your notes /do your brainstorming on a separate sheet of paper.*
Step 2 *In the main part of your essay, you might want to elaborate on about three to four points/arguments. Provide arguments for either side (pros and cons) of both concepts. Take notes again.*
Step 3 *Arrange your arguments and start writing. A good way to introduce a topic can be historical facts, surveys or quotes that you can think of in connection with the topic. You may also want to give your comment a title.*

Melting Pot or Salad Bowl?
Both "melting pot" and "salad bowl" are well-known images when it comes to discussing the ways of living together in a country, especially if someone is part of an ethnic minority. Which concept is the better one: is it assimilation, through which everyone becomes a member of society by adapting to it, creating a society where everything melts together into one big pot? Or is it one big unity, a salad in a bowl, but still made from different ingredients (the vegetables) – in other words, multiculturalism, which a dictionary defines as "the practice of giving equal importance to all members of society and to include people of different languages, races and traditions in it"?
In many cases, assimilation seemed to be the right thing in the past. It used to be rather common for mostly the white race to expect or even force people from a different ethnic and cultural background to adapt to their white way of life. Along with that, whites considered themselves superior to other races. Thus, assimilation was not a voluntary act, but imposed on people. An example of this can be found in 19th and 20th century Australia, when the (white) government forcibly took children, the so-called "Stolen Generations", from their indigenous Aborigine families. The reason for this legal form of abduction was to turn these children into valuable members of society by raising

them according to white tradition and lifestyle, because the Aborigine way of life was not acceptable for the white government.
Today, assimilation can be defined in a more positive way: when assimilating to a country and its society, newcomers willingly become part of it and are not excluded or seen as outsiders. Numerous immigrants from India, Africa or Pakistan have integrated into society quite well in Great Britain, for instance. Some of them have even made considerable careers as politicians, artists, athletes or in other professions.
However, a certain price has to be paid in order to fully assimilate: traditions and customs that are a vital part of one's heritage have to be suppressed or even given up completely. Many members of ethnic minorities all over the world have been struggling with assimilating to the new culture and preserving their original cultures at the same time. Therefore, they constantly have to deal with an inner conflict of identity and belonging.
This is why multiculturalism might be a better concept, because a connection to one's origin can be kept here: there are various examples of ethnic minorities that have maintained their traditions and have found their place in a society different from the one they were once born into. For instance, Asian people in the United States have a strong sense of belonging to their new home country, the US, and are equally proud of their Asian heritage and customs.
To add to that, a multicultural society can doubtlessly be seen as a gain for a country in general: with multiple cultural backgrounds, a country is more complex and diverse. The United Kingdom, for instance, has become a country of increasing ethnic diversity in the previous decades and is carrying out a policy of multiculturalism concerning immigrants, which means that people from different cultures are allowed to live in the UK without fully adapting to British ways of life or shedding all their cultural traditions. This makes Britain an alluring mixture of different cultures, which many British citizens approve of, as a survey conducted by the BBC in 2005 showed. A simple question may serve as evidence: can you imagine London without its Indian restaurants and New York without Chinatown or Little Italy? Hard to do so, isn't it?
On the contrary, some people see multiculturalism as a burden rather than a blessing and are concerned. People from all over the world with different cultures, languages and traditions enrich a nation on the one hand, but on the other definitely add to a country's already existent problems. Research has shown that members of ethnic minorities who have not adapted to their new country well experience a greater number of social disadvantages, such as the lack of education or unemployment, than those who have.
As a conclusion, a healthy mix of both assimilation and multiculturalism seems a good concept. You should voluntarily adapt to the country you live in to a certain degree; for example be able to speak its language or accept, as well as understand, the moral and cultural principles it is based on – something that fits into the concept of assimilation. Of course no one should ever be forced to do so, such as Aborigine children were in the past – this would guarantee failure, because you should not give up your heritage entirely; an idea which goes along perfectly with a multicultural approach that attempts to create unity through difference. *(805 words)*

From tips to clicks: restaurants try e-menus

by Rebecca Harrison; TEL AVIV (Reuters) – Enter the e-waiter, Monday, Feb 25, 2008

Restaurants in Europe, the United States, and Japan are testing technology to let diners order their food directly from a screen at their table instead of depending on a fellow human being to note their choice – sometimes grumpily[1] or erroneously[2].

Besides cutting costs, companies that sell the "e-menu" argue the bytes-for-bites approach has a novelty value that can lure younger customers and boost revenues as tantalising[3] photographs of succulent[4] steaks and gooey[5] desserts tempt diners to order more.

It also could extend the TV dinner. How about a computer-game dinner?

The idea may be only the latest gimmick[6] in a trade which is driven by consumer appetites and where fads[7] help. But at least for now, it appears to be boosting business.

In Israel, privately owned start-up Conceptic has already installed e-menu technology in sushi bars, pubs, and family restaurants. The system is based on touch screens already used in self-service canteens or for ticketing in airports and cinemas.

"It's about impulse-buying," said Adi Chitayat, Conceptic's chief executive. "If a person starts looking at pictures of chocolate cake, the chances are he'll order it." […]

Frame, a trendy sushi restaurant in Tel Aviv, Israel, which has installed the system, said sales on tables with the e-menu have increased by about 11 percent. Customers often call ahead to reserve spots equipped with the screens, manager Natalie Edry told Reuters.

At one of the e-menu tables, information technology worker Gil Uriel and his young family were enthusiastic as they checked out pictures of the dishes on offer and squabbled over desserts.

"It's more visual," said Uriel, as his children clicked away furiously on a games function between courses. "We can still choose, we can still argue – but it's much easier when you can all see it." […]

Microsoft says its new Microsoft Surface system, which transforms an entire table into one big touch screen, is due to go live in spring 2008 in some U.S. hotels and casinos, letting customers order food directly as well as play music and games.

The Seattle-based giant says on its Web site it will "transform the way people shop, dine, entertain, and live." Both Conceptic and Microsoft argue their examples of interactive and communal technology represent the future.

"We are living in a technology age," said Conceptic's Chitayat. "People are not afraid of screens." The company, which launched its pilot in 2006, expects to turn a profit in mid-2009, he added. […]

Chitayat said taking computers into restaurants is an obvious next step after technology revolutionized the workplace, although he noted restaurants with the e-menu – including Frame – still rely on waiters to deliver the food. […]

But many diners doubt the e-menu idea will take off.

"I don't believe in screens; I believe in humans," said businessman Yoash Torkman as he lunched at Frame. "I'll wait for 15 minutes for a waitress instead of using this. It's a gimmick and gimmicks have very short lives."

In Europe, where dining out is a time-honored tradition as much about good conversation and etiquette as staving off[8] hunger, waiting staff were unsurprisingly circumspect[9].

"See this man here? He's been coming here for 25 years," said a waitress at Italian restaurant Rosticceria Fiorentina in Brussels, who gave her name only as Giovanna. "I know his wife; I know his daughter. Do you think it would be better if he was welcomed by computer?" […]

"There are always some people who embrace a new technology but others will avoid it for as long as possible," said Jackie Fenn, emerging technology analyst at Gartner consulting group.

"Will a bunch of teenagers have a blast using it? Yes. But it will take time to move from being an attraction in a small number of restaurants to something that is widespread." *(622 words)*

1 grumpily – mürrisch
2 erroneously – irrtümlich
3 tantalising – extremely tempting
4 succulent – juicy
5 gooey – sweet and sticky
6 gimmick – Masche, Trick
7 fads – Modeerscheinungen
8 stave off – vermeiden von, abwehren
9 circumspect – vorsichtig/zurückhaltend

Assignments

1. Summarize the text. (Material) (30 BE)
2. Compare the influence of innovative technology on everyday life to the influence of innovative technology on life in a utopian/dystopian society dealt with in class. Take the text at hand as a starting-point. (40 BE)
3. *"But, in fact, is it true that the happiness of the individual advances as man advances? Nothing is more doubtful"* (Emile Durkheim, 1893).
   Discuss the problem raised by Durkheim, taking the text at hand as a starting point. (30 BE)

Lösungsvorschläge

Teaching modules referred to:
The tasks you have to complete here centre on the main teaching module The Challenge of Individualism – Science and technology *(Q1), with a focus on* electronic media. *Knowledge of the teaching module* The Dynamics of Change – Order, vision, change *(Q3) with special reference to* models of the future *is also necessary.*

1. *How to approach the task:*
Your summary should not exceed one third of the original text (between 150 and 200 words). Use the present tense and do not quote from the text. Explore the structure of the text first and then put your ideas in a logical order.

The article from "Enter the e-waiter" by Rebecca Harrison, Tel Aviv (Reuters), published on February 25, 2008 and retrieved on July 13, 2010, revolves around the new trend of the e-menu adopted by some restaurants in Europe, Japan and the United States.
Harrison portrays a restaurant in Israel that is offering e-menu technology by a company called Conceptic, which started a test project in 2006 and expects profits from 2009. The company considers interactive technology at restaurants to be the next step after changing people's working environment by means of technological innovations. Microsoft's futuristic concept of a full-screen table combining e-menu with entertainment features, scheduled to launch in 2008, follows similar objectives.
Advocates of the e-menu argue that ordering food from a screen on your table is not necessarily about cutting costs but about the novelty factor and visually tempting pictures that boost business.
However, e-menus might remain a short-lived trend. Especially in Europe, where eating in restaurants is a social event, the technology is regarded with suspicion as it lacks human interaction. It might attract young people and those eager to try out new technological features but it will take time for e-menus to spread more widely than that. *(200 words)*

2. *How to approach the task:*
Step 1 *Make a list of relevant texts you have read, films you have viewed and vocabulary you have learned in class.*
Step 2 *Looking for similarities and differences, establish connections between the narrative situation in this material and the situation illustrated in the text at hand.*
Step 3 *Structure your essay carefully and explore the influence of new technology on people's lives with examples from the different texts.*

The text "From tips to clicks: restaurants try e-menus" by Rebecca Harrison deals with people's positive and antagonistic reactions to technological progress. Depicting a real-life example from Israel, the author illustrates that technological advancement is embraced by some people as a chance to set new business standards and revolutionize social life in general or family life in particular. Yet she also portrays it as a "trend" or "fashion" that does not meet the requirements of long-standing traditions. Whereas some members of society, like the chief executive of Conceptic or the information technology worker Gil Uriel, are thrilled by the prospects offered by a new technology (ll. 10–14 and 18–23), others, like a waitress from an Italian restaurant in Brussels, cannot understand their enthusiasm and refuse to accept the new invention (ll. 40–45). However, technological progress is regarded from an economic point of view in the text and is perceived – at least for now – as an opportunity offered by a free market that one can accept or refuse (ll. 16/17 and 50/51). Additionally, this example visualizes technological progress as a minor, accessory phenomenon that only slightly influences consumer behavior during leisure time, with no or hardly any grave social or political implications.

Technology's influence seems much larger, however, considering that new innovations are not only present at trendy establishments but pervade all areas of life, from our workplace to health care, home entertainment and everyday communication. Technology is omnipresent and it seems normal for it to spread everywhere, even into social life with networks like Facebook substituting digital communication for real-life interaction.

Consequently, many seem concerned with the political, social and moral implications of technological progress in everyday life. A lot of the utopian/dystopian texts dealt with in class try to increase awareness about the threats, disadvantages and dangers that arise from new technologies and offer solicitous views on such innovations.

A rather humorous approach to the topic is offered by Dave Berry in his text *Remote Control*. He portrays appliance manufacturers as narcissistic, unworldly people who create gadgets that are smarter than their owner, put him under tutelage and, in the end, create a desperate consumer who is completely overtaxed and no longer able to lead a self-determined life. A new remote control is thus able to offer access to the internet, it can turn on the dishwasher from the office, remind the owner that the refrigerator is empty, give the necessary nutritional advice and serve as a telephone, smart phone and so on – if the user manages to understand it.

Even though the new remote control is not initially designed to control people, its complexity and omnipresence threatens people's individuality, privacy and liberty.

In *The Hunted*, Alex Shearer portrays a society without a moral and social conscience. Genetic engineering and medical and pharmaceutical advancements are finally able to provide the means to stop the aging process. In an aging society, where youth has become rare and therefore a very valuable economic commodity, smart racketeers take advantage of the sparseness of "supplies". They try to become owners of children and convince them to take the medicine required in order to remain young. The high demand for young people makes their business model very profitable and children are rented out by the hour to elderly people, sold for a lot of money or used as stakes in card games.

Alex Shearer convincingly portrays negative effects of innovative technology. In his dystopian vision, children are abused by greedy, ruthless adults to satisfy their temporary interest in youth. They are considered to be economic commodities that can be

disposed of at will like toys, whereas their needs, like playing with peers, are disregarded.
An even more dangerous outlook is offered by Aldous Huxley in his novel *Brave New World*. Huxley successfully explores what happens when political leaders are able to control scientific progress and innovative technologies. Genetic engineering has created the conditions for a caste system ruled by a World Controller that has eradicated unemployment and abolished families and emotional relationships. The price of social stability is high. A perfect drug keeps people happy, whereas a new religion controls their obedience and loyalty. Additionally, technological progress has created a thoughtless form of consumerism that is alluded to in Rebecca Harrison's article as well.
In conclusion, one can say that utopian/dystopian texts see innovative technology very critically, confronting the reader with complex moral, social and political implications. *(742 words)*

3. *How to approach the task:*
Step 1 *Explain the quotation in your own words.*
Step 2 *Make notes on what you think of the issue. You can agree, disagree or partly agree/disagree. You must give reasons to support your opinion and find convincing examples. Remember to refer to the text at hand in some way.*
Step 3 *Structure your ideas in paragraphs and start writing.*

In the quotation given the French sociologist Emile Durkheim raises the question of whether happiness is a constant of progress and denies its validity. Durkheim distinguishes between mankind and the individual. Although he admits the existence of progress in general, he doubts that individuals will profit from it to the same extent. I agree with Emile Durkheim's point of view.
In my opinion happiness is not always related to progress, but progress always influences the level of happiness, which includes pleasure and satisfaction during an ongoing process, as a result of a process one is directly involved in, or gained as a spectator. In America, it was even included in the Declaration of Independence as an important political precept: "Life, Liberty and the pursuit of Happiness" are unalienable human rights. This phrase has deeply shaped not only Americans' expectations and understanding of the world.
Starting with the 18th century, progress – political, technological or moral – has always been perceived as a significant contribution to human happiness. Feudal and other forms of authoritarian systems turned into democracies, technological progress improved the poor working conditions of many people, and moral values like tolerance created the conditions for a much wider acceptance of people with special abilities or minorities. Therefore, progress was looked upon as something that changed people's lives significantly for the better and thus increased their level of happiness one way or another.
At the same time one can hardly deny that people can fall victim to progress. Technological progress leads to mechanization and rationalization, which can cause unem-

ployment and dissatisfaction, at least temporarily. The invention of the computer comes to mind here, of course. Before that, the invention of the mechanical weaving loom at the end of the 18th century, for example, caused pain and distress that even led to riots.

More recently, the nuclear disaster at a power plant in Japan offers evidence of the downside of unquestioned progress.

In the text at hand, technological progress is dealt with from an economic point of view. Its contribution to human happiness is very short-lived, if it exists at all. From the author's point of view it is described as a "gimmick" (l. 8) or "fads" (l. 9), both words revealing the rather superficial contribution to human happiness. The alliteration "boosting business" (l. 9) points to the fact that the interest in the e-menu as an example of technological progress is purely financial without any moral significance. In addition, the position and range of application of the new invention in self-service canteens, airports or cinemas alludes to the temporary nature of its relationship with the consumer, which one could very well do without.

What is also traitorous is the fact that the new example of technological progress is only welcomed by representatives of advanced technology companies (ll. 18–34). Their enthusiasm seems prejudiced and not without strong personal and economic interests. From their point of view, progress is celebrated as a form of liberation and simplification of human life ("it's much easier when you can all see it" ll. 22/23). Global market leaders like Microsoft insist that this form of progress is the future.

The author might add a point in favor when she describes how a grumpy and erroneous waiter (l. 3) is replaced by a neutral screen, thereby satisfying the customer – making him happy. Yet the waiter is an individual human being as well and a victim of progress. Similarly, the customer might regret the loss of face-to-face interaction.

In conclusion, it is to be doubted whether this kind of progress makes the individual happier. On the contrary, it is more likely to increase people's isolation and limit their ability to interact physically and morally with other human beings. It will increase the synthetic atmosphere of our already superficial environment and will contribute to human alienation. People's happiness is rather a result of successful and meaningful human relationships. It can often be caused by small things such as a smile or the helping hand of a friend. Technological progress, on the other hand, has a destructive element.

Under these circumstances it is more than doubtful that individual happiness advances as man advances. In times of advanced environmental destruction and overpopulation, the relationship between technological progress and happiness will certainly have to be redefined.

(715 words)

Abiturprüfung Hessen 2012 – Englisch Grundkurs
Vorschlag B – Multiculturalism

Multiculturalism has been Canada's solution, not its problem

by Irene Bloemraad, *The Globe and Mail,* October 28, 2010

German Chancellor Angela Merkel recently made headlines when she pronounced multiculturalism in Germany a failure. Shortly before, a Globe and Mail editorial argued that Canadians should eradicate "multiculturalism" from their vocabulary and refocus on "citizenship". Multiculturalism isn't just out of style, these statements suggest – it's dangerous for building unity in increasingly diverse societies.

Unfortunately, both analyses are dead wrong.

Social scientists can measure multiculturalism in a given society by examining the number and content of public policies and government pronouncements around cultural recognition and accommodation.

Such indices show that Germany is not, and has never been, a multicultural society.

Multiculturalism can't have failed in Germany because it was never tried. Turkish guest workers and other immigrants were never welcomed as future citizens – only as temporary labour. If Germans are now concerned about the consequences, the blame certainly doesn't lie with multiculturalism.

These indices also group countries such as France and Norway with Germany as least multicultural, Sweden, the Netherlands and the United States as moderately multicultural, and Australia and Canada as most multicultural.

Have Canada's past practices and policies hurt attempts to forge common citizenship out of diversity?

Absolutely not. Consider how many immigrants become citizens. The least multicultural countries count the lowest levels of citizenship; the moderate multicultural countries have somewhat more. In comparison, an overwhelming majority of immigrants proudly take up citizenship in Canada and Australia, the two countries that went furthest in the multicultural experiment.

The positive link between multiculturalism and citizenship is further supported by comparing Canadian policy with that of the United States. In 1971, the Canadian government began promoting a multiculturalism-based integration policy, which was enshrined[1] in the Charter of Rights and Freedoms in 1982 and expanded in 1988, when the Multiculturalism Act[2] became federal law. Over this same period, the U.S. enacted no formal immigrant integration program or multiculturalism policy.

In 1970, in both Canada and the U.S., about 60 per cent of foreign-born residents had acquired citizenship. By 2006, the American Community Survey estimated that, of the 37.5 million foreign-born people living in the U.S., just 42 per cent were naturalized[3] citizens. By that same year, 73 per cent of immigrants to Canada had acquired citizenship, one of the highest rates in the world.

There are, of course, many possible explanations for this statistical gulf, but here are some factors that did *not* play a predominant role: different immigrant streams; the large undocumented population in the U.S.; different costs and benefits of citizenship; easier or faster processing in Canada.

My research points to multiculturalism as a key factor driving Canada's success at citizenship integration. It legitimates diversity, provides a sense of inclusion and, through the multitude of (oft-maligned[4]) government grants given to community-based organizations – not only for multiculturalism but also for a host of integration programs – it provides the support structures to help newcomers join the country as full citizens.

Canadians certainly can, and should, have thoughtful debates about recognizing and accommodating diversity – just as we debate health-care policy or Stanley Cup[5] contenders.

Like health-care and hockey, multiculturalism has become a symbol of what defines Canada. In poll after poll, Canadians say multiculturalism is one of the top three defining features of the country. What's more, they are proud of it.

They should be. Over four decades, incredibly rapid demographic change has transformed Canada, especially its largest cities. In Europe, similar change has resulted in riots and cultural tensions that have tarnished[6] the concept of multiculturalism there. But, in Canada, these changes, despite many challenges, happened peacefully, productively and positively. Multiculturalism was part of the solution, not the problem. *(641 words)*

1 enshrined – niedergelegt
2 Multiculturalism Act – the act acknowledged the right of ethnic groups in Canada to preserve and share their unique cultural heritage; it also guaranteed equal opportunity for Canadians of all origins. This act has remained largely unchanged since 1988 with the exception of some minor amendments.
3 naturalized – eingebürgert
4 maligned – schlechtgemacht
5 Stanley Cup – North American hockey championship
6 tarnish – mit einem Makel versehen

Assignments

1. Summarize the article. (Material) (30 BE)
2. Relate Canada's approach to multiculturalism to the situation in either the USA or Great Britain. Refer to material discussed in class. (40 BE)
3. *"Is wanting to preserve your country's cultural identity a bad thing?"* *(http://www.sherdog.net/forums/f54/wanting-preserve-you-countrys-cultural-identity-bad-thing-1173076/index3.html [retrieved: September 29, 2011])* Discuss. (30 BE)

Lösungsvorschläge

Teaching modules referred to:
The tasks centre on the teaching module Promised lands: dreams and realities *(Q3) with particular focus on* Canada *and* political and social issues. *Depending on your line of argument, knowledge of the module* USA *and the topic of* living together *(Q1) or* social structure *and* social change *in the* United Kingdom *(Q2) is necessary.*

1. *How to approach the task:*
   Your summary should be between 160 and 215 words (about one third of the original text). Remember to use the present tense, avoid quotations and start with an umbrella sentence. You should focus on the author's line of argument and omit unnecessary detail.

   In *The Globe and Mail* from October 28, 2010, Irene Bloemraad discusses the importance of multiculturalism in diverse societies based on the example of Canada. Contrary to recent comments by German Chancellor Angela Merkel and some Canadian journalists, the author is convinced that multiculturalism is the key to integrity and peace despite diverse influences.
   Her argument is verified by scientific indices which show that Germany, France and Norway have never been real multicultural societies, whereas Australia and Canada rank highest on the scale. These statistics are linked to the number of immigrants becoming citizens in these areas, with the latter countries featuring the most.
   According to the author, the importance of acquiring citizenship is confirmed further by Canada's active integration policies from 1971 onwards, including the Charter of Rights and Freedoms in 1982 and the Multiculturalism Act in 1988. In the United States, in contrast, where the rate of naturalizations is decreasing, there were no official attempts to integrate immigrants and encourage multiculturalism.
   Multicultural policies make immigrants feel included and welcome and offer support in the process of becoming a citizen, thus guaranteeing unison and avoiding cultural tensions like those in Europe. Canadians should indeed be proud of multiculturalism as it is the solution for peaceful unity in increasingly diverse societies. *(211 words)*

2. *How to approach the task:*
   Step 1 *Make a list of texts and films dealt with in class that focus on the situation of immigrants and their experience with diversity, multiculturalism and integration policies.*
   Step 2 *Decide which country you want to use for comparison with Canada, the USA or Great Britain, and find examples from the texts or films you listed.*
   Step 3 *Structure your essay carefully and explore what is typical in the respective country.*
   The following solution will deal with the situation in Great Britain and offers two possible ways of dealing with the task: one is based on non-fictional material, and the other on fictional texts offering a more emotional view of the topic.

Canada is often proclaimed the ultimate multicultural society. It actively fosters unity in spite of diversity through legal acts, integration programs and "support structures" (l. 44), as can be seen by political measures established, for example, in the Charter of Rights and Freedoms Act (1982) or the Multiculturalism Act (1988), but also by sheer numbers: by 2006 about 73 percent of the country's immigrants received Canadian citizenship. This is one of the highest rates in the world and fully proves Canada's commitment to and approval of cultural diversity. Multiculturalism is something that Canada's citizens are proud of.

Multiculturalism in Great Britain, in contrast, is more a result of colonialism and a delayed immigration process. Although it has a history of accommodating immigrants, the numbers of immigrants in former centuries were small. Many arrived after the Second World War to counteract the labor shortage and due to Great Britain's conviction that it had a moral responsibility to host people from former colonies. Immigrants from India, Bangladesh and Pakistan mainly settled in big cities, where they found job opportunities and housing. Another wave of immigrants came from the West Indies and the Caribbean. Although they have the same colonial past, this group of people insists on their cultural difference.

Immigrants from Commonwealth countries were guaranteed citizenship until 1962, when the government decided to limit the number of immigrants. The immigration process today is controlled by a number of measures started in 1971 and completed by the Immigration Act in 1988.

However, multiculturalism is dealt with differently in works of fiction, the media and on day-to-day politics, and each decade has its own approach. In addition, immigrants perceive the topic differently from people who are not personally affected by the problem. *(290 words)*

Variante 1

In the article "The New Empire within Britain", first published in 1982, the British Indian writer Salman Rushdie deals with doubtful aspects of immigration law and Great Britain's attitude towards multiculturalism in the eighties. Rushdie criticizes the discriminative practices of British authorities towards immigrants from the former colonies. According to him, white immigrants with one British-born parent are offered immediate citizenship, whereas blacks are denied this basic right.

This attitude is even more dubious against the backdrop of the Macmillan initiative, which, based on hopeful and optimistic advertising campaigns, invited these people to immigrate and apply for British citizenship in the first place. Now they are accused of abusing the welfare state and confronted with hate, threats and other forms of discrimination by parts of British society and institutions like the police. What is even more shameful is that a larger number of people prefer to ignore the situation and thus indirectly encourage racism and cultivate a very selective attitude towards a multicultural society.

This attitude seems to have changed in the nineties. In his speech "Chicken Tikka Massala", delivered on 19 April, 2001, Robin Cook, British Foreign Secretary from 1997 to 2001, points out the advantages of an immigration process that leads to a multicultural society. He claims that multiculturalism enriches British society, makes

it more vivid and innovative and more tolerant. He also points out that immigration is a part of British tradition which can be traced back to the very beginning of time and has invigorated the nation.
However, Cook also points out that tolerance towards immigrants is more common among the younger generation, who accept cultural diversity and seem to understand its positive impact on the British economy. Nevertheless, he sees British society as being capable of integrating foreign cultures.
The text "Down Up North" from *The Economist*, 15 December, 2001, explores the idea of multiculturalism from an economic point of view. The author of this article observes that a multicultural society adapts more easily to the immediate needs of the modern economy and attracts a much larger number of companies because they appreciate this kind of variety. In his view, a multicultural society is more flexible, and people with a multicultural background usually speak more languages and have a deeper and more genuine understanding of foreign cultures. At the same time he warns of the negative consequences of racism. He makes clear that it is not the high number of immigrants that cause social tensions but the unemployment rate that can affect both natives and immigrants. He therefore claims that more concern should be devoted to the question of education, which can contribute substantially to the success of a multicultural society. *(446 words)*

Variante 2

Contemporary short stories by Muriel Spark, Qaisra Shahraz, Hanif Kureishi or Salman Rushdie describe a rather incomplete multicultural society and try to explore the reasons for its deficiencies.
In her short story *The Black Madonna*, Muriel Spark explores the idea of multiculturalism in a middle-class Catholic environment, where unintentional discrimination, lack of education, ignorance and hidden hypocrisy impede the success of an inclusive, diverse society.
The childless couple and firm believers Raymond and Lou Parker make the acquaintance of two Jamaicans, Henry Pierce and Oxford St. John. The couple somehow feel responsible for them and consider it their duty to help them integrate into English society.
At the same time, the Parkers are trying to have a baby and pray to the Black Madonna for help. Their prayers are answered, but the Parkers are shocked when they realize that the baby is black. Although the test clearly shows that Raymond is the father, they decide to have the baby adopted and distance themselves from their Jamaican acquaintances.
Muriel Spark draws a very hypocritical picture of English society and its attitude towards multiculturalism. People pretend to be open-minded and welcoming but in fact are prejudiced and narrow-minded. They use immigrants to display their tolerance as long as it is necessary and convenient, but show racial intolerance and lack of understanding when their moral reputation is at stake. By giving their own black baby up for adoption, they reject multiculturalism. At the same time, the author suggests that multiculturalism is a young social experiment and needs protection. Everyone is invited to "adopt" the idea and foster it.

In his short story *My Son the Fanatic*, which is set in the Pakistani community, Hanif Kureishi blames religious fundamentalism for the tensions within the community and British society.
When Parvez, a taxi driver, finds out that his son Ali has become a religious fundamentalist, rejects a modern way of life, has given up higher education, insults his female clients and is isolating himself more and more from friends and family, he is more than shocked. Emotionally devastated, he tries to understand the reasons for the change in his son. When he realizes that Ali is not open to rational arguments anymore, he kicks and beats him.
The two characters, father and son, symbolize different generations of immigrants and different attitudes towards British society. Whereas the father has successfully adopted the British way of life and internalized their moral and social values, like tolerance and a more relaxed view of religion (although he was born and grew up in Pakistan), the son seems to be looking for something else. He is not capable of adapting to the needs of modern British society and looks for comfort and orientation in religion. He rejects democracy and any form of worldly pleasure, becomes incapable of critical thinking and starts hating people who are different. He thinks his father has betrayed his culture and distances himself from him.
Kureishi alludes to the fact that a multicultural society can only be successful if it finds a healthy balance between two different cultures. Complete accommodation of British values does not seem to be the solution because it ends in assimilation. Kureishi seems to suggest that a society can profit more if people can keep their traditions and adapt to the social, economic and political requirements of a society.
In conclusion, one could say that the success of a multicultural society depends on its ability to create a social and moral climate of tolerance, understanding, acceptance and recognition – as can be seen in Canada. *(592 words)*

3. *How to approach the task:*
Step 1 *Try to put the question in your own words.*
Step 2 *You should find arguments for and against the preservation of one's cultural identity and then express your own opinion, so make notes on what you think about the issue. Find convincing examples and justify your views.*
Step 3 *Structure your ideas in paragraphs and start writing. It is a highly sensitive topic and should be handled with care. Try to avoid stereotypes and prejudiced ideas.*

Traditions acquired over centuries form the basis for cultural identity. Identity confers people with unique characteristics but also promotes similarity with others: we are all the same, but different. Ideally, cultural identity gives people the chance to preserve uniqueness within sameness. A society with strong liberal traditions, for example, provides the framework for undisturbed personal development. On the other hand, people can easily lose their individuality and personal identity in a more restrictive cultural environment coined by religious fundamentalism, for example.
I therefore think that in the context of immigration and multiculturalism, preserving one's cultural identity is not a bad thing if a cultural environment with its traditions

does not distort your personality and does not lead to alienation and hostile behavior towards other cultures. Thus, I think that cultural identity is a bad thing if it leads to segregation and hostility.
Cultural traditions and, accordingly, cultural identity can help people overcome the difficulties they have to face at the beginning of the immigration process when they are struggling to learn a new language or improve the skills required by the new job market. A tradition of compassion and understanding like in Canada, for example, can create a climate of hope and one can easily overcome setbacks or any form of disillusionment and disappointment.
Additionally, cultural identity can help close the gaps between cultures. If people understand that every culture is incomplete and has potential for development, they will not feel offended and be more likely to adopt new traditions that enrich their own culture. Cultural identity is therefore a visual extension of traditions and a never-ending process. Local and traditional dishes are a good example of permanent and accepted changes brought about by diverse cultures in a multicultural society.
Furthermore, the will to preserve one's cultural identity increases cultural awareness and makes people more tolerant. A new culture can be perceived as a mirror that reflects one's perception of oneself and can help assess advantages and disadvantages in a constant process of evaluation. Questions of a balanced diet, for example, or a wasteful attitude towards the environment, can lead to new and unexpected answers if discussed with people who have a different outlook on things.
On the other hand, a cultural identity that distorts your personality can have negative consequences and is therefore a bad thing. The writer Qaisra Shahraz refers to such a situation in her short story *A Pair of Jeans*, where she describes the conflict between a young Muslim girl, who has adopted the values of a modern society, and her parents and future parents-in-law, who perceive her lifestyle as a violation of their cultural identity. The pair of jeans symbolizes emancipation and a threat to cultural identity at the same time. The different cultural identities in this case lead to alienation and oppression. Their respective restrictions violate the characters' personalities, isolate them from people and society and strain family relations. Such a situation is even more dangerous if it is accompanied by the rejection of the official language.
Religious fundamentalism is another form of cultural identity that should be questioned and looked at critically. Although it promises orientation and moral guidance, it incapacitates people and reduces their ability to think and lead their own lives. It transforms the followers' perception of the world, creates feelings of hatred and fear and isolates them from society. Honor-killing, for example, is often a consequence of religious fundamentalism. It stands in contrast to civil law and is, to us, a very doubtful form of cultural identity. Additionally, followers of fundamentalist movements feel morally superior and justify their intervention in the name of a divine power or a superior culture. In the end, they perceive everybody who is different as someone inferior and themselves as superior.
Concluding, one could say that the process of preserving cultural identity can only be successful if the balance between adjustment and refusal is kept. *(650 words)*

Material A: Aufgabe zur Sprachmittlung

Öl – war da was?

Bislang haben wir bei jeder Umweltkatastrophe dazugelernt. Diesmal nicht.

von Andrea Böhm, 22. 7. 2010

Die Empörung über die Umweltkatastrophe ist grenzenlos. Protestaktionen gegen Ölfirmen im ganzen Land, in Kalifornien verbrennen Bürger ihre Kreditkarten, mit denen sie an Tankstellen Rabatt bekommen. Der Kongress handelt, der amerikanische Präsident unterzeichnet mehrere radikale Gesetze zum Umweltschutz.

Barack Obama im Jahr 2010? Nein, Richard Nixon[1] im Jahr 1970.

Auch damals ging es um eine Ölkatastrophe (und um verseuchte Flüsse). Das Fernsehen zeigte Bilder von toten Seevögeln, stillgelegten Fischereiflotten[2] und ölverschmierten Stränden – in diesem Fall lagen sie in Kalifornien[3]. Aber die politischen Zeiten waren offensichtlich andere. Vor vierzig Jahren zog der Schock über die ökologischen Folgen des Energiehungers politisches Handeln nach sich, um ebendiese Folgen zu korrigieren. Und er beschleunigte den Aufstieg der amerikanischen Öko-Bewegung.

Erst kommt die Katastrophe, dann der Lernprozess, dann die Politik. Dieser Dreisatz prägte bislang die Geschichte des Umweltschutzes. Bislang. Angesichts des Desasters im Golf von Mexiko, verursacht durch die BP-Ölplattform *Deepwater Horizon*, zeigt sich der Staat ebenso hilflos wie die Austernfischer[4] in Louisiana. Politischen Aufwind verspüren in den USA offenbar nicht die Befürworter neuer Auflagen zum Schutz von Natur und Klima, sondern deren Gegner. […]

Mit der Verhängung eines vorläufigen Bohrstopps scheiterte Barack Obama an der amerikanischen Justiz und an der öffentlichen Meinung. Sein Appell an seine Landsleute, unter dem Eindruck der Katastrophe eine neue, nachhaltige Energiepolitik zur nationalen Mission zu machen, verhallte.

Das Paradoxe dabei ist: Wir – denn es geht ja nicht nur um die Amerikaner – ertrinken bei der Berichterstattung über solche Katastrophen inzwischen in absurden wie erschreckenden Informationen über unser eigenes Zerstörungspotenzial. […]

Wir wissen, dass die über 700 Millionen Liter Rohöl, die in den vergangenen Wochen in den Golf geflossen sind, etwa einem Fünftel des täglichen Verbrauchs der USA entsprechen. Wir haben außerdem gelernt, dass *oil spills* andernorts seit Jahrzehnten zur Tagesordnung gehören. […]

Nur will der Lernprozess, also die Umsetzung dieser Informationen in politisches Handeln, heute nicht mehr so recht gelingen – nicht in den USA, nicht im Rest der Welt. […]

Womöglich folgt die heilsame Wirkung des Schocks über *Deepwater Horizon* ja noch. Womöglich wird irgendwann eine überfällige Konvention ausgehandelt, eine Diskussion über ein Moratorium für Tiefseebohrungen[5] angeschoben und die Debatte über

Klimaschutz aus dem Keller geholt. Aber vorerst ist keiner in Sicht, der den Anfang machen will oder kann. Barack Obama schon gar nicht. Der muss im November bei den Kongresswahlen mit einer verheerenden Niederlage rechnen. *(381 Wörter)*

Die Zeit, 22. Juli 2010, Nr. 30, S. 8, http://www.zeit.de/2010/30/Umweltkatastrophe-Oelfirmen-Klimadebatte [abgerufen: 20. 08. 2011]

1 Richard M. Nixon – 37th President of the United States, 1969–1974
2 Fischereiflotte – fishing fleet
3 This refers to a major oil spill off Santa Barbara, CA, in January 1969
4 Austernfischer – oyster farmer
5 Tiefseebohrung – deep-sea drilling

Assignment

A group of environmental activists in Louisiana is interested in international opinions on U.S. environmental policies after the oil spill disaster in the Gulf of Mexico in 2010. Summarize the excerpt for them. (Material A)

Material B: verkürzte Textaufgabe

Dashed Hopes

M. G. Vassanji's novel portrays the Lalani family, who are East-Indian immigrants to Canada, now living in the run-down apartment block 69 in Toronto's Don Mills district. The following excerpt describes a decisive moment for their daughter Fatima.

Fatima Lalani was standing squeezed into an elevator on her way up to receive the tidings[6] which she did not as yet know were bad. Her mother Zera had phoned her at the drugstore, where she worked after school, to tell her "it" had arrived, meaning the long-awaited letter from the university, and Fatima took off. In the elevator, although she greeted two small boys and threw a brief but disdainful glare at some of the more ordinary-looking people returning from work bearing parcels of groceries, she was as nervous as she had ever been in her life. It seemed to her that when she opened the envelope which was waiting for her, her entire life would be decided. It did not occur to her that the decision she awaited had already been made a few days before, and she whispered a prayer in much the same way her mother sometimes did; although she had never believed in, in fact had begun to scoff at[7], the efficacy[8] of this remedy, and her mother was the last role model she had in mind. […]

When the elevator stopped on her floor, […] Fatima could push herself out. Then, with a swing of her shoulders and a shake of her head, as if to banish the odours of cheap perfume and sweat and groceries, she strode off to her apartment. When she let herself in, her mother was waiting like an attendant, envelope in hand. Fatima grabbed it, tore it open, quickly read the gist, and slumped down on the sofa with a loud groan.

"What's it?" asked Zera, her mother, having guessed the answer.

"Arts and Science[9]," spoke Fatima in a mixture of grief and anger tinged with[10] drama.

"So? This is the end of the world then? Arts and Science – what's wrong with it?"

Fatima sulked, picking up the telephone and cradling it in her lap. During the last year, whenever any well-wisher asked her what she wanted to "become", she had given one unequivocal[11] reply: "Become rich." To many of the girls and boys of Sixty-nine and Sixty-seven and the other high-rise apartment buildings in this part of Don Mills, this is what growing up meant – making it. To the brighter ones, those with averages in the eighties and nineties[12], making it meant going to university: not to study pure science or humanities, but something more tangible[13], with "scope"[14], computer science or pharmacy for instance. For the girls, the latter of the two was preferable. It was more feminine, less threatening to the boys. Among the brighter girls of Don Mills the competition for a place to study pharmacy at the university is intense. Fatima Lalani, with an average of eighty-six, had struck out.

To Zera Lalani, of the old school, any education was a way out, a way up, and her daughter's disappointment carried no significance beyond her having to put up with a bout of adolescent sulkiness. *(490 words)*

Moyez G. Vassanji, No New Land, Toronto 1991, pp. 3–5

6 tidings – news
7 scoff at – make fun of
8 efficacy – Wirksamkeit
9 Arts and Science – Geistes- und Sozialwissenschaften
10 tinged with – mixed with
11 unequivocal – unmissverständlich
12 averages in the eighties and nineties – *Ergebnisse gemessen im 100-Punkte-System; entspricht in etwa guten bis sehr guten Ergebnissen im deutschen System*
13 tangible – handfest
14 scope – Entfaltungsmöglichkeit

Assignments

1. Describe the situation. (Material B) (30 BE)
2. Compare Fatima's attitude to that of immigrants to the United States discussed in class. Refer to material discussed in class. (40 BE)
3. Discuss how important money is for you when choosing your job. Take the text at hand as your starting point. (30 BE)

In die Gesamtwertung gehen die Ergebnisse der Teilaufgaben A und B im Verhältnis 1:3 ein.

Lösungsvorschläge

Teaching modules referred to:
The mediation assignment centres upon work done in the module Science and technology *(Q1) with special emphasis on* ecology. *Part B focuses on the module* Tradition and Change – Work and industrialization *(Q2), especially on the key issues* business, industry and the environment, *and requires you to refer to texts about or by immigrants to the USA (module* United States – American Dream, *Q1).*

Teil A: Aufgabe zur Sprachmittlung

How to approach the task:
Step 1: *Read the text carefully and concentrate on the main objective of the article, which already becomes visible in the title and subtitle.*
Step 2: *Start out with an umbrella sentence containing the source and the topic.*
Step 3: *Write a maximum of 100–130 words.*

The article from the German newspaper *Die Zeit* (July 22, 2010) deals with the increasing indifference towards ecological catastrophes. Forty years ago media coverage of an oil spill and contaminated rivers caused an uproar among the American public and finally led to strict environmental policies. The Deepwater Horizon disaster of 2010 did not entail any consequences. Obama's attempts to put an end to deep sea drilling and to support sustainable energy were rejected by the courts and the public. Everyone – not only in the USA – has become used to hearing of the destructive impact of ecological disasters and no one is able or willing to take action – especially not Obama, since environmental protection policies might result in his defeat in the upcoming congressional elections.

(124 words)

Teil B: Verkürzte Textaufgabe

1. *How to approach the task:*
   Read the text carefully and describe the situation Fatima is in. Pay special attention to describing her feelings and the reasons for her disappointment. Consider her aims in life and what a successful career means to her.

   In the extract, Fatima Lalani, the daughter of an East-Indian immigrant family in Toronto, is eager to come home after she is informed by her mother that she has received a reply to her university application. Fatima is extremely edgy since the reply will determine her future. She rushes from the elevator to her apartment, where she grabs the envelope from her mother's hands and opens it. The admission to an Arts and Science program provokes deep disappointment and anger in Fatima because it is her ultimate aim to strike it rich through a successful career. She shares this dream with other good students in the run-down high-rise buildings in her district who equate growing up with making it to the top by studying hard in subjects like computer science or pharmacy. The reader discovers that the girls prefer pharmacy because of its feminine appeal and that there is a lot of competition for a place to study it. As an above-average student Fatima is crushed because she has only been accepted for the less promising Arts and Science. Her mother, Zera Lalani, who considers any education a means of climbing the social ladder and leaving the run-down neighbourhood, cannot comprehend her daughter's disappointment. *(204 words)*

2. *How to approach the task:*
Step 1: *Read the text carefully and underline the passages that provide an insight into Fatima's attitude to work, education and a future career.*
Step 2: *Try to pinpoint why she is so disappointed about her admission to an arts and science program.*
Step 3: *Portray her attitude and compare your findings with the expectations and attitudes of immigrants to America, referring to texts or films you know. Develop a clear structure and concentrate on the following aspects:*
   - *the idea of success*
   - *higher education as a means of climbing the social ladder and acquiring prestige*
   - *higher education as a means of becoming rich*
   - *subjects that guarantee a high income*
   - *subjects with a feminine aura*

   The following essay focuses on T. C. Boyle's The Tortilla Curtain. *Other possible examples would be the Lithuanian immigrants in Upton Sinclair's novel* The Jungle. *You could also refer to short stories by Asian-American authors, e. g. Amy Tan, or Hispanic writers, e. g. Sandra Cisneros. Non-fictional accounts of successful immigrants like Arnold Schwarzenegger can also be related to the text at hand.*

In the following I will compare Fatima's attitude to education and material success to that of Cándido and América in T. C. Boyle's *The Tortilla Curtain*. In the extract at hand we meet Fatima Lalani, the daughter of East-Indian immigrants to Canada, who lives with her family in a lower-class housing area in Toronto. Obviously, her parents support her in her attempt to enter upon a successful career through a university education. Although she graduated from high school with a high average, she is terribly disappointed when she is notified that she has only been accepted for an Arts and Science program. Her mother cannot understand why Fatima is so devastated.
In Boyle's novel the main characters have a completely different background. As illegal immigrants in the United States they do not even have a roof to sleep under. They live in even worse circumstances than Fatima. Cándido's and América's home is a canyon and their beds are some blankets in the sand. The canyon is full of shrubs with thorns, snakes and spiders. They drink water from a stream and have to make a fire every time they want to cook. As illegal immigrants they are forced to move about in eternal fear of being stopped by the Migra or Border Patrol and sent back to a desolate life in Mexico. Nevertheless, they still dream of having a better life in the United States.

This evidently applies to Fatima as well. She sees a university degree as a means of climbing the social ladder and leaving her run-down neighbourhood. Fatima is disappointed about only being accepted for so-called soft subjects. She would have preferred computer science or pharmacy (ll. 28/29) since such hard subjects will most probably result in higher pay. Her priority is pharmacy, as it has a more feminine appeal. It is her ultimate aim to strike it rich, as is pointed out in l. 24. In the extract it is also emphasized in ll. 24–26 that she shares this dream with many boys and girls in the apartment blocks in her district, who view material success as a way of escaping from their poor neighbourhood. They might also want to escape from their ethnic environment or their family.

In contrast to Fatima, Cándido's and América's dreams of a better future are a lot more modest. The seventeen-year-old América, who is pregnant, cherishes a simple dream of a house, a yard and maybe a car and a TV. She does not fancy the palaces of the gringos she works for. Four walls and a roof are the most she can hope for. Education is beyond her reach. Both Cándido and América take up any kind of work for little money. They work extremely hard without complaining. Without the right to stay in the United States and without medical care or a regular income, professional training or higher education remains unattainable.

To sum up, both Fatima and the illegal immigrants in Boyle's novel share a dream of a brighter future in the countries they immigrated to. Whereas Fatima aims at "making it" (l. 27) through university education and a prospective career, Cándido and América are absorbed in their fight for survival. They are willing to bear any hardship and suffering in order to stay in the USA. That is why they humbly accept the most terrible circumstances, such as working with toxic detergents or being pushed away like dogs in the parking lot of a supermarket, for example. Seen in this light, Fatima seems to be privileged and extremely ambitious in her pursuit of material success.

(601 words)

3. *How to approach the task:*
   Step 1: *Start off by examining how important money is for Fatima.*
   Step 2: *Consider other factors that might be rewarding.*
   Step 3: *Come to a conclusion and give reasons.*

Quite obviously, Fatima is an extremely ambitious young lady who dreams of making it to the top. She is utterly disappointed upon hearing that material success will not easily come her way since she has not been accepted for computer science or pharmacy. From the extract it is hard to tell whether she is really interested in these hard subjects or whether she has only fallen for the status they might promise in the future. The reader is not informed about what she is really good at. Fatima seems to view a successful career as a means of leaving her run-down surroundings.

On the one hand, I can understand that especially the children of immigrants view higher education as a ticket to the job market and perhaps as a way of leaving their ethnic environments. In the text at hand Fatima looks down on hard-working people carrying their grocery bags (ll. 5/6).

On the other hand, one should keep in mind that money and material success or status are not everything. There are other factors that I consider important when choosing a career.

Personally, I feel that job satisfaction is an extremely important aspect to be considered. It can only be achieved if you choose very carefully and attain a balance between your talents, motivation and your desires for the future. I reject the idea of choosing a career only because of the material benefits or the status that it is connected with. Fatima's wish to study pharmacy because it has a feminine appeal and promises money seems to be very superficial. Long working hours in a laboratory or in a pharmacy might be the wrong choice if she is not intrinsically motivated.

In my opinion it is important for every individual to choose a worthwhile and meaningful field of occupation since money alone does not necessarily entail satisfaction or happiness. The increasing number of stress-related diseases such as the burn-out syndrome clearly indicate that stressful situations might result from increasing demands and perhaps also from the wrong choices made when choosing a career. Inability to work and early retirement might result from the urge to strike it rich and make it to the top. Very often, highly paid positions, for example in the computer industry, require a fierce competitiveness that not everyone wants to develop. To me, factors like flexibility of working hours, family-friendliness or the opportunity to travel are just as important as cooperating with others.

Nevertheless, the choice of a personal career should definitely be made on the basis of a realistic assessment of whether or not you can make a living with it and support yourself and perhaps, later, your family. It is important to consider the risks that accompany unrealistic aspirations for so-called "dream jobs". *(462 words)*

Should Huck Finn get a 21st-century revision?

by Seán O'Driscoll, The Irish Times, January 7, 2011.

The word 'nigger' has been replaced by 'slave' in one US publisher's new versions of Mark Twain's classic novels – but should texts really be sanitised?

SITTING AT his desk in Montgomery, Alabama, Prof. Alan Gribben is weathering a storm he knew was coming. "Of course there was going to be trouble," he says with a shrug. "You don't change Mark Twain and not expect the walls to come crashing down."

This week, an Alabama publishing company, NewSouth, announced it will be releasing Gribben's altered version of Mark Twain's classics, *The Adventures of Tom Sawyer* and *The Adventures of Huckleberry Finn*, in which the word "nigger" is replaced with "slave", while the word "injun" is replaced by "Indian".

It's the removal of the first word (used 219 times in *Huckleberry Finn*) that has cultural commentators frothing with outrage this week. Some have called the new version an "abstinence-only" approach to discussing racism, while others have heralded the arrival of the politically correct apocalypse, the point of no return for liberal thought police.

"Let's get one thing straight," says Gribben, an Auburn University professor who has been vilified by both the left and right. "Mark Twain was a notoriously commercial and populist author. If he was alive today and all he had to do was change one word to get his book into every schoolhouse in America, he couldn't change it fast enough." But he isn't here and he can't answer for himself. Maybe Twain would have screamed in indignation that his work was being robbed of its original meaning.

Gribben, a likeable straight talker, is adamant that he is not robbing Twain of anything, merely making a small change so that English teachers are no longer embarrassed to read out loud in class.

But should literature really be changed to avoid the blushes of English teachers? For a cut-and-paste digital generation, is literature just another mash-up that can be altered to suit demand? "I sincerely hope not because it would be very, very bad for American literature," says Randall L. Kennedy, who is probably the world's greatest expert on the N word (he never uses such euphemisms), having written a widely discussed social history book called *Nigger: The Strange Career of a Troublesome Word.*

Kennedy, an American law professor at Harvard University, is among a large group of black commentators who denounced Gribben this week.

"It's a profoundly bad idea," he says. "The word 'nigger' appears in the autobiography of Malcolm X, should that be removed as well?" But it's not the same thing, is it? Mark Twain was white, Malcolm X was not, the context is very different.

Kennedy sighs. "No, I really don't think so. If the word is hurtful and contemptuous, then it ought to be condemned no matter who is speaking."

I wonder if there isn't a certain power play going on here. A white professor wants the word removed because it makes him squirm, a black professor wants it included. Isn't that squirming a form of social control over white people? A way of keeping them forever awkward and eager to please? "Now that's an interesting argument," says Kennedy.

"By removing the word from Mark Twain, we are losing the opportunity to discuss. If I was an English teacher, I would relish the opportunity to talk about my own feelings and open the discussion to the classroom. Now that's having a real argument, that's showing your students respect."

I wondered what other black people thought of the N word and whether removing it from Twain would help bury a painful past or save white America from confronting its own history. I was pondering all on the subway on the way home when I heard two black teenagers talking. "Hey nigga, what's up with you?" said one. The reply was instant "Ain't nothin' wrong with me nigga, something wrong with you though."

Enter white Irish reporter with a copy of *Huckleberry Finn* and a massive avalanche of awkwardness. I stutter through an explanation of my article and show them a few of Mark Twain's offending passages.

The first, 17-year-old Laurence Johnson, picks up the book, studies it for a moment and shuts it suddenly.

"So he said 'nigger'. So what? People think slave owners called us African-Americans?" he says loudly.

His friend laughs, so do some middle-aged black women sitting nearby, all of whom nod in agreement. Johnson, who is in his final year of high school in Brooklyn, puts himself in the place of a slave owner counting his slaves.

"One, two, three, four … damn, we got an African-American escaped up north!"

More laughter, some of the women are clapping their hands. "It's about the timing," says one of them, Katicha Spencer, a 42-year-old dental nurse from Bedford Stuyvesant in Brooklyn. "If some white person said that word to me, I'd be mad as hell. But if it's from 100 years ago, and it's someone trying to get the flavour of what people are saying, then that's what people said. You can't sugarcoat the past of this country, you can't pretend it didn't happen." Her friends nod in agreement. "Mark Twain's alright," says one. "He's not my boss." Katicha gives her a high five and they laugh as they leave the train. […]

(881 words)

http://www.irishtimes.com/newspaper/features/2011/0107/1224286958314.html [retrieved: January 8, 2011]

Assignments

1. Summarize the article. (Material) (25 BE)

2. Analyse the attitudes towards racial discrimination in the article at hand and relate them to forms of discrimination in Great Britain or Canada as encountered in material discussed in class. (40 BE)

3. *"I've never seen a sincere white man, not when it comes to helping black people. Usually things like this are done by white people to benefit themselves. The white man's primary interest is not to elevate the thinking of black people, or to waken black people, or white people either. The white man is interested in the black man only to the extent that the black man is of use to him. The white man's interest is to make money, to exploit."* (Malcolm X)
   Comment on this quotation taking the history of African Americans and their current situation into account. (35 BE)

Lösungsvorschläge

Teaching modules referred to:
The task relates to the teaching module USA *(Q1), with particular reference to the theme* living together (ethnic groups: African Americans). *Other modules are also touched on, such as* The United Kingdom (Q2)*, with particular emphasis on* social structures, social change *and the theme* Promised lands (country of reference: Canada) *from Q3.*

1. *One particular point to watch out for here is the fact that the newspaper article contains different viewpoints. The author juxtaposes opposing views as to whether it is politically correct to use the word "nigger" in writing and whether this word should be replaced in literature.*
   Step 1 *Make sure you identify the different points of view correctly. You need to allocate the viewpoints to a specific person and their skin colour.*
   Step 2 *Without going into unnecessary detail (your summary can only be 220–300 words long), you can structure your writing according to the different points of view.*
   Step 3 *Bear in mind that there seems to be a difference as to whether the N word is used by a white or a black person and in which context, historically or in the present. This forms the second layer of the controversy.*
   Step 4 *Your umbrella sentence, apart from stating author, newspaper, headline and date of publication, should also include the cause of this debate.*

   In this newspaper article, which appeared in *The Irish Times* on January 7, 2011, Seán O'Driscoll describes a heated debate amongst American cultural commentators about the release of Mark Twain's two classical novels in an altered version.
   The editor, Prof. Alan Gribben from Alabama University, replaced the word "nigger" in *Tom Sawyer* and *Huckleberry Finn* with "slave" and used "Indian" instead of "injun". Although expecting trouble, his reason for doing so is to avoid racist references in the new version and enable teachers to use it in their classrooms without embarrassment. He maintains that Mark Twain himself would have made these small changes if his popularity or chances of being read at school had been at stake.
   The African-American Professor Randall L. Kennedy, from Harvard University, and author of a social history book about the N word, attacks his white colleague Gribben, fearing for the reputation of American literature if such changes are made to please public demand. He argues that even in the autobiography of Malcolm X this word is used, and points out that it would be a shame to forego the opportunity to discuss the use of the word "nigger" for educational purposes.
   The author of the newspaper article asks whether the uncomfortable feeling of Whites concerning the use of the N word is about social control on the part of African-Americans and conducts short interviews with random black people. Here, reactions range from those who believe that replacing the N word for historical reasons is ridiculous to those who claim you cannot make history sound better or who even make fun of the idea. Used by Whites nowadays, however, the N word is supposed to be politically incorrect.
   (282 words)

2. ***Step 1*** *Focus on the range of attitudes as expressed in the newspaper article. What is also important is the skin colour of the people quoted in the text and their different expectations of dealing with ethnic minorities in the USA.*
Step 2 *Draw up a list of novels, short stories, articles, films or other material you have dealt with in class that provide sufficient background for your analysis of attitudes towards discrimination.*
Step 3 *Decide whether you want to use Great Britain or Canada as a country of reference. In the following, a sample solution for both countries will be presented.*
For Great Britain, Andrea Levy's novel Small Island *is included. What is also discussed is an undercurrent of xenophobia visible in the rejection of immigrants depending on the needs of the labour market in times of economic recession. The changes in British legislation concerning Commonwealth citizens and migration within the European Union are also of importance. If you want to include inter-ethnic discrimination, you could refer to Bali Rai's novel* (Un)arranged Marriage. *For a more recent focus, the practice of sharia courts in GB could also be mentioned.*
If you would like to base your argument on the situation in Canada, you would have to concentrate on a different historical situation and differences in the make-up of ethnic minorities in this British dominion. Here, the Franco-Anglo bilingualism is of consequence as well as the situation of the First Nations and Stephen Harper's apology for their maltreatment and the disadvantages encountered. Dawn Dumont's novel Nobody Cries at Bingo *would be a good starting point as there is a similar discussion to that in the US as to whether it is politically correct to use the term "Indian" if addressing members of the First Nations. Canadian attitudes towards multiculturalism and the concept of a melting pot or salad bowl could also be compared with those in the US.*

The history of racial discrimination in the US starts with the arrival of African slaves in the 17th century. This is why the use of the word "nigger" – even in a historical context such as Mark Twain's classics – triggers such controversy in the USA when the white Professor Alan Gribben changes the word to "slaves" in two of Twain's novels. By purifying these time-honoured texts he believes he will be able to avoid racial discrimination and, above all, act in accordance with what Mark Twain himself would have done.

Gribben's attitude towards African-Americans can be seen as marked by caution and respect, taking into account difficulties high school teachers and their students may experience in a politically correct world. He does not shy away from changing even well-known classics, fully aware of the public outcry this will undoubtedly provoke.

The criticism which Gribben has to face, however, is less about this caution and political correctness (although some cultural commentators are quite outraged about this "abstinence-only" approach [l. 10] and even denounce it as a "point of no return for liberal thought police" [l. 11]) than about his changing works of literature and covering up America's past.

One of his black critics, denouncing Gribben's approach to avoiding racial discrimination, is an expert on the use of the N word, whose "troublesome career" (cf. l. 26) he has researched in a widely discussed social history book. Professor Randall L.

Kennedy's main objection is about pleasing public demand and changing works of literature for this purpose. He points out that even in Malcolm X's biography the N word is used and would have to be removed if one followed Gribben's logic. The fact that Malcolm X, in contrast to Mark Twain, was a black person does not make much difference to Kennedy.
At this stage, the author's own opinion comes into play. Seán O'Driscoll, a white, Irish journalist, wonders whether in fact a person's skin colour creates a different context altogether (l. 31). Furthermore, Driscoll speculates about whether the controversy at hand has not established "a certain power play" (l. 34) directed against Whites.
Kennedy does not reject this idea completely but claims that by removing offensive words and thus changing the meaning of original texts, opportunities for discussion might be lost in which teachers and students could express their own feelings – instead of simply looking at the N words as being hurtful and contemptuous (l. 32).
Driscoll finally decides to find out what other black people think about the N word, suspecting that its removal could stop Americans from confronting their own history and help to cover up a distressing past (ll. 42–44). By interviewing black subway passengers at random he finds a mixture of attitudes, some agreeing that being addressed as "nigger" by a white person would be regarded as being very offensive and would make them "mad as hell" (l. 60), whereas this would have been normal 100 years ago. Black teenagers even call each other "nigga" in a jocular way (ll. 45/46). That racial discrimination goes deeper than words is shown by another youth, who points out the irony of a slave owner talking about black people as African-Americans. Not covering up America's past and history of slavery seems to be more important to the interviewees than using words the way Mark Twain did. *(551 words)*

Great Britain

Although there has been – and still is – racial discrimination in Great Britain as well, its history and origins are quite different from the American context. As the colony's motherland, Great Britain was instrumental in the slave trade between Europe, Africa and North America but never used slaves itself to any considerable extent. It was only after World War II that significant numbers of different ethnic communities, such as Caribbeans, Commonwealth citizens and East and South Europeans, arrived in Great Britain.
Jamaican people especially had already served in the British army during the war and it is their social history that the plot of Andrea Levy's novel *Small Island* is based on. Gilbert Joseph (the novel's protagonist) was one of several thousand Jamaican men who joined the RAF to fight against Hitler. After the war, his wife Hortense joins him to start a better life in England. In spite of her training as a fully qualified teacher, her applications to the British school system fail. Both she and her husband experience many instances of racial discrimination on the grounds of their skin colour and because their neighbours are afraid of the immigrants.
The same sentiment becomes apparent in Enoch Powell's famous speech on the "Rivers of Blood", in which the right-wing politician warns the public against too many immigrants "flooding" Great Britain and demands that their numbers be re-

stricted. He was opposed to the government's policy of allowing people who were not white to come from other countries to live and work in Britain in the late 1960s, and he predicted street violence between different races.
The British government, however, promoted equal opportunities and helped make improvements in social conditions and employment. In this context, black people in Great Britain protested against continued discrimination and the lack of houses and job opportunities, in a campaign that resulted in the Brixton riots. More recently, attempts to encourage the integration of ethnic minorities have been successful. Social, economic and educational programmes have been put into place, so that different cultures can take pride in their traditional festivals and practices, and racial harmony remains part of official government policy.
As of today, Great Britain has emerged as a multicultural nation promoting integration rather than assimilation. Shared values and an active membership are supported at large, although particularly within the Muslim communities there appears to be a split between the older, integrated members and younger Muslims, some of whose aims seem to point to parallel societies.
All in all, racial discrimination still seems to be an unresolved problem in Great Britain but rather on the grounds of social and traditional values, compared to the situation in the USA, which has seen considerable progress since the arrival of the Civil Rights Movement but still suffers from inequality based on skin colour. This has also led to affirmative action, where members of particular ethnic groups, mostly Blacks and Hispanics, have enjoyed preferential treatment. However, this policy has also caused a lot of disagreement and members of the ethnic minorities concerned feel that this is just another form of discrimination. *(512 words)*

Canada

Whereas the concept of a melting pot is now being replaced by the idea of a salad bowl or cultural quilt in the US, Canadian society has been trying to overcome the racial divide and discrimination since the 1970s by establishing an official policy of multiculturalism in their legislation, promoting the idea of a mosaic. Different cultures are encouraged to maintain their own qualities, languages and cultural practices. In this respect, Canada is regarded as a model for other immigration countries. This does not mean that ethnic minorities have never been disadvantaged or discriminated against. However, in contrast to the USA, Canadians never employed slaves but often provided a safe haven for African-Americans who were able to escape from their slave owners in the south. Ethnic tension in Canada has developed on two other historic lines: those of the French-Anglo relationships and the attitudes towards the First Nations – the so-called Canadian Indians.
In terms of easing the historical tensions between French and British settlers, the Canadian government has repeatedly tried to employ pro-active policies and introduced official bilingualism as a means to preserve cultural traditions, especially in the minority group of people with a French background.
In another contrast to the USA, the French and English cultures have always been considered the two founding cultures of Canada, and the issue here is not one of discrimination against each other but of political influence and economic resources.

In terms of social and political equality, the First Nations of Canada have had a much more difficult stance, and whereas Mark Twain's usage of the word "nigger" would not raise an eyebrow in Canada, the change of Twain's "injun" to "Indian" would. There is an ongoing debate in the country about whether the members of the First Nations can feel happy about being addressed as Indians, or whether this is just another sign of the cultural and social suppression they suffered in Canada's past.
Apart from being refused the right to vote in their own country of origin until 1960, the people of the First Nations were not considered part of Canadian society for a long time and even had special status under the Indian Act, according to which they were exempt from some taxes. In particular, their children were subject to government control and many of them were forcibly sent to what were known as residential schools, where they were not allowed to speak their native languages or follow their traditional customs.
This aspect of discrimination is part of Dawn Dumont's novel *Nobody Cries at Bingo*, which describes her experiences on an "Indian" reserve. Her parents had to attend residential schools themselves but never complain much about this. It is only after Dawn's parents discover that the Canadian government hands out "Common Experience payouts" that they remember any maltreatment at these schools. Such payouts were made to compensate former students of residential schools for their negative experiences. Similar compensation was given to the Stolen Generation of Australia. In her novel, Dumont argues that her parents deserved the money but criticises their hypocrisy at the same time.
A couple of months after Australia, Canada, through Prime Minister Stephen Harper, apologised in Parliament to the Aboriginal peoples of Canada for their forced assimilation in the Indian residential schools. In his speech he deplored the role of both government and the Church in using force and inflicting much harm on the children in their custody, in forbidding cultural practices and destroying family ties. This apology, although seen as a first step towards reconciliation, did not meet with unequivocal approval. Leaders of the First Nations have reacted by pointing out that Harper's apology was not specific enough and it was not clear what he was apologising for. The issues their communities are struggling with on the reserves, namely drug abuse and serious social problems, were not really addressed. There is little or no funding from the government to deal with these issues.
As a conclusion, it has to be said that there has been, for a long time, a certain condescension in the way the mainstream societies of Canada and the USA have been dealing with their Aboriginal and Native American population, respectively. In Canada, many problems have been resolved by official government policies regarding the First Nations as well as other ethnic minorities. In the USA the success of the Civil Rights Movement has brought about considerable changes and the election of the first black president, Obama, is a sign of hope. *(747 words)*

3. *In order to assess this quotation by Malcolm X you are required to put it in both its historical and autobiographical contexts.*
Step 1 *The history of the African-American population is characterised by slavery, Reconstruction and the Civil Rights Movement. So first you need to delineate these developments and the current situation of the black community.*
Step 2 *The role of Malcolm X within the Civil Rights Movement needs to be scrutinised in order to explain his pessimistic outlook as the leader of the Muslim Black Panthers.*
Step 3 *Finally, you will have to take both contexts into account and come to your own conclusions as to whether you agree or disagree by following your line of argument.*

The quotation by Malcolm X shows a strong distrust in the role of the white man and his tendency to exploit rather than support black people in the USA.
Looking at the history of African-Americans, this distrust seems to be justified. Brought to the USA as slaves since the 17th century, they were bought and sold, treated as property and abused in the worst possible manner. They did not have a place in the American Constitution and were excluded from the pursuit of happiness promised in the Declaration of Independence of 1776.
As a result of the Civil War (1861–1865) slavery was officially abolished in the USA and, with the 14th Amendment to the Constitution, Blacks became US citizens by law and were subsequently granted the right to vote. However, segregation followed and discrimination against black people did not stop, and, especially in the south, continued well into the second half of the 20th century. In particular, what were known as the Jim Crow laws in the 1890s made sure that black people were hindered from voting, were not allowed to eat a meal in a white restaurant, even had to use different and inferior public toilets and could not sit in the front of a bus. The Jim Crow laws were meant as a mockery of the black man, based on the cliché of the Jumping Jim Crow figure, a caricature of a singing, dancing and uneducated black man.
Technically, all slaves were freed by the 13th Amendment to the Constitution (1865) and also allowed to rent land to farm on. However, they were still dependent on the Whites and often led poor lives as sharecroppers, agreeing to deliver a certain share of their crop every year to the landowner, trapped in a cycle of endless hard work and relentless poverty. This situation is best outlined in two novels by Toni Morrison.
A Mercy describes how Florens, a slave born in America, suffers a great deal of hardship from her owners but also enjoys human mercy later in a family. In *Beloved*, set just after the Civil War and focused on the psychological impact of slavery, the main character tries, in vain, to leave the memories of a horrific past behind her. Both novels show a certain victim mentality of African-Americans in the past and are very much in accordance with Malcolm X's statement and opinion about the white man.
It took a long time to change the living conditions of black people in the USA. Reconstruction after the Civil War had not brought the improvements hoped for by the African-Americans.
Rosa Parks, a member of the National Association for the Advancement of Colored People (NAAP), sparked off the fight against segregation and the start of the Civil

Rights Movement. In 1955, she refused to give up her seat to a white passenger in a Montgomery bus, was arrested, and in her support black citizens came together to fight for their rights. Led by Martin Luther King, boycotts of the public transportation system were organised and one year later the Supreme Court of the US declared segregation of public transportation unconstitutional.
Based on Mahatma Gandhi's principle of non-violent resistance, Martin Luther King organised national protests against the discrimination of Blacks with sit-ins and freedom rides. His activities culminated in his famous speech of 1963, "I have a dream", but he was assassinated in 1968.
Malcolm X's radical views made him an opponent of Martin Luther King. Instead of non-violent agitation he proposed a Black Revolution and criticised his black fellow-countrymen for an attitude where they would turn the other cheek. He was very popular at a time when poor housing, little education and no jobs for Blacks were the order of the day. This also explains his distrust of any promises of the white man, who from his point of view (expressed in this quotation) would do nothing to support the Civil Rights Movement but only acted according to his own advantage, meaning exploitation of the Blacks. Malcom X was shot by black gunmen in the same year.
As much as Malcolm X's statement seems to be supported by the history of Blacks in the USA, it also suffers from over-generalisation. Not every white person has been opposed to the emancipation of African-Americans and his opinion does not reflect the obvious advancements in the black cause and the success of the Civil Rights Movement, despite certain setbacks.
Since the 1960s, the federal government of the US has passed laws forbidding discrimination of ethnic minorities at work. The policy of affirmative action has played a major role in admitting black students to universities, although this has been criticised as another form of discrimination. Cultural diversity has been experienced by white people as a positive element of daily life, and as the numbers of people making up the traditional mainstream get smaller in the light of a growing Black and Hispanic population, attitudes toward minorities are changing and giving way to more tolerance and less pressure to assimilate.
In economic terms, there is a considerable black middle class in cities like Chicago, and from there the first black president, Obama, emerged. Although Malcom X's statement is true in a historic sense, it does not express the chances of a more optimistic future for a multicultural America. *(886 words)*

Abiturprüfung Hessen 2012 – Englisch Leistungskurs
Vorschlag B – Violence in Society

Fight Club

Palahniuk's cult novel Fight Club *depicts a sinister, nightmarish big-city-USA. The protagonist, a well-to-do young office worker, becomes the founder of 'fight club' which involves secret after-hours brutal (boxing) fights between upper-middle class males in the basement of bars.*

What you see at fight club is a generation of men raised by women. [...]

Last week, I tapped a guy and he and I got on the list for a fight. This guy must've had a bad week, got both my arms behind my head in a full nelson[1] and rammed my face into the concrete floor until my teeth bit open the inside of my cheek and my eye was swollen shut and was bleeding, and after I said, stop, I could look down and there was a print of half my face in blood on the floor.

Tyler stood next to me, both of us looking down at the big O of my mouth with blood all around it and the little slit of my eye staring up at us from the floor, and Tyler says, "Cool."

I shake the guy's hand and say, good fight.

This guy, he says, "How about next week?"

I try to smile against all the swelling, and I say, look at me. How about next month?

You aren't alive anywhere like you're alive at fight club. When it's you and one other guy under that one light in the middle of all those watching. Fight club isn't about winning or losing fights. Fight club isn't about words. You see a guy come to fight club for the first time, and his ass is a loaf of white bread. You see this same guy here six months later, and he looks carved out of wood. This guy trusts himself to handle anything. There's grunting and noise at fight club like at the gym, but fight club isn't about looking good. There's hysterical shouting in tongues[2] like at church, and when you wake up Sunday afternoon you feel saved. [...]

When we invented fight club, Tyler and I, neither of us had ever been in a fight before. If you've never been in a fight, you wonder. About getting hurt, about what you're capable of doing against another man. I was the first guy Tyler ever felt safe enough to ask, and we were both drunk in a bar where no one would care so Tyler said, "I want you to do me a favor. I want you to hit me as hard as you can."

I didn't want to, but Tyler explained it all, about not wanting to die without any scars, about being tired of watching only professionals fight, and wanting to know more about himself.

About self-destruction.

At the time, my life just seemed too complete, and maybe we have to break everything to make something better out of ourselves.

I looked around and said, okay. Okay, I say, but outside in the parking lot. So we went outside, and I asked if Tyler wanted it in the face or in the stomach.

Tyler said, "Surprise me."

I said I had never hit anybody.

Tyler said, "So go crazy, man."

I said, close your eyes.

Tyler said, "No."

Like every guy on his first night in fight club, I breathed in and swung my fist in a roundhouse[3] at Tyler's jaw like in every cowboy movie we'd ever seen, and me, my fist connected with the side of Tyler's neck.

Shit, I said, that didn't count. I want to try it again.

Tyler said, "Yeah it counted," and hit me, straight on, *pow*, just like a cartoon boxing glove on a spring on Saturday morning cartoons, right in the middle of my chest and I fell back against a car. We both stood there, Tyler rubbing the side of his neck and me holding a hand on my chest, both of us knowing we'd gotten somewhere we'd never been and like the cat and mouse in cartoons, we were still alive and wanted to see how far we could take this thing and still be alive.

Tyler said, "Cool."

I said, hit me again.

Tyler said, "No, you hit me."

So I hit him, a girl's wide roundhouse to right under his ear, and Tyler shoved me back and stomped the heel of his shoe in my stomach. What happened next and after that didn't happen in words, but the bar closed and people came out and shouted around us in the parking lot.

Instead of Tyler, I felt finally I could get my hands on everything in the world that didn't work, my cleaning that came back with the collar buttons broken, the bank that says I'm hundreds of dollars overdrawn. My job where my boss got on my computer and fiddled with my DOS[4] execute commands. [...]

Nothing was solved when the fight was over, but nothing mattered. [...] There's nothing personal about who you fight in fight club. You fight to fight. *(795 words)*

1 a full nelson – a wrestling hold
2 shouting in tongues – shouting in foreign languages (biblical reference)
3 a roundhouse – weit ausholend angesetzter Boxhieb
4 DOS – veraltetes Computer-Betriebssystem

Assignments

1. Point out what you get to know about 'fight club' and its 'members'. (Material) (25 BE)
2. Relate the text to the concept of the American Dream as discussed in class, taking into account the narrator's statement *"my life seemed too complete"*. (40 BE)
3. You are a member of a project team on 'violence in modern society'. Write a comment on the surge of violence for the project report. (35 BE)

Lösungsvorschläge

Teaching modules referred to:
The text and questions dealt with here relate to the major theme Ideals and reality *(Q3), focusing on* structural problems (violence). *Other teaching modules are also covered, such as the module* USA *(Q1) with the major themes* American Dream and living together, *and the module* Extreme situations *(Q2), focusing on* initiation *and* the troubled mind.

1. ***Step 1*** *As with a summary, it is a good idea to start your own text with an umbrella sentence that refers to the name of the author and the title the extract comes from. You should also mention the main theme and details of the situation described.*
Step 2 *In contrast to a formal summary, the assignment "point out" means both to identify and explain certain aspects, in this case the rules of fight club, its location and proceedings and the motivation of its members.*
Step 3 *Make sure you understand certain hints, such as "generation of men raised by women" (l. 1), "a bad week" (l. 3), "how about next month" (l. 12), "carved out of wood" (l. 17) etc. After working out the meaning of these references you might want to underline the points you consider important and then structure them according to the assignment.*
Step 4 *Describing the main points, you should only use your own words as much as possible. The main points should include a description of the particulars of this fight club, like secrecy, location, proceedings and its members, who become brutal and aggressive and enjoy extreme situations. What are also important are the aims and objectives of this informal institution.*

In this excerpt from the novel *Fight Club*, the author Chuck Palahniuk portrays the practices of a secret fight club for middle-class men in a big city in the USA.
Fights usually take place in the basement of bars and are characterised by utter brutality and the cheering support of spectators.
The narrator and his friend Tyler started these informal meetings after they had got into their first fight with each other, in a parking lot (l. 32). They had wanted to learn how far they could take things (ll. 47/48) – without pleasantries and using extreme violence. After the fight no problems were solved but nothing mattered anymore. It was fighting for its own sake and not on personal grounds.
After that they invented a fight club for "men raised by women" (l. 1), those members of their own middle class who were looking for adventure and extreme situations and wanted to end up as tough guys (ll. 16/17) roughened by unlimited fights following hardly any rules.
The idea is not to win or lose but to hit your opponent as hard as you can (l. 25) and receive scars and survive experiences you do not get in normal life. In fight club you can test your limits and gain self-knowledge; it is also about self-destruction (l. 29). Additionally, breaking everything may help you to overcome your daily stress and after that you are able to handle any situation you may come across (ll. 56–59).

(249 words)

2. *The assignment requires you to focus on three things: firstly, you need to have a closer look at the social and psychological background of the fight club members. After considering some of the aspects of the text at hand you should then establish a meaningful connection ("relate") to elements of the American Dream as discussed in class. Finally, the author's statement "too complete" could point you towards understanding similarities and differences between the fight club and the promises of the American Dream.*

The American Dream and its reversal, often called the American Nightmare, has tended to consist of promises rather than being based on the "survival of the fittest" – as the rules of the fight club seem to suggest.

Before considering relationships here, a closer look at the origins of the American Dream will be helpful, as will following up on how this concept has changed over time and, under certain social and political circumstances, might even have been perverted.

In the Declaration of Independence, the founding fathers had thought three elements decisive for a better life in the New World: liberty, equality and the pursuit of happiness. When the historian James T. Adams coined the phrase "American Dream" much later in 1931, he did not merely have "motor cars and high wages" on his mind, but a social order where everyone could develop their social stature and be recognised by others for what they were.

This dream has lured millions of immigrants to the American shores and is still based on idealistic as well as materialistic views of the world. It includes the idea of equality, no matter what race, religion or political beliefs a person might have, and has been connected to the "Manifest Destiny", which originally provided new settlers with the justification to conquer land in the west of the continent – at the cost, however, of the Indian tribes who had to withdraw and suffered greatly from this expansion. The open frontier not only granted social and economic mobility, but also the chance to rise from rags to riches and, supposedly, through hard work to successfully engage in one's pursuit of happiness.

In the course of history, taking up opportunities has also led to fierce competition and to exclusion. Older immigrants tended to close the doors after their arrival to protect their jobs and lifestyle, so they argued, from new waves of immigration. This situation is shown in an exemplary way in T. C. Boyle's novel *The Tortilla Curtain*, where an illegal Mexican couple is compared and contrasted with an American family who seem to have fulfilled their American Dream.

The sequence of events in the novel shows that the American Dream means different things to different people. The Mexicans fight for (physical) survival, have no health insurance and finally lose their baby. The American family lives in affluence and is more worried about fencing off their life to protect themselves from the illegal immigrants. Kyra, especially, a real estate agent and the breadwinner of the family, is successful at acquiring all the commodities she might wish for, and yet she is not happy at all.

As in the narrator's case in the given text, Kyra's life is complete but not secure; she imagines being in a fight for the survival of the fittest in her job and private life all the

time – in her case the illegal Mexican immigrants are enemies who take away the jobs, degrade housing areas and even steal food. This fight for survival is reflected in the often brutal and aggressive situations the Mexican couple find themselves in; but in contrast to the fight club, their fight is not about boredom but about carving out a decent livelihood, which they are denied by social pressures and political obstacles.
The Mexicans' experiences – ending with a catastrophic plight at the novel's climax – are a perversion of the American Dream, turning their fate into a nightmare. Compared to this, the narrator's statement "my life seemed too complete" has to be seen from a completely different perspective. These middle-class men he organises in his fight club are not fighting for their survival at all. Theirs is a quest for extreme experiences, self-confidence, testing their limits and overcoming their boredom. Like Kyra, they lead their lives in affluence, feel pampered by strong mothers ("men raised by women") and mistake liberty and equality for the promise of unfettered violence. By physically living out their stress and fantasies ("scars") they have perverted the American Dream in a cynical way, not to mention the physical abuse of others and over-indulging themselves due to their weariness of life. *(685 words)*

3. *Your comment should be based on facts collected by your project team and should evaluate possible reasons for the surge of violence in modern society.*
Step 1 *Beyond the events mentioned in the text, you might want to refer to other manifestations of violence you have heard or read about (in your own country or in the world) and look out for reasons and consequences.*
Step 2 *After following up and focusing on some events – e. g. the riots of 2011 in the UK or recent suicide bombers – you are supposed to assess possible reasons for the documented surge of violence as experienced by yourself and/or demonstrated in the media. Among those would be escaping from daily boredom, protest against regulations and alienation, a search for extreme experiences in an overregulated society, copying of celebrities and idols in the media, violence on TV and in computer games, disorientation in a fast-changing world, fighting for religious or ideological aims etc.*
Step 3 *Your conclusion should include your own evaluation and possibly a perspective on further developments.*

A recent survey by the NSPCC (**N**ational **S**ociety for the **P**revention of **C**ruelty against **C**hildren and Young Adults) documented a surge of violence, not only in Great Britain but all over the world. The findings were published in a report by our project team – the outcome of which I would like to comment on as follows:
With the fight against terrorism and the advent of suicide bombers since September 11, 2001 in New York, it is probably no surprise that there has been a general surge of violence in our societies.
Apart from the fact that most news in the media focuses on violent events, there is a widespread tendency towards presentations of violence on TV, including thrillers, crime stories and war reports. Beyond this close connection between news and violence, electronic media also base their success on violent animations, and first-person shooters are now at home in the families of teenagers. Whether this has increased

shooting rampages at schools and in public places is open to debate and not as yet proven.
I assume, however, that the readiness to commit acts of violence is encouraged and reflected in these developments, as is a tendency to look out for extreme sports and experiences – from bungee jumping right to the spreading of fight clubs started in New York.
It would be an easy guess to connect this with the grind of everyday routine or the boredom in our overregulated society. The fact is, however, that the absence of real challenges – such as the older war generation had to face – and a surfeit of material gadgets has led to a weariness with life, where (self-)destruction seems to be a real and only way out.
A different kind of challenge became apparent in the UK riots of 2011, when cars were burned and shops looted in major English cities; there the government was quick to label the disorder as criminal pure and simple. Six months later, a report on this youth violence showed, nevertheless, that the disturbances could partly be blamed on the lack of opportunities for the young. Those that had to appear at the quickly installed special courts in London and elsewhere were found to come mostly from deprived circumstances, some from the poorest backgrounds. As a consequence, the British government promised to monitor the most troubled people in Britain – the so-called 500,000 forgotten families.
All in all, it would appear that there is no one reason for this surge of violence. Different elements, like poverty, deprivation, satiety and even overregulation need to be looked at and addressed in a combined manner; if this does not happen quickly, they are a certain recipe for disaster. *(444 words)*

Abiturprüfung Hessen 2012 – Englisch Leistungskurs
Vorschlag C – Kombinierte Aufgabe: Family/Discrimination

Teil A: Aufgabe zur Sprachmittlung

Taschengeld

Interview mit Susanne Mattern, Diplom-Pädagogin und 2. Vorsitzende des Deutschen Kinderschutzbundes Rheinland-Pfalz (Dezember 2008)

Welche Bedeutung hat Taschengeld? Geht es einfach nur darum, Kindern eigenen „Konsum" zu ermöglichen?
Nein, es geht nicht nur um Konsum, sondern vor allem darum, Kindern und Jugendlichen ihrem Alter entsprechend Eigenverantwortung und Selbstbestimmung zu ermöglichen. Darum geht es ja zunehmend in unserer Gesellschaft: Kinder auf dem Weg zu einem selbstbestimmten und autonomen Leben zu begleiten, in dem Selbstregulierung eine große Rolle spielt. Wir leben in einer Konsumgesellschaft und Kinder sind längst Zielgruppe der Wirtschaft geworden. Deswegen sollten sie frühzeitig Erfahrungen im Umgang mit Geld machen dürfen. Das ist wie mit Medien- oder Verkehrserziehung – das fängt heute auch früh an, weil Kinder früh damit konfrontiert sind.

Ab wann sind Kinder im „Taschengeld-Alter"?
Das bestimmen vor allem die Kinder selbst, weil jedes Kind anders ist. Die meisten zeigen spätestens Interesse an Taschengeld mit dem Eintritt in die Grundschule. Das wird vor allem dadurch beeinflusst, wie wichtig das Thema Geld in der Familie ist. Für manche hat etwas einkaufen und bezahlen schon im Kindergartenalter eine große Bedeutung. Diese Kinder sind beispielsweise völlig fasziniert zu sehen, dass man etwas bezahlt und trotzdem Geld zurück erhält. Dann können Eltern das Interesse aufgreifen und ihnen auch schon im Alter von vier bis fünf Jahren einen spielerischen Umgang mit geringen Beträgen ermöglichen. Die meisten Kindergartenkinder interessieren sich aber noch nicht für Taschengeld und sollten damit auch nicht belastet werden. Grundschulkinder, die sich für Taschengeld wenig oder gar nicht interessieren, sollten dennoch welches erhalten. […]

Wie viel Taschengeld sollten Kinder bekommen?
Die Summe sollte den Lebensumständen der Familie angepasst sein. Das bedeutet, wenn Eltern viel Geld haben, sollten sie ihre Kinder nicht künstlich knapp halten – und andersrum. Auch im Vergleich zu dem, was Kinder im Umfeld bekommen, sollte der Betrag angemessen sein – sonst entsteht ein subjektives Gefühl von Mangel. Ich halte es für sehr sinnvoll, sich mit anderen Eltern über die Höhe des Taschengeldes auszutauschen – zum Beispiel auf Elternabenden oder mit den Eltern der Freunde. Grundsätzlich sollte der Betrag so hoch sein, dass sich das Kind seinem Alter entsprechende Wünsche ermöglichen kann: Für einen Erstklässler wären das dann wöchentlich etwa 50 Cent, mit denen er Schnuckelzeug am Kiosk kaufen kann. Bei Kindern, die großes Interesse am Umgang mit

Geld haben, kann der Betrag so sein, dass es reicht, um Schulmaterial und später Kleidung selbstständig einzukaufen.

Sollten die Eltern die Höhe festlegen oder das mit ihren Kindern verhandeln?
Alles, was Eltern mit Kindern gemeinsam und demokratisch aushandeln, wird in der Regel von Kindern akzeptiert. Das gilt auch für die Höhe des Taschengeldes. Da wird – je nach Verhandlungsgeschick und -lust der Kinder und Eltern – gefeilscht und argumentiert. Wenn die Eltern-Kind-Beziehung stimmt, wird es eine einvernehmliche Lösung geben. Es sollte auch in die Verhandlung einbezogen werden, was davon gekauft werden soll. […]
Das Ergebnis der Verhandlungen sollte man unbedingt schriftlich festlegen, damit nicht verloren geht, was im Taschengeld beinhaltet ist und was Eltern noch zusätzlich bezahlen müssen. *(478 Wörter)*

http://www.lokale-buendnisse-rlp.de/familienservice/familienkompetenz/taschengeld/taschengeld-das-interview.html [abgerufen: 02. 05. 2011]; Herausgeber: Viva Familia

Assignment

As part of a European-wide project on the living conditions of children and adolescents your class has been invited to contribute information on the issue of pocket money. You have already exchanged information about the personal experience of the participants and now you want to continue by adding short and precise reports concerning the ongoing public discussion in Germany. You have decided to inform your partners about the opinion of Susanne Mattern as presented in the December 2008 interview.
Summarize her thesis and her supporting arguments. (Material A)

Teil B: Verkürzte Textaufgabe

The Raid

This episode from Hanif Kureishi's novel The Black Album *is set in London's East End in the summer of 1989. Pakistani student Shahid and his friends Chad, Tahira, and Sadiq have decided to help a Bengali family that has been terrorized and attacked for months. They keep watch in the family's flat.*

[A]bout one hour before Shahid's shift was due to end, something happened.

Chad was in the kitchen. Sadiq had gone. The other boy hadn't appeared yet. Shahid and Tahira were sitting down with their college books. Tahira offered Shahid a bag of sticky gulab jamans[1], which she knew he could eat all day. "Let's spoil ourselves," she giggled. While they were together they had begun to take it for granted that the racists knew of their presence and didn't want a battle: either that or they were awaiting an opportunity. A bottle had been lobbed at Sadiq from a passing car but, living in the East End, he was accustomed to dancing around glass.

Now there was a rattling of the letter-box followed by the sound of a brick being hurled at the reinforced window beside the door.

Chad jumped to his feet, seizing his weapon. Shahid picked up a carving knife. For a moment, to instil courage, they clasped one another's free hand.

Chad unbarred the door. Tahira threw on her coat.

"Stay there," Chad warned, looking around the door.

He saw nothing. Cautiously, he and Shahid moved outside. Tahira followed. Some of the walkway lights had been smashed; the air was so cold it hung like a gauze. In the wan light it was difficult to make anything out.

"Better ring for reinforcements," Shahid whispered to Tahira.

The two men looked both ways. Shahid discerned a young woman standing along the walkway with an object in her hand. She was accompanied by two kids, neither of whom could have been older than eight.

"Hey," Shahid called.

At this, the woman, who was wearing slippers, flung half a brick at them and tried to dash away. Chad and Shahid chased them. The smallest kid slipped at the top of the stairs and Chad seized her by the collar. The mother, with a dingy raincoat thrown over her heavy shoulders, stopped and stared defiantly at them, clutching the other kid.

"Chad!" Shahid said. "No!"

Chad clenched his weapon over the child's head, and waved it about. He might have wanted restraining. […] Around them lights went on. A door opened and a tattooed face peered round. Dogs barked. No doubt the police were on their way.

In the hope that this might satisfy Chad, Shahid yelled at the woman: "Can't you leave these people alone? What have they ever done to hurt you? Have they come to your house and abused you or thrown stones? Did they make you live in these mildewed flats?"

The child escaped Chad's grasp, ran to her mother and turned screeching at them. The woman, who was unafraid, jerked her head forward and spat at Chad and Shahid. But her saliva blew back and spun through her daughter's hair.

"Paki! Paki! Paki!" she screamed. Her body had become an arched limb of hatred with a livid opening at the tip, spewing curses. "You stolen our jobs! Taken our housing! Paki got everything! Give it back and go back home!"

She and the kids fled.

"You stay out here," Chad told Shahid. Both of them were trembling. "There might be more trouble. But don' worry, Hat, Sadiq and Tariq rushin' this way, reinforced up!"

Alone, Shahid paced the walkway, knowing the woman would return with rat-faced brutes carrying bats. He wanted badly to go away, but his father had not been a coward, it wasn't in his family. Not that Chili[2], he reflected, could ever be described as an orthodox defender of his community. One of his black girlfriends did once persuade him to go on an anti-racist demonstration; and when the National Front yelled, "Get back, Pakis!" Chili, wearing a mink-coloured suit, had annoyed everyone by taking out his fat wallet, waving it at the racists and shouting, "Get back to your council flats, paupers!" *(642 words)*

Hanif Kureishi, The Black Album, Faber and Faber, London 1995, p. 137–139

1 gulab jamans – a popular dessert in India
2 Chili – Shahid's older brother

Assignments

1. Summarize the text. (Material B). (25 BE)

2. Relate the experience of the Pakistani students to the African American experience in the USA.
   Include references to material discussed in class. (40 BE)

3. *"... if you want to live in AMERICA so badly, speak our language (English), salute our American Flag and accept being an American. Not African American, not Mexican American, not French American, just AMERICAN. Don't try to bring your country's ideals into ours. If you think your home country is so much better GO BACK!!"*
   (http://abcnews.go.com/WhatWouldYouDo/comments?type=story&id=6551048 [retrieved: November 4, 2011])

   Comment on this statement and its implications. (35 BE)

Lösungsvorschläge

Teaching modules referred to:
The mediation text focuses on the topics social structures, social change *(Q2). The second text refers to the teaching module* The United Kingdom *(Q2), with special emphasis on the topics* social structure, social change. *Another teaching module covered is that of the* USA *(Q1), particularly with the topics* living together *and* American Dream.

Teil A: Aufgabe zur Sprachmittlung

Your English summary will have to be much shorter than the German interview (95–125 words) and follows the rules of an ordinary summary (present tense, no direct speech, no quotations or comments). In the introductory sentence you would mention the institution, time, speaker, topic and source of the interview. Also try to find a title for your mediation.
Before writing your summary, follow the line of argument used in the interview and highlight the main points in the text.

In her interview in December 2008, Susanne Mattern, representative of the German Childcare Association, points out that pocket money is important even for younger children.
Adolescents need to gain experience with handling money and learn to act independently and responsibly. As children are one of the target groups of the economy, they must be prepared to deal with money at an early age – either while they are attending kindergarten or when they start primary school at the latest. This depends on the child's interests, but encourages a playful approach towards money.
The amount of pocket money should be in accordance with a family's income and be the result of parent-child negotiations and fixed in writing. This will lead to a satisfactory agreement in intact families. *(125 words)*

Teil B: Verkürzte Textaufgabe

1. *Your summary should be no more than 180–210 words in length.*
   Step 1 *Before you start writing, make sure you comprehend the sequence of events, the protective intentions of the three students, the hatred and aggression of the English woman and the expectation that more trouble is to come.*
   Step 2 *Using the method of close reading (i. e. carefully studying the text in detail), highlight the most important aspects in this extract.*
   Step 3 *Your umbrella sentence at the beginning needs to contain a description of the time and place of action, the characters involved and the nature of the confrontation.*

   This excerpt from Hanif Kureishi's novel *The Black Album* describes a confrontation in an eastern suburb of London (in 1989), where a Bengali family has been subject to racist attacks for months and is now being defended by some Pakistani students.

Waiting in the family's flat one evening, the three students are aware of being watched by racists who have shown hostility towards the family. When a brick is thrown at a window, the students arm themselves and rush outside. There, they see a young woman with two small children flinging another brick at them and then trying to run away.
One of the children is caught by Chad, one of the students. His friend Shahid shouts at the woman to leave the family alone. However, she is full of hatred and accuses the Pakistanis of stealing jobs and housing and wants them to go back home. While she is able to escape with her children, the students expect her to return with reinforcement. Left alone while waiting for support, Chad summons his courage by remembering how his brother once even confronted the National Front. *(208 words)*

2. *You have to focus on experiences of racial discrimination and racist violence in two different countries and compare and contrast relevant aspects ("relate") to each other. This requires taking into account a number of facts that distinguish the historical developments in Great Britain and the USA and still influence the present situation.*
Step 1 *Look for instances of violence in London's East End and identify them in the text at hand. You might also want to take into account the extent to which this situation influences the attitude and actions of the white woman.*
Step 2 *Briefly explain the background of racism in Great Britain. Often, xenophobia is used in the political agitation of right-wing politicians. Enoch Powell's attempt to undermine the official policy of the British government to support a multicultural society is a typical example. More recently, the development of parallel societies and the spread of sharia courts have not helped integration.*
Step 3 *The long history of slavery and segregation in the USA points at different sources of racial discrimination. In two of her novels, Toni Morrison has outlined the impact on the victims. Violent actions and lynchings carried out by the still existing Ku Klux Klan are another example. On the other hand, the success of the Civil Rights Movement needs to be considered and you should also mention recent steps in the emancipation of African-Americans in terms of political developments.*

London's East End, where the extract from Kureishi's novel takes place, has traditionally been known for its poor housing, terrible living conditions and prevailing violence in the streets. The students who have decided to defend a Bengali family against racist attacks in these surroundings, with their mildewed flats (ll. 33/34), are used to violence and prepared for fights, having dodged flying bottles there before (ll. 7/8).
The confrontation the Pakistani students are faced with one evening (in this extract from the novel), however, comes as a surprise. It is not a gang of brutal racists who have come after the Bengali family but a young woman with her two small children, who throws bricks at their flat and abuses them, full of hatred. In her verbal attack she reiterates common prejudices against the Pakistani immigrants, stemming from popular opinion rather than relating to economic or social realities – namely that "Pakis" take away jobs or housing from the English.

The fact that this English woman draws her children into this violent confrontation is a sign of her deeply felt aggressions towards this visible minority, not so much because of their skin colour but because she assumes that they are responsible for her own poor living conditions. Her hatred, however, seems to come back at her when she spits at the students but the saliva flies back and hits her daughter's hair (ll. 36/37).
This sentiment of being socially and economically disadvantaged has been used by right-wing politicians before – a famous example was Enoch Powell in his "Rivers of Blood" speech, where he denounced the British government's policy of allowing immigrants, particularly from Commonwealth countries and the Caribbean, to live and work in Great Britain, creating a multicultural society. Powell claimed that in times of economic recession and cuts in employment figures the presence of too many immigrants would lead to street fights and recommended sending them home again.
This attitude is precisely picked up as the fear of families who live in poorer social conditions and serves as a ready explanation for their own economic plight. In this way social grievances are turned into racial discrimination with little resemblance to reality and no relevance to solving real problems in a globalised world.
Apart from this social background of racist agitation and intolerance, the development of parallel societies in Great Britain has also created concern and helped spread xenophobic actions. As outlined in Bali Rai's novel *(Un)arranged Marriage*, there is some resistance within the Sikh community to dropping traditional practices of their former home country, to the extent that in this example a teenage boy in the family is supposed to accept an arranged marriage according to Indian custom. Luckily, the boy is able to resist and successfully integrates in the mainstream society of Leicester.
Religious barriers can also lead to difficulties in the process of integration of ethnic minorities, as is shown by the spread of sharia courts in Great Britain, which deny female rights, practice rulings in open contradiction to British law and feed xenophobia once again.
Ethnic minorities are just as visible in the USA. The longest duration of racial discrimination had to be endured by the African-Americans, who did not immigrate by their own free will but were forcibly brought to the USA as slaves as early as the 17th century.
So, in contrast to the Pakistanis in Great Britain, for example, the slaves had never been immigrants in the true sense of the word and were treated as property rather than human beings from the beginning. Even after the abolition of slavery in the wake of the American Civil War (1861–1865), their situation did not improve much. Through the system of sharecropping they were kept dependent on their former masters; in compensation for renting land they had to pay the owners in shares of their crops and were even forced to buy their goods in overpriced shops owned by the same Whites.
Toni Morrison has made their fate and suffering the subject of two of her novels. In *Beloved*, the main character, living just after the Civil War, tries in vain to leave her terrible past as a female slave behind and is haunted by traumatic psychological after-effects. In *A Mercy*, a slave born in America is only rescued from a similar fate by being accepted into a family that does not practise the mainstream discrimination against Blacks typical of the times.

Discrimination – regularly based on skin colour here, rather than on social difference – was not stopped by the abolition of slavery and similarly, the situation of African-Americans did not improve by the so-called Jim Crow laws. They resulted in complete segregation and widened the gap between Blacks and Whites. Violence had always been part of this relationship – and from its foundation in the second half of the 19th century to uphold white supremacy, the Ku Klux Klan had been instrumental in terrorising and even lynching black people for ridiculous reasons or no reasons at all. In some states this racist and violent organisation is active even today.
Only in the 1950s did the Civil Rights Movement successfully fight for the political and social rights of the black minority. Their leaders, foremost Martin Luther King and Malcolm X, were able to get to the bottom of the reasons for discrimination and paved the way for considerable changes. With the inauguration of the first black president, Barack Obama, discrimination on the grounds of skin colour is at least officially no longer acceptable. Thus, in both Great Britain and the USA pro-active policies of the respective governments were and still are necessary to fight against discrimination and encourage tolerance. *(942 words)*

3. *The implications of the quotation given come very close to the racist attitude expressed by the young woman in Kureishi's novel who wants the Pakistanis to go back home. So bear in mind that forced assimilation or even expulsion of ethnic minorities point towards a social situation of exclusion and little tolerance.*
Step 1 *Look at the harsh convictions of the speaker that immigrants have to abandon all of their cultural traditions and become part of the American melting pot. You might want to view this concept of "e pluribus unum" in contrast to ideas of a salad bowl or even cultural mosaic, as practised in countries like Canada and Australia.*
Step 2 *Assess the social consequences of such demands and attitudes. They would lead to forced assimilation and little tolerance of minorities, who would lose their identity and cultural traditions. Even a rise in patriotism and nationalism might ensue. The pressure on minorities is in stark contrast to the promises of the American Dream, the reversal of which found its literary form in novels like T. C. Boyle's* The Tortilla Curtain, *where the affluent members of society fence off their property as a protection against the poorer and often illegal immigrants.*
Step 3 *In your line of argument you need to consider problems and perspectives of an immigrant society like the USA.*

The statement at hand reproaches newly arrived immigrants for failing to meet the demands of their new home country. If they want to live in America "so badly", they are supposed to speak English, accept American values and abandon their old ideas; the alternative for them is simply to go back to where they came from.
This concept stems from the traditional idea of a melting pot, the American motto "e pluribus unum", which was introduced as early as 1782 and is imprinted on the Great Seal of the USA. Originally referring to the union of individual states, it has developed into the concept of assimilation to American values and does not encourage the identity of diverse ethnic groups. In order to maintain their own cultural traditions and

beliefs, the concept of a salad bowl or cultural quilt was introduced later and seems much more in accordance with the values of the American Dream.

Whether this is a realistic aim in present-day American society has been the subject of many controversial debates, where the reversal to an American Nightmare has often been described. This is particularly true for T. C. Boyle's novel *The Tortilla Curtain*, where both Dream and Nightmare are experienced by people from different walks of American society. Although immigrants themselves, a more affluent part of the community sees their success and wealth endangered by new waves of (illegal) immigrants and wants to see the door closed behind themselves. The Mossbachers, a typical, successful couple, have fulfilled their American Dream and are involved in pro-environmental activities. The female breadwinner of the family, an efficient real estate agent, fears the competition with low-paid immigrant labour and the downgrading of the housing estates she looks after. An illegal Mexican couple, on the other hand, is struggling on the poverty line and their American Dream is simply one of physical survival. They do not succeed in the end, because social prejudices are too strong and they are subject to ubiquitous discrimination and exploitation, helpless victims in a highly competitive society with zero tolerance.

The hatred of the woman in Kureishi's novel who yells at the Pakistanis to go back home expresses the same sentiments as those in the statement. Whereas in the situation in London's East End the fear of losing their jobs and housing leads to violent attacks and is due to economic competition and social envy, racial discrimination in the USA is more often based on skin colour and foreign cultures.

The proportion of mainstream Anglo-Americans is decreasing considerably with the rise of black and Hispanic minorities. In this light the chances of a peaceful development can no longer be seen in forced assimilation and the propagation of American core values. Countries like Canada have developed quite a different solution to these problems with their government-supported policy of a multicultural society.

In this concept of a mosaic, each and every culture has the right to preserve its identity and traditions under the umbrella of a unified community. That way the contribution of each ethnic group is valued for its own sake and encourages diversity and mutual respect. Xenophobia has never won a Canadian election and their cultural system is regarded as a model in a globalised world. *(537 words)*

Ihre Meinung ist uns wichtig!

Ihre Anregungen sind uns immer willkommen. Bitte informieren Sie uns mit diesem Schein über Ihre Verbesserungsvorschläge!

Titel-Nr.	Seite	Vorschlag

Bitte hier abtrennen

Lernen • Wissen • Zukunft
STARK

Bitte hier abtrennen

Zutreffendes bitte ankreuzen!

Die Absenderin/der Absender ist:

- ☐ Lehrer/in in den Klassenstufen: ______
- ☐ Fachbetreuer/in
  Fächer: ______
- ☐ Seminarlehrer/in
  Fächer: ______
- ☐ Regierungsfachberater/in
  Fächer: ______
- ☐ Oberstufenbetreuer/in
- ☐ Schulleiter/in
- ☐ Referendar/in, Termin 2. Staats-
  examen: ______
- ☐ Leiter/in Lehrerbibliothek
- ☐ Leiter/in Schülerbibliothek
- ☐ Sekretariat
- ☐ Eltern
- ☐ Schüler/in, Klasse: ______
- ☐ Sonstiges: ______

Unterrichtsfächer: (Bei Lehrkräften!)

______

STARK Verlag
Postfach 1852
85318 Freising

22-VD6

Bitte ausfüllen und im frankierten Umschlag an uns einsenden. Für Fensterkuverts geeignet.

Kennen Sie Ihre Kundennummer?
Bitte hier eintragen.

Absender (Bitte in Druckbuchstaben!)

Name/Vorname

Straße/Nr.

PLZ/Ort/Ortsteil

Telefon privat

Geburtsjahr

E-Mail

Schule/Schulstempel (Bitte immer angeben!)

(Bitte blättern Sie um)